权威·前沿·原创

皮书系列为
"十二五""十三五"国家重点图书出版规划项目

京津冀教育蓝皮书

BLUE BOOK OF
EDUCATION IN BEIJING-TIANJIN-HEBEI

京津冀教育发展研究报告
（2017~2018）

RESEARCH REPORT ON THE EDUCATION DEVELOPMENT OF
BEIJING-TIANJIN-HEBEI REGION (2017-2018)

疏解与承接

主　编／方中雄
副主编／桑锦龙　高　兵

社会科学文献出版社
SOCIAL SCIENCES ACADEMIC PRESS (CHINA)

图书在版编目（CIP）数据

京津冀教育发展研究报告. 2017-2018：疏解与承接/
方中雄主编. --北京：社会科学文献出版社，2018.4
（京津冀教育蓝皮书）
ISBN 978-7-5201-2449-2

Ⅰ.①京… Ⅱ.①方… Ⅲ.①地方教育-发展-研究
报告-华北地区-2017-2018 Ⅳ.①G127.2

中国版本图书馆 CIP 数据核字（2018）第 053209 号

京津冀教育蓝皮书

京津冀教育发展研究报告（2017~2018）
——疏解与承接

主　编／方中雄
副主编／桑锦龙　高兵

出 版 人／谢寿光
项目统筹／王楠楠
责任编辑／王楠楠　张雯鑫

出　　版／社会科学文献出版社·经济与管理分社（010）59367226
　　　　　地址：北京市北三环中路甲 29 号院华龙大厦　邮编：100029
　　　　　网址：www.ssap.com.cn
发　　行／市场营销中心（010）59367081　59367018
印　　装／三河市龙林印务有限公司

规　　格／开本：787mm×1092mm　1/16
　　　　　印张：19.25　字数：290 千字
版　　次／2018 年 4 月第 1 版　2018 年 4 月第 1 次印刷
书　　号／ISBN 978-7-5201-2449-2
定　　价／98.00 元

皮书序列号／PSN B-2017-608-1/1

摘　要

　　在党的十九大精神和习近平总书记新时代中国特色社会主义思想的指引下，京津冀三地在促进教育协同发展方面开展了许多工作，取得了一定成效。但是工作推进呈现出"高关注、低共识""有片段、无整章""重发展、轻改革""高呼声、低动力"的特点。

　　随着京津冀教育协同发展进入全面落实的攻坚阶段，作为京津冀教育协同发展的"牛鼻子"，实现区域教育资源的疏解与承接日益凸显出必要性和紧迫性。做好教育资源的疏解与承接要认清什么是非首都功能，厘清京内疏解与京外疏解、集中疏解与分散疏解的内涵，根据京津冀区域城市发展定位优化三地教育资源布局，根据首都各功能区定位优化首都教育资源圈层结构，努力实现承接地教育资源的"造血功能"，促进承接地转型为多个和谐宜居的区域性中心城市。鉴于此，通过教育资源的"疏解促提升、承接促转型"，提高区域城市公共服务水平，推动首都实现城市战略定位，推进京津冀协同发展，为打造世界级城市群夯实基础。

　　为此，北京教育科学研究院策划出版了《京津冀教育发展研究报告》这一蓝皮书，并选择以"疏解与承接"为报告第二部的主题，旨在研究和回应京津冀区域教育协同发展战略实施中期的关键问题。该研究报告秉持学术性、原创性、前沿性和主题性相结合的原则，以"设计主题、组织研究、形成专题研究报告"为模式，组织京津冀三地的专业研究人员围绕主题框架内的热点、重点、难点问题开展研究，以期较为深入、全面地反映区域教育改革发展的实际情况，发展和分析战略落实中的经验与问题，从而更好地发挥教育科学研究为中央部门决策服务、为京津冀区域教育协同发展服务、为三省市教育发展和改革服务的功能。

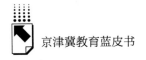

本书在内容上分为"总报告""分报告""实践篇""地区篇""专题篇"五大部分，共计12篇研究报告。"总报告"站在全局高度，对京津冀教育资源的疏解与承接在区域协同发展中的作用和意义、首都教育在区域教育协同发展中的定位与要求、区域教育资源疏解与承接的内涵、教育资源疏解与承接的基本思路、教育资源疏解与承接的路径安排进行了提纲挈领的系统分析。"分报告"从比较视角出发，对京津冀地区各级各类教育发展情况进行了描述和总结，包含京津冀教育发展现状、人口分布与学龄人口预测和中国三大都市圈高校科技资源配置与科技创新效率三部分内容。"实践篇"从规划监测视角出发，分别从首都教育功能疏解任务监测、北京市普通中小学教育功能疏解和服务北京城市副中心建设的教育资源配置三个方面，深入探讨了首都教育功能疏解和资源配置方面的推进状况。"地区篇"从发展的视角出发，站在地方层面，聚焦北京、天津和河北在推动京津冀教育协同发展方面的基础和策略，对三个地区教育协同发展的现状、问题、体制机制、实践策略等进行了探索与展望。"专题篇"则以问题为导向，重点分析了在京津冀地区已具有一定基础但尚未实现覆盖的可持续发展学校的质量框架和现状，以及尚未开始但亟待建设的区域教育基础数据库问题，旨在从前瞻性研究的角度为京津冀教育协同发展提供更为深远的启示。

报告力图理论联系实际，多角度、多层次反映京津冀教育疏解与承接的内涵、形势、进展与问题，进而提出推动和完善京津冀教育协同发展的改革建议，以期为参与京津冀教育协同发展的教育决策部门、教育管理者、教育科研工作者等相关主体提供有益参考。借此一并向为本报告的编辑出版出谋划策的诸位专家学者及为专题报告的研究撰写做出不懈努力的各位作者表示衷心感谢。

Abstract

Under the guidance of the spirit of the 19th CPC National Congress and General Secretary Xi Jinping Thought on Socialism with Chinese Characteristics for a New Era, great efforts and certain achievements have been made so far in promoting coordinated development of education in Beijing-Tianjin-Hebei, the work has failed to achieve its full potential result from "high expectations but low consensus", "fragmented yet incomplete", "focus on development but neglect reform" and "loud calls but weak impetus".

As this coordinated development is being carried out comprehensively to tackle critical problems, it is increasinglynecessary and, indeed, urgent to ensure regional educational resources are properly distributed and absorbed. To this end, we should first discern the non-capital functions and make clear the connotation of resource transfer within and outside the capital as well as the centralization and dispersed distribution to optimize the layout of educational resources in the three places according to their respective regional urban development orientation, and optimize the cycle structure of educational resources in the capital according to the orientation of its functional areas. Great efforts should be made to enable redistributed educational resources in the new areas to assume a "hematopoietic function" and promote these areas to be transformed into a number of harmonious and livable regional central cities. In this way, we can improve the level of urban public services, promote the use of capital to achieve its strategic positioning and boost the coordinated development of Beijing-Tianjin-Hebei region, laying a solid foundation for building a world-class city group, by means of promotion through educational resource distribution and transformation through educational resource absorption.

To this end, the Beijing Academy of Educational Sciences published the blue paper entitled *Research Report on the Education Development of Beijing-Tianjin-Hebei Region*. "Transfer and Acceptance" are taken as the theme to study and respond to key issues during the mid-term implementation of the strategy of promoting coordinated development of education in the region. On the principle of being academic, original, cutting-edge and thematic, the report was created after systematic research on the designated themes by researchers in Beijing, Tianjin and Hebei. They studied a range of hot, key and difficult issues under the framework of the overall theme to provide a profound and overall introduction of actual educational reform and development of the region and analyze experience and problems in implementation of the strategy. Thus, the function of educational science research in serving the decision-making of the central departments, coordinated educational development of the region and the education resources of the three places can be brought into full play more efficiently.

The report consists of five major parts— "General Report", "Sub-reports", "Practice Reports", "Regional Reports" and "Special Topics", and includes 12 research reports. The "General Report" gives an overall, systematic analysis of the role and significance of the transfer and acceptance of educational resources in Beijing-Tianjin-Hebei region, the positioning and requirements of capital education in the coordinated educational development in the region, and the connotation, basic thinking and path of transfer and acceptance of educational resources in the region. From a comparative perspective, the "Sub-reports" part summarizes educational developments of various kinds at all levels in the region, covering three parts-an overview of the education in Beijing-Tianjin-Hebei region, population distribution and forecast of school-age population, and the allocation of science and technology resources and the technological innovation efficiency of the colleges and universities in the three major metropolis circles in China. The "Practice Reports" part analyzes the actual situation of the transfer of educational functions and allocation of resources from three aspects-monitoring the transfer of educational functions of the capital, transfer of the educational functions of ordinary primary and middle schools in Beijing, and the allocation of educational resources for the construction of the subsidiary center. From the perspective of development, "Regional Reports" focuses on the foundation and strategy of Beijing, Tianjin and Hebei in promoting coordinated educational development, and explores and forecasts the status quo, problems, systems and mechanisms and practical strategies of the three places in coordinated educational development. Regarding problems, the "Special Topics" section emphatically analyzes the quality framework and current situation of schools with a certain foundation for sustainable development but not yet completely available in the region, as well as the problems concerning the basic data base for regional education whose construction has not yet been begun but is urgently needed, with a view to providing more far-reaching enlightenment for the coordinated development of regional education.

Linking theories with practice, and reflecting the connotation, situation, progress and problems of the transfer and acceptance of educational resources in Beijing-Tianjin-Hebei region from various perspectives and at various levels, this report makes suggestions on reform for promoting and improving the coordinated educational development in the region in an attempt to provide a useful reference for the educational decision-making departments and educational administrators and researchers who take part in promoting the regional coordinated educational development. Here, sincere thanks are given to all the experts and scholars who gave advice to the compilation and publication of this report and all the authors who worked hard to produce the special reports.

目　录

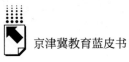
皮书数据库阅读**使用指南**

CONTENTS

I General Report

II Sub–reports

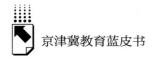
III   Practice Reports

IV   Regional Reports

V   Special Topics

总　报　告

General Report

B.1

京津冀区域教育资源的疏解与承接研究

高　兵[*]

摘　要：　2017 年是京津冀协同发展的关键一年，是检阅有序疏解北京
　　　　　非首都功能目标是否达成的重要节点。教育资源的疏解与承
　　　　　接在区域协同发展中具有重要作用和意义，有助于提高区域
　　　　　城市公共服务水平，有助于推动首都实现城市战略定位，是
　　　　　推进京津冀协同发展的重要抓手，是打造世界级大城市群的
　　　　　重要基础。做好教育资源的疏解与承接要认清什么是非首都
　　　　　功能，厘清京内疏解与京外疏解、集中疏解与分散疏解的内
　　　　　涵，在此基础上形成以疏解促提升、以承接促转型的发展思
　　　　　路，根据京津冀区域城市发展定位优化三地教育资源布局，
　　　　　根据首都各功能区定位优化首都教育资源圈层结构，努力实

＊　高兵，北京教育科学研究院教育发展研究中心副主任，副研究员，主要从事区域教育战略研究。

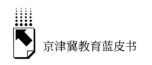

现承接地教育资源的"造血功能"，促进承接地转型为多个和谐宜居的区域性中心城市。结合不同阶段的发展特点，在教育领域的近期、中期和长期重点安排教育资源疏解与承接的路径。

关键词： 京津冀区域　教育资源　疏解与承接

自2014年习近平总书记提出京津冀协同发展战略以来，疏解北京非首都功能成为牵动京津冀协同发展的"牛鼻子"。按照《京津冀协同发展规划纲要》的规划，京津冀协同发展分三步走，2017年是京津冀协同发展的关键一年，是检阅京津冀协同发展初期目标是否达成的重要节点。纲要提出，京津冀协同发展的近期目标是，到2017年，有序疏解北京非首都功能取得明显进展，在符合协同发展目标且现实急需、具备条件、取得共识的交通一体化、生态环境保护、产业升级转移等重点领域率先取得突破，深化改革、创新驱动、试点示范有序推进，协同发展取得显著成效。有序疏解部分教育功能是有序疏解非首都功能，优化提升首都核心功能，完善京津冀区域资源空间布局的主要途径之一，区域教育资源的疏解与承接必须在要素重组、建立机制上做出卓有远见的谋篇布局。

一　教育资源的疏解与承接在区域协同发展中的作用和意义

教育资源与人口分布、产业结构和城市功能紧密相连，教育资源的空间布局支撑着城市功能，引导着人口分布。疏解首都教育的目的，是解决首都教育发展过程中出现的瓶颈问题和冗杂的发展负担，是为了提升区域教育品质，构建与京津冀总体功能定位相适应的现代化教育体系。

（一）有助于提高区域城市公共服务和管理水平

习近平总书记强调，北京要"健全城市管理体制，提高城市管理水平"，形成适度超前、相互衔接、满足未来需求的功能体系，遏制城市"摊大饼"式发展。疏解非首都功能的关键环节是"什么迁出去，如何落下来"。要克服这些困难，首先要提高区域的城市公共服务和管理水平，研究相应的配套政策，要在疏解地和承载地形成新的发展增长点和创新机制。

教育作为老百姓最大的民生问题，是城市公共服务和管理的重要内容。教育事业是城市社会经济发展总体规划中的重要组成部分，如何合理规划学校空间布局、优化配置区域教育资源、支撑城市发展需求是推进城市管理创新的重要一环。在中国共产党北京市第十二次代表大会上蔡奇强调，"优化城市空间布局，推动南北均衡、城乡一体、内外联动、区域协调，推进中心城区功能优化重组，强化多点支撑，健全多元生态补偿机制，坚持走新型城镇化道路，建设高水平城市副中心"。只有教育充分发挥基本公共服务作用，才能助推完成城市发展的一系列任务。优化配置公共教育资源助推城市空间优化布局，提升教育服务水平助推城市区域功能优化重组。同时，承接地必须做好与承接教育资源相配套的基本公共服务，这样才能筑巢引凤，吸引更多优质教育资源落地。因此，做好区域教育资源的疏解与承接从操作层面对教育治理体系提出了更高要求，是提高城市管理水平的重要契机。

（二）有助于推动首都实现城市战略定位

习近平总书记强调，要明确城市战略定位，坚持和强化首都全国政治中心、文化中心、国际交往中心、科技创新中心的核心功能，调整疏解非首都核心功能。推动教育资源的疏解是理解并落实习近平总书记讲话精神的重要体现。北京教育未来的发展就是全面支撑北京"四个中心"的城市战略定位，通过城市的教育现代化对接新定位，引领城市发展的全面现代化。

首都教育在政治中心建设中承担着培养中国特色社会主义合格建设者和

可靠接班人的重任，在文化中心建设中承担着弘扬中华优秀传统文化、打造文化包容之都的重任，在国际交往中心建设中承担着传播教育品牌、培养市民国际化素养的重任，在科技创新中心建设中承担着推进原始创新、培育拔尖创新人才的重任。相应的，有序疏解部分首都教育资源是为了剥离"大而全"的教育，成就"高精尖"的教育，使城市文明程度更高、使教育资源的各要素都能够达到世界发达城市的平均水平，使北京成为拔尖创新人才的发源地和高端创新中心的聚集地。世界知识产权组织 2016 年发布的报告显示，美国（24.3%）、日本（19.4%）、中国（18.5%）专利申请占比位居全球前三名。美国可以说是全球最大的创新者，在专利申请最多的前二十所大学中，美国的大学占了 50%。① 可见，加快首都高水平大学建设，对于支撑城市经济转型升级是十分必要的。因此，做好区域教育资源的疏解与承接从规划层面对教育战略提出了更高要求，有助于推动首都实现城市战略定位。

（三）是推进京津冀协同发展的重要抓手

习近平总书记指出，京津冀协同发展要牵住疏解北京非首都功能这个"牛鼻子"和主要矛盾。首都部分教育功能疏解并不是疏解出去就结束了，而是要形成新的战斗力。被疏解的教育资源要在当地形成新的发展动力，仍然是以北京为核心，与承接地一起密切合作，让疏解的资源真正落地，让京津冀协同发展见诸成效。

做好教育资源的疏解与承接是进一步明确首都教育功能定位，明确首都教育引领全国、辐射津冀与服务北京相统一的思路，体现大局观念和责任意识。北京教育一方面要满足本市居民日益增长的教育需求，努力办好人民满意的教育；另一方面，还要为党、政、军首脑机关正常开展工作，为日益扩大的国际交往，为国家教育、科技和文化发展提供教育公共服务和优秀人才，在区域教育协同发展方面努力走在前面，为区域教育发展服务并提供先

---

① 《2016 年国际专利申请创下纪录》，中华人民共和国国家知识产权局网站，http：// www. sipo. gov. cn/wqyz/gwdt/201703/t20170330_ 1309141. html。

进的经验，发挥对周边地区的辐射作用。北京今后的战略规划不能只考虑自己的"一亩三分地"，要正确认识服务好周边地区，也就成就了北京自身发展。因此，教育资源的疏解与承接，成为三地教育紧密连接的纽带，再一次说明今后京津冀三地规划要一张图。

（四）是打造世界级大城市群的重要基础

《京津冀协同发展规划纲要》对京津冀区域的整体定位是"以首都为核心的世界级城市群，区域整体协同发展改革引领区，全国创新驱动经济增长新引擎，生态修复环境改善示范区"。打造世界级城市群是党中央、国务院对京津冀协同发展的总体要求。目前世界上公认的五大世界级城市群分别是美国东北部大西洋沿岸城市群、北美五大湖城市群、日本太平洋沿岸城市群、英伦城市群、欧洲西北部城市群。《2010 中国城市群发展报告》显示长三角城市群已跻身六大世界级城市群。未来京津冀城市群将有可能成为世界人口规模最大的城市群。北京教育总体发展水平在一定意义上已与世界最主要发达国家（地区）相当，跟跑的项目在减少，并跑、领跑的项目在增多，展示了教育现代化建设的新跨越。从各级教育普及率和人力资源开发水平等指标来看，与发达九国数据相比，北京居于前列，已经具备建设世界城市的基本条件（见表1）。

表1　2014 年部分国家/地区教育发展情况

单位：%

国家/地区	学前教育毛入学率	小学净入学率	中学毛入学率	高等教育毛入学率	2015 年 25~64 岁人口受过高等教育比例
韩　　国	92[1]	96[1]	98[1]	95[1]	45
德　　国	111	99	102	65	28
日　　本	90[1]	100[1]	102[1]	62[1]	50
法　　国	109	99	111	64	34[3]
澳大利亚	109[1]	97[1]	138[1]	87[1]	42
美　　国	71	93	98	87	46
英　　国	88	100	128	56	44

续表

国家/地区	学前教育毛入学率	小学净入学率	中学毛入学率	高等教育毛入学率	2015 年 25 ~ 64 岁人口受过高等教育比例
加拿大	74①	99①	110①	m	55
芬兰	80	99	145	89	42
九国平均值	91.6	98	114.7	75.6	42.9
北京市②	95	99.9%	>100	60	54.6

注：m 表示数据缺失。①2013 年数据。②北京用的是 2016 年数据。其中高等教育留学生比例为北京高等教育留学生数除以高等教育研究生和普通本专科生数的总和。③2014 年数据。

资料来源：由北京教育科学研究院教育发展研究中心助理研究员雷虹整理所得。数据来源于世界银行，http：//data. worldbank. org. cn；*Education at a Glance 2016*；*OECD Indicators*；《北京市"十三五"时期教育改革和发展规划（2016～2020 年）》；《中国劳动统计年鉴（2016）》。

　　然而从目前京津冀区域发展状况来看，实现世界级大城市群的目标任重道远。三地长期存在的经济发展落差，导致教育差距显著。从人口总体受教育水平来看，2015 年北京、天津、河北大专及以上受教育程度人口占比分别是 42.34%、23.33%、10.21%；从教育投入来看，仅以小学为例，2015 年北京、天津、河北小学生均公共预算事业费分别是 2.4 万元、1.8 万元、0.7 万元，三地教育发展水平阶梯式落差显著。北京教育经过改革开放以来近 40 年的发展，取得了巨大成就，北京教育始终站在高起点。做好区域教育资源的疏解与承接就是构建满足需求、优势互补、区域联动的布局体系，将北京的优质教育资源在京津冀区域内做好空间结构布局，充分发挥北京教育的首善意识和辐射作用，率先从结构布局上缓解三地教育发展的落差，为打造世界级大城市群奠定人力资源和智力支撑基础。

二　首都教育在区域教育协同发展中的定位与要求

　　京津冀区域有着深厚的历史渊源，由于长期以来的行政壁垒和利益主体多元化，形成了地区间发展的巨大落差。破除这种区域发展落差的关键环节就是疏解北京非首都功能，在此基础上强化首都功能，优化承接地区的城市功能。而当前疏解与承接的焦点，就是如何认清非首都功能。2014年2月，习近平在北京市考察工作时强调，建设和管理好首都，是国家治理体系和治理能力现代化的重要内容。要明确城市战略定位，坚持和强化首都全国政治中心、文化中心、国际交往中心、科技创新中心的核心功能，深入实施人文北京、科技北京、绿色北京战略，努力把北京建设成为国际一流的和谐宜居之都。① 以此为起点，习近平总书记在北京的系列重要讲话为首都定位、北京城市发展和京津冀协同发展指明了方向。

（一）首都功能与非首都功能中的教育定位

厘清非首都功能，首先要确定什么是首都功能。

1. 首都功能与教育的"四个中心"支撑功能

首都功能与"四个中心"紧密相连。首都作为全国的政治中心，承载的是为中央党、政、军领导机关服务的功能，在政治和行动上要与党中央保持高度一致；首都作为全国的文化中心，承载的是整合全国文化要素、弘扬并传播中华文化精华、引领文化创新的功能，进一步塑造中国特色社会主义先进文化。首都作为全国的国际交往中心，承载的是为国家的国际交往服务的功能，成为与世界联结的重要枢纽，以及国际活动聚集之地。首都作为全国的科技创新中心，承载的是自主创新示范功能，成为高端人才聚集之地、关键资源和先进技术聚集之地。

教育按照"四个中心"支撑功能分类，一是体现在人才培养上，培养德才兼备、具有中华优秀文化素养兼具国际视野和交往能力的社会主义优秀建设者和可靠接班人；二是体现在人文交流上，在弘扬优秀传统文化、推进中外教育交流合作、提升教育国际竞争力等方面发挥价值引领作用；三是体现在科研创新上，在构建拔尖创新人才培养体系、开展高端科技服务、建设

---

① 《习近平在北京考察 就建设首善之区提五点要求》，http：//news. xinhuanet. com/politics/ 2014 - 02/26/c_ 119519301. htm。

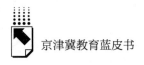

高端产学研用基地上发挥示范作用，在全国科技创新中心建设中发挥更大的支撑作用（见表2）。

表2　首都功能与非首都功能中的教育定位

首都功能		非首都功能	
城市定位	教育定位	城市定位	教育定位
	有示范引领作用的教育支撑功能		发展优势不突出的教育类型
政治中心	• 具有先进的教育理念、教育体制和教育思想，构建公平正义、灵活有效、具有公信力的公共教育体系，满足人民群众对优质、多样、便利的教育的需求 • 培养德才兼备的社会主义优秀建设者和可靠接班人	高消耗/高污染产业	• 中等职业教育 • 高等教育的本专科层次 • 成人教育、网络教育、自考面授教育 • 技能培训、教育辅助及其他教育
文化中心	• 讲好中国故事的中华文明传播中心 • 培养具有中华优秀文化素养兼具国际视野和交往能力的人才	聚人多行业	
国际交往中心	• 在推进中外教育交流合作、提升教育国际竞争力等方面发挥价值引领作用 • 培养一大批具有国际化视野、拥有跨文化沟通能力、能够参与国际事务的国际化人才	辅助性、非支撑性的行政服务功能	
科技创新中心	• 拥有相当规模的世界一流大学和一流学科；在全国科技创新中心建设中发挥引领作用 • 构建拔尖创新人才培养体系，培养"高精尖"人才	北京的行政功能及其附属功能	

2. 非首都功能与教育领域的禁限目录

非首都功能就是首都功能以外的其他功能。简单地说，就是与"四个中心"不匹配的城市功能，一类是高消耗、高污染、聚人多的产业。比如，一般性制造业中的钢铁、化工、纺织印染、造纸印刷等耗能多、污染大的行业；非科技创新企业，高端制造业中优势不突出的加工环节，高耗水的农业生产环节；具有聚集功能的物流业、商贸市场、旅游业、金融业等部分第三产业；部分教育、医疗和培训机构等社会公共服务功能。另一类是辅助性、非支撑性的行政服务职能，北京的行政功能及其附属功能。比如，中央和国家机关的辅助性行政事业单位、行业协会、学术社团，央企总部，北京市属行政事业单位等。

教育的非首都功能就是与"四个中心"要求契合度不高、发展优势不突出的教育功能。《北京市新增产业的禁止和限制目录（2015年版）》就明确限制了教育发展的层次和范围，在全市范围对中等职业教育、高等教育、成人高等教育、技能培训、教育辅助及其他教育提出了管理措施，同时，在城六区对中等职业教育和高等教育提出了管理措施（见表2）。

（二）"都"与"城"中的教育地位、作用与发展要求

北京市第十二次党代会报告指出，"更加突出首都发展，牢牢把握'都'与'城'的关系，有所为、有所不为，不断优化提升首都功能，使服务保障能力同城市战略定位相适应，人口资源环境同城市战略定位相协调，城市布局同城市战略定位相一致……让全市人民有更多获得感"。2017年7月北京市委常委会召开扩大会议时指出，"紧紧围绕实现'都'的功能来谋划'城'的发展，努力以'城'的更高水平发展服务保障'都'的功能"。如果说首都的教育功能是支撑"四个中心"发展的话，那么，首都的教育功能与北京城市的教育功能既适当分离又相辅相成，北京城市的教育功能是支撑北京现代化大都市发展的基础功能，是把北京建设成为国际一流的和谐宜居之都所具备的基本要素。北京城市的教育功能既要符合"四个中心"功能需求，也要满足国际大都市发展、和谐宜居城市发展和京津冀区域中心城市发展的需求。

1. 与"都"的定位相匹配的教育地位与作用

从"三个北京"① 的战略定位，到打造"五都"② 的中国特色世界城市

---

① 人文北京、科技北京、绿色北京。
② 即中国特色世界城市：国际活动聚集之都、世界高端企业总部聚集之都、世界高端人才聚集之都、中国特色社会主义先进文化之都、和谐宜居之都。

战略定位，再到"四个中心"的城市战略定位，一系列的城市战略定位对北京的城市功能描述越来越细致、越来越具体，首都发展的目标和方向更加清晰。当前"四个中心"的城市战略定位是对以往北京城市战略定位的深刻总结，涵盖了北京城市发展的核心要义，始终把和谐稳定放在首位，始终把科技创新作为发展动力，始终突出生态文明，始终以国际标准、一流水平要求自己。

第一，首都教育具有大局观念，承担服务全国、服务京津冀与服务北京相统一的国家责任。作为首都，北京具有特殊的政治责任和得天独厚的资源优势，竭尽全力做好"四个服务"，是中央赋予北京市的重大政治责任，也是由首都作为党、政、军首脑机关所在地这种特殊的地位所决定的。北京市教育的国家责任，就是充分发挥北京在全国的引领、示范和辐射作用。同时，在京津冀协同发展战略下，京津冀三地共绘一张图、共下一盘棋，强调北京今后的战略规划不能只考虑自己的"一亩三分地"，在满足本市居民日益增长的教育需求、努力办好人民满意教育的同时，利用优质教育资源辐射、服务好周边地区，也就成就了北京自身的内涵发展。

第二，首都教育坚持首善标准，在全国始终坚持高起点、高质量的发展思路。新中国成立以来首都教育发展的实践说明，首都教育发展始终坚持用最高标准要求自己，为全国的优秀人才提供最高水平的受教育条件、为全国各行各业和各地区发展提供所需要的高端人才、为全国教育发展提供先进的经验。首都教育经过改革开放以来近 40 年的发展，取得了巨大成就，从国内和国际两个视野来看，北京教育实现了"九个第一"和"七个超过"①，

---

① "九个第一"：（1）6 岁及以上人口中大专及以上学历人口所占比例；（2）15 岁及以上人口文盲扫除率；（3）平均每十万人口在校大学生数；（4）各级教育入学率；（5）各级各类教育生师比；（6）义务教育专任教师学历水平；（7）地方财政性教育经费占 GDP 比例；（8）预算内教育经费占公共财政支出比例；（9）各级生均教育经费。

"七个超过"：（1）25~64 岁人口受过高等教育的比例超过发达国家平均水平；（2）学前教育毛入学率超过发达国家的平均水平；（3）小学净入学率超过发达国家的平均水平；（4）中学净入学率超过发达国家的平均水平；（5）高等教育毛入学率超过发达国家的平均水平；（6）基础教育师生比超过发达国家平均水平；（7）公共教育经费占政府总支出的比例超过发达国家平均水平。

教育始终站在高起点上，制定全国最高的奋斗目标，反映世界教育发展的潮流和趋势。作为首善之区，北京在教育方面要充分发挥自身优势，创新发展思路，用先进的教育理念、教育体制和教育思想推动京津冀协同发展国家重大战略的实施。未来北京力争拥有世界最先进的教育体系，世界最优质的教育质量，世界最优秀的人才资源，世界最优秀的教师团队，从而在以首都为核心的世界级城市群建设中发挥基础支撑作用。

第三，首都教育坚持开放发展，强调协同意识，逐步明确多层次、多主体形成合力的发展思路。始终把教育放在经济社会发展总体格局中进行顶层设计，形成开放的理念、开放的态势、开放的格局，强化教育与周边地区、教育与其他领域的联动融合、开放共治。在一些关系到百姓切身利益的热点、难点问题上加大社会资源统筹力度，不断建立并完善教育部门与社会携手育人的机制，优化教育资源供给；探索首都教育与周边地区的融合发展，不断提升对区域的贡献力和服务力。

第四，首都教育既要满足人民群众当前的需求，又要着眼于未来社会需求，并对市民进行合理引导。北京作为世界城市，面对其他世界级城市群发展带来的竞争和压力，要始终有清醒的认识。教育是北京重要的优质资源，北京要以关注社会与人民的需求为驱动力量，努力构建一个公平正义、灵活有效、具有公信力的公共教育体系，满足人民群众对优质、多样、便利的教育的需求。首都教育改革始终密切关注社会经济变化对教育发展的影响和自身内涵建设，在提高全体市民的科学文化水平与培养高素质创新人才上做出了巨大贡献，成为首都社会发展的先导力量。

第五，首都教育坚持创新发展与稳定发展相统一。北京作为首都，要始终把维护首都的安全稳定作为第一位的政治任务；同时必须解放思想，高度重视创新发展。北京教育必须注重系统规划和科学统筹，将一系列创新有机衔接起来，尽力而为、量力而行，全力解决教育发展中的热点、难点问题，以创新谋发展，以稳定固优势，促进首都教育现代化向更高水平迈进。

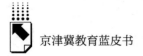
2. 与"城"的定位相匹配的教育发展要求

按照《北京城市总体规划（2016～2035）》设定的发展目标，到2020年，建设国际一流的和谐宜居之都取得重大进展……到2035年，初步建成国际一流的和谐宜居之都，"大城市病"治理取得显著成效，首都功能更加优化，城市综合竞争力进入世界前列，京津冀世界级城市群的构架基本形成。同时，以"国际一流的和谐宜居之都评价指标体系"为北京城市的体检评估机制，教育要同步实现布局优化和品质提升，在实现城市规划目标中发挥基础性、先导性、全局性作用，根据"国际一流的和谐宜居之都评价指标体系"，我们初步设计了教育方面的评价指标体系，为北京市统筹推进教育发展提供参考。

不可否认，近年来北京市的教育发展取得了一系列成就。从市民受教育程度来看，近年来北京市受教育程度在大专及以上的人口增加，2015年达到42.34%，在京津冀区域遥遥领先，并远高于上海（见表3）。在"十二五"期间，北京市就提出要"建成普惠便利的教育基本公共服务体系，保障市民依法享有受教育的权利，强化各级政府的教育公共服务职能，公平配置公共教育资源，推进区域教育基本公共服务均衡化"[1]，让老百姓都能在家门口上好学。在扩大优质教育覆盖范围方面实施双轮驱动，让市民享受到更多的优质教育资源和优质教育机会。2017年，北京市优质高中招生计划通过"名额分配""市级统筹""校额到校""乡村计划"等方式精准配置，"名额分配"批次计划占优质高中招生计划比例不低于50%，保证每所一般公办初中学生升入优质高中的机会不低于35%。[2]近年来，北京的留学生层次逐年提升，留学生中硕/博士研究生占比从2012年的16.14%提高到2016年的26.39%，专科和培训生占比从48.37%下降到35.53%（具体见表4）。通过选取受教育程度、教育规模、师资水平、办学条件、教育投入等指标，将我国发达地区与北京、天津、河北地区教育进行比较，数据经过标准化处

---

① 《北京市"十二五"时期教育改革和发展规划》，http：//zhengwu. beijing. gov. cn/ghxx/sewgh/t1222812. htm。

② 任敏：《优质高中招生"名额分配"至少一半》，《北京日报》2017年4月7日，第12期。

表3   2012~2015年部分地区人口受教育程度构成

单位：人，%

地区	年份	6岁及以上人口	受教育程度构成				
			未上过学	小学	初中	高中	大专及以上
全国	2012	1047865	5.29	26.88	41.11	16.12	10.59
	2013	1041825	4.99	26.36	40.81	16.52	11.32
	2014	1047090	5.37	26.25	40.15	16.70	11.53
	2015	19833469	5.69	26.22	38.32	16.44	13.33
北京	2012	16447	1.65	9.89	28.86	22.25	37.35
	2013	16645	1.67	10.17	27.01	19.95	41.21
	2014	16828	1.75	10.53	27.68	21.89	38.15
	2015	316773	1.95	10.31	25.34	20.07	42.34
天津	2012	11175	2.66	16.87	35.70	21.92	22.85
	2013	11582	2.52	16.35	36.63	21.44	23.05
	2014	11935	3.14	16.44	34.84	22.72	22.85
	2015	228196	2.51	15.64	37.64	20.87	23.33
河北	2012	55844	4.27	24.82	50.70	14.43	5.79
	2013	55688	3.91	24.78	48.40	15.18	7.73
	2014	55991	3.87	25.69	48.16	14.35	7.94
	2015	1066111	4.19	25.78	43.92	15.91	10.21
上海	2012	19034	2.45	12.62	40.60	21.26	23.07
	2013	19046	3.98	13.93	37.08	20.31	24.69
	2014	19008	3.44	13.25	35.40	20.79	27.13
	2015	355996	3.31	13.08	33.82	21.09	28.70

注：2012年全国人口变动情况抽样调查样本数据，抽样比为0.831‰。2013年和2014年全国人口变动情况抽样调查样本数据，抽样比为0.822‰。2015年全国1%人口抽样调查样本数据，抽样比为1.55%。

资料来源：根据《中国统计年鉴》（2013、2014、2015、2016）中数据计算所得。

表4   2012~2016年北京市高等教育外国留学生情况

单位：人

项目	在校生数				
	2012年	2013年	2014年	2015年	2016年
合 计	40549	43180	39379	39459	40486
博士研究生	1988	2359	2803	3008	3647
硕士研究生	4557	4932	5337	5873	7036
本科	14389	15408	15425	15025	15417
专科	171	120	192	200	239
培训生	19444	20361	15622	15353	14147

资料来源：根据《北京市教育事业统计资料》（2012~2013、2013~2014、2014~2015、2015~2016、2016~2017）中数据整理所得。

理后显示，2015 年北京教育指数综合得分为 3.19，排名第一，特别是在受教育程度、生师比指标上得分突出，反映了北京教育发展水平较高，北京不仅是京津冀区域教育的中心城市，也是全国教育的中心城市（见表 5、图 1）。

表 5 2015 年京津冀地区和我国发达地区教育发展指数单项得分与综合得分

地区	大专及以上受教育程度指数	每十万人口就学规模指数	各级学校生师比指数	义务教育生均办学条件指数	公共财政教育支出占比指数	总得分（五分制）
北京	1.00	0.22	1.00	0.53	0.44	3.19
天津	0.41	0.18	0.61	0.08	0.38	1.66
河北	0.00	0.78	0.24	0.00	0.91	1.93
上海	0.58	0.00	0.66	0.78	0.00	2.02
江苏	0.19	0.57	0.48	0.86	0.94	3.04
浙江	0.14	0.63	0.33	1.00	1.00	3.10
广东	0.06	1.00	0.00	0.48	0.62	2.16

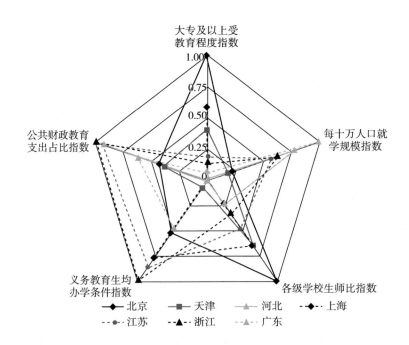

图 1 2015 年京津冀地区和我国发达地区教育发展指数雷达图

虽然从一些常规指标来看，北京市在国内实现了"九个第一"、在国际上实现了"七个超过"，在师资队伍、办学条件等方面都保持优势地位，但是从一些反映教育内涵发展的深层次指标上，依然存在一系列不平衡不充分的问题，与"国际一流的和谐宜居之都"的发展要求还有一定差距（见表6）。

表6　建设国际一流的和谐宜居之都的教育评价指标体系

分项	指标	当前北京水平	国际一流水平/发展目标
坚持创新发展，在提高发展质量和效益方面达到国际一流水平	高校助推专利申请/授权占全世界总量的比例（%）	2015年高校专利授权数在当地的占比，北京为58.44%，比上海低6个百分点	2013年美国专利申请占全世界总量的27.9%
	QS世界大学排名前50名单中占有席位	2016年占2席	2016年美国占19席
	基础研究经费占研究与试验发展经费比重（%）	2015年北京市高校R&D经费内部支出中，政府资金投入为113.24亿元，约占总支出的69.62%（比上海高约5个百分点），高校科研尚不能充分利用市场资源	总量增加，且非政府资金投入占比增加
	基础教育教师学历	2016年，北京市专任教师中拥有研究生毕业学历的比例，小学仅为5.9%、初中为16.0%、高中为26.0%	英国、芬兰、法国、德国均要求硕士及以上学历
坚持协调发展，在形成平衡发展结构方面达到国际一流水平	优质教育资源在城六区的占比（%）	基础教育优质资源数量在城六区占比高于70%	占比下降
	义务教育校际均衡发展水平	在国家义务教育质量监测中，相关科目学生学业水平达到Ⅲ级以上，且校际差异率低于0.15	
坚持绿色发展，在改善生态环境方面达到国际一流水平	大中小幼学生体质健康标准		优秀
	中小学生视力不良检出率（%）	2014年59.2%*	下降
	北京市中小学生肥胖检出率（%）	2014年15.6%**	下降

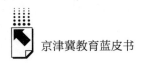
续表

分项	指标	当前北京水平	国际一流水平/发展目标
坚持开放发展,在实现合作共赢方面达到国际一流水平	大型国际教育会议次数(次/年)		增加
	中外合作办学机构数		增加
	高等教育留学生占在校生比例(%)	2016 年 1.5%	2014 年英国 18%(伦敦 29%)、澳大利亚 18%、法国 10%、加拿大 10%
坚持共享发展,在增进人民福祉方面达到国际一流水平	平均受教育年限(年)	2015 年为 12 年	2020 年达到 12.5 年 2035 年达到 13.5 年
	25~64 岁人口受高等教育的比例(%)	2015 年 54.6%	2015 年发达国家最高为加拿大 55%
	各级各类教育人均占地面积(平方米)		增加
	各级各类教育人均拥有图书数量(册)		增加

* 《北京市卫生与人群健康状况报告》显示,2014~2015 学年度,北京市中小学生视力不良检出率为 59.2%,比 2013~2014 学年度下降 2.4 个百分点。2014~2015 学年度,北京市中小学生肥胖检出率为 15.6%,比 2009~2010 学年度上升 5.6 个百分点;2014 年北京市大中学生体育锻炼时间每天不少于 1 小时的报告率仅为 33.2%。2016 年北京市中小学生营养与健康状况监测结果显示,中小学生平均每天摄入的肉类和盐分过多,而谷薯类及杂豆、水果类、蔬菜类、水产品、奶及奶制品、大豆及坚果类等食品摄入不足,低于平衡膳食推荐量要求。学生维生素 D 缺乏率为 23.2%,不足率为 26.6%。说明学生的饮食行为、体育运动等方面都存在一些问题。

** 同上。

　　例如,从科技创新支撑力来看,首都高校科技经费投入与地方经济联系不紧密,人均科技成果产出落后于上海。2015 年北京市 R&D 经费内部支出中,政府资金投入为 113.24 亿元,约占总支出的 69.62%(比上海高约 5 个百分点),政府资金成为北京高校科研经费的主要来源,高校科研尚不能充分利用市场资源,过分依靠政府,在一定程度上造成科研成果与地方经济的脱节(2015 年高校专利授权数占比,北京为 58.44%,比上海低 6 个百分点),再加上高校科研成果转化的配套机制落后等因素,导致虽然首都的高校总量、科技成果产出总量在全国形成压倒性优势,但是人均科技成果产出的各项指标均低于上海(见表 7)。从高等教育留学生规模来看,北京与其他发达国家存在较大差距，近年来北京高校在校生中留学生的比例一直不足5%，而英国、澳大利亚、法国和加拿大高校在校生中国际学生的比例一直为18%、18%、10%和10%。[①] 虽然北京作为国际大都市拥有数量众多的著名高等学校，一直以来都是留学生首选的学习目的城市，留学生在校生数量居全国之首，但是，随着国内其他省市高等教育国际化的快速发展，北京留学生教育的领先地位正面临挑战，北京高等学校留学生规模在国内的领先优势在逐步缩小。

表7　2015年北京、上海高校科技产出概况

指标	上海		北京	
	总量	人均	总量	人均
发表科技论文（篇）	78275	1.80	115143	1.49
出版科技著作（部）	2877	0.07	5357	0.07
专利申请数（个）	9507	0.22	14887	0.19
专利授权数（个）	6177	0.14	8700	0.11
有效发明专利数（件）	15445	0.35	25698	0.34

资料来源：《2016年北京统计年鉴》《2016年上海统计年鉴》。

三　区域教育资源疏解与承接的内涵

（一）京内疏解与京外疏解

如果既是非首都功能，又是支撑北京国际一流和谐宜居之都发展的功能，就可以做京内疏解。如果既是非首都功能，又不是支撑国际一流和谐宜居之都发展的功能，就需要做京外疏解。

1. 教育资源的京内疏解主要配合并引导人口空间布局

《京津冀协同发展规划纲要》提出，到2020年，北京市常住人口力争控制在2300万人以内，其中城六区常住人口在2014年基础上每年降低2%～

[①] *Education at a Glance 2016：OECD Indicators*，以及《北京市"十三五"时期教育改革和发展规划（2016～2020年）》。

3%，争取到 2020 年下降 15% 左右。届时，北京市人口空间分布将发生根本变化，中心城六区人口占总人口的 47%，其他十区人口占总人口的 53%，呈现其他十区人口比中心城六区人口多的格局。自 2014 年京津冀一体化发展上升为国家战略以来，北京市学历教育规模整体缩减。2014 年学历教育在校生数为 377.49 万人，约占全市常住人口（2151.60 万人）的 17.55%。2016 年学历教育在校生数为 373.35 万人，约占全市常住人口（2172.90 万人）的 17.19%，比 2014 年学历教育在校生数减少 4.14 万人，减少 1.10%。

教育资源与人口分布密切相关，配合城市人口疏解特别是城六区常住人口疏解，城六区各级各类教育资源也应有序疏解，特别是作为基本公共服务领域的基础教育尤其要配合人口分布做好资源布局。2016 年北京市城六区常住人口为 1247.50 万人，比 2014 年（1276.30 万人）减少 28.8 万人，城六区常住人口实现由增到减。从现阶段北京市基础教育阶段在校生分布情况来看，城六区提供了全市近 60% 的基础教育学位，2016 年基础教育城六区在校生规模为 10.05 万人，比 2014 年多 0.42 万人，全市占比 58.51%（见表 8）。2014 年全市基础教育约占全市总人口的比例为 7.76%，依此比例推算（同比例推算法是维持现有水平的一种底线推算），到 2020 年基础教育规模将继续增大到 178.48 万人。从空间分布上来看，中心城六区基础教育规模将配合人口下降幅度由 2014 年的 96.25 万人减少到 2020 年的 83.89 万人，其他十区由 2014 年的 70.79 万人增加到 2020 年的 94.59 万人，呈现出其他十区基础教育人口规模大于中心城六区的格局。然而，从 2016 年的现状来看，"公共教育服务随人走"的格局尚未形成（见表 9）。

表 8　2014 年和 2016 年北京市分区基础教育在校生情况

单位：人，%

区域	年份	学前教育	小学	普通初中	普通高中	总规模	占比
中心城六区	2014	204058	484912	184104	89467	962541	57.62
	2016	226505	516356	160047	101598	1004506	58.51
其他十区	2014	160896	336240	122685	88087	707908	42.38
	2016	190477	352061	108226	61532	712296	41.49

资料来源：《北京市教育事业统计资料》（2014~2015、2016~2017）。

表 9　北京市教育人口规模分布的理想与现实

单位：万人

项　　目	2014 年	2020 年（理想状态）	2016 年（现实状态）
全市常住人口	2151.60	2300.00	2172.9
全市基础教育在校生	167.04	178.48	171.68
中心城六区常住人口	1276.30	1081.00	1247.50
其他市区常住人口	875.3	1219.00	924.5
中心城六区基础教育在校生	96.25	83.89	100.45
其他十区基础教育在校生	70.79	94.59	71.23

　　教育资源的京内疏解要适应各区人口调控和人口实际需求进行有针对性的合理疏解。随着全面放开二孩政策的影响，未来基础教育受教育人口会逐年增加，按现有学位供给量估算，2016～2020 年，小学学位需求将从 86.8 万个上升至 102.4 万个，普通初中学位需求将从 26.8 万个上升到 37.8 万个，按现有供给能力计算，至 2020 年学位缺口量将达到 26.6 万个（小学缺口约 15.6 万个，中学缺口约 11.0 万个），北京还需要投放大量的学位以保证常住人口的基本学位需求。

　　北京市常住人口总量控制及疏解分布的规划安排对北京市普通中小学教育功能疏解提出了新要求，需要进一步加强中小学教育功能疏解与常住人口疏解的匹配程度，更好地推进中小学教育功能疏解，在疏解中实现优化教育功能布局、提升教育质量的目标。教育资源的京内疏解应配合其他十区发展需求，充分发挥中心城区优质教育资源的引领、辐射和带动作用，通过名校办分校、集团化办学、社会化办学、对口办学等多种方式向新城和周边地区扩散，推动其他十区的教育发展，在扩大优质基础教育资源的同时促进基础教育均衡发展，实现对中心城区的人口引导和疏解功能。特别是针对"全面二孩"政策带来的人口新变化，加大其他十区的教育投入力度和优质教育资源配置力度，减少人口受优质教育资源吸引聚集中心城六区，实现全市教育资源优化配置和整体质量提升。

　　2. 教育资源的京外疏解主要配合产业结构布局

　　教育资源的京外疏解主要是形成"高等教育和职业教育随产业转移"的互动格局。《京津冀协同发展规划纲要》明确指出加强京外周边地区的蔬菜、畜禽生产基地建设，鼓励服务外包、健康养老等部分新兴服务业向京外转移发展，推动部分有条件的、有明显地域特色的院校、央企总部转移到产业集中地区。在教育领域，北京市严格执行新增产业禁限目录，严格控制在京高校办学规模，严禁在京审批或升格新的高等教育单位，严禁增加现有在京高校占地面积等，实现了京内高等教育资源为更好地发展而向京外寻求发展契机。

按照产业集群发展与高等教育集群发展相对接的方式，在京院校或专业、学科进行合理的布局调整，对北京市属高校分类定位，将适合北京市经济社会发展需要的高等教育资源做优做强，将不适合的在三地空间范围内进行调整重组，更好地促进三地优势互补、良性互动、协同发展。对于办学方向与北京市产业升级与产业布局调整趋势不相符的，要作为重点调整对象，将不符合首都产业和就业需求的职业学校疏解到天津市和河北省，充分发挥两地职业教育优势，更好地提升劳动者职业技能和素质，促进劳动者在三地就业市场上自由择业、充分就业。通过教育资源向京外疏解，构建起京津冀区域职业教育、高等教育相协调的教育布局体系。近年来，北京市职业教育、高等教育本专科规模逐年压缩，中等职业教育在校生规模从 2014 年的 12.60 万人下降到 2016 年的 8.58 万人，中职专任教师规模也相应减少；普通高等学校中本专科在校生规模从 2014 年的 60.46 万人下降到 2016 年的 59.92 万人；天津、河北地区中职、普通高校规模都有不同程度的增长，这说明教育资源的京外疏解已经全面开展并为区域教育协同发展奠定了良好的基础（见表 10）。

表 10　2014 年和 2016 年京津冀区域职业教育与高等教育规模变化

单位：人

地区	年份	中职学校		普通高等学校	
		在校生规模	专任教师	本专科在校生规模	专任教师
北京	2014	126019	7199	604578	68380
	2016	85780	6681	599188	70013
天津	2014	93841	6734	505795	31008
	2016	101055	6458	513842	30509
河北	2014	655366	44228	1164341	68578
	2016	658083	44873	1216096	70447

资料来源：《中国统计年鉴（2015）》《中国教育事业发展统计简况（2016）》。

（二）集中承载与分散疏解

2016 年 3 月 24 日和 5 月 27 日，习近平总书记先后主持召开中共中央政治局常委会会议和中央政治局会议，听取北京城市副中心和设立集中承载地有关情况汇报并发表重要讲话。2017 年 2 月 23 日，习近平总书记实地考察河北省安新县和白洋淀生态保护区，强调指出，雄安新区定位首先是北京非首都功能集中承载地，重点是承接北京非首都功能疏解和人口转移。规划建设北京城市副中心和雄安新区集中承载地，将形成北京新的"两翼"，也是京津冀区域新的增长极。

1. 北京城市副中心与雄安新区是两块集中承载地

北京城市副中心与雄安新区在规划上都坚持"世界眼光、国际标准、中国特色、高点定位"，北京城市副中心以打造"三最"（最先进的理念、最高的标准、最好的质量）和"三个示范区"推动区域发展，雄安新区以"四区"定位打造全国的标杆示范城市，两者在发展定位上都具有相当的高度，落实到教育上都要求高标准、高站位，突破现有体制机制约束，带头发挥创新示范引领作用（见表 11）。但是，与雄安新区一张白纸绘蓝图不同的是，北京城市副中心的教育发展有一定的基础，有潞河中学这样的百年老校，有若干优质教育资源，随着 2017 年底四大市级机关和相关市属行政部门率先启动搬迁，到 2020 年北京城市副中心常住人口规模调控目标为 100 万人左右，一批优质教育项目要提前规划落地。这意味着，北京城市副中心的教育规划建设要起步快、发展稳、见效早，配合非首都功能疏解，通州区近 3 年要着力解决学位需求和优质教育资源不足的问题。

2017 年市属行政事业单位整体或部分迁入工作取得实质性进展，远期将带动约 40 万人疏解至通州。2016 年通州区常住人口是 142.8 万人，预计到 2020 年，通州区常住人口将达到 180 万人左右。根据《北京市居住公共服务设施配置指标》和《北京市居住公共服务设施配置指标实施意见》（京政发〔2015〕7 号），每服务 1.44 万人口至少需要配置 1 所 12 个班的幼儿

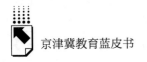

表11　北京城市副中心与雄安新区发展定位比较

		北京城市副中心	雄安新区
规划定位	同	世界眼光、国际标准、中国特色、高点定位	
	异	• 国际一流和谐宜居之都示范区 • 新型城镇化示范区 • 京津冀区域协同发展示范区	• 绿色生态宜居新城区 • 创新驱动发展引领区 • 协调发展示范区 • 开放发展先行区
规划范围	同	以核心地带为圆点，逐步向外围辐射带动	
	异	• 155平方公里北京城市副中心 • 906平方公里外围控制区（通州区） • 2000平方公里辐射带动区（通州＋廊坊北三县）	• 30平方公里启动区 • 100平方公里起步区 • 2000平方公里规划区
教育定位	同	高标准、高站位，突破现有体制机制约束，带头发挥创新示范引领作用	
	异	• 在已有发展基础上进一步突破完善 • 配合2017年底四大市级机关和相关市属行政部门率先启动搬迁，推进一批优质教育项目落地	• 在一张白纸上描绘蓝图 • 千年大计

园，每服务2.29万人口至少需要配置1所24个班的小学，每服务5.71万人口至少需要配置1所30个班的初中，每服务8.1万人口至少需要配置1所36个班的高中。通州区总共需要配置幼儿园约125所1500个班、小学约79所1886个班、初中约32所946个班、高中约22所800个班；2016年通州区有幼儿园141所1111个班，小学82所1747个班，中学41所，初中535个班、高中256个班，基础教育各阶段资源的班额配置还不能满足未来人口需求。同时，从2014年北京市各区基础教育经费、师资情况来看，通州区都不具有优势，优质教育资源少，各方面教育发展指标仍有很大提升空间（见表12）。

雄安新区的设立需要进一步明确"北京中心城区""北京城市副中心""雄安新区"的教育功能定位，做好区域的融合发展和错位发展。从北京城市空间布局来看，"一主、一副、两轴、多点"的城市空间结构着力改变城市单中心、摊大饼的发展模式，其中"一主"指中心城区，即城六区；"一副"

表 12　2015 年北京市各区基础教育经费、师资情况

各区	基础教育经费(亿元)	生均教育经费(万元)	学前教育生师比	小学教育生师比	普通中学生师比	中小学教师具有高级专业技术职务教师占比(%)
东 城 区	59.96	5.68	9.82	13.99	8.02	—
西 城 区	69.27	5.21	9.43	13.99	7.66	—
朝 阳 区	71.77	2.88	10.15	7.90	5.55	7.69
丰 台 区	41.62	3.04	11.85	15.93	6.83	13.55
石景山区	23.64	4.58	12.33	—	—	7.54
海 淀 区	107.72	3.43	12.29	21.31	9.34	15.47
门头沟区	16.3	6.62	11.45	12.63	8.06	41.72
房 山 区	28.58	2.98	10.84	15.36	8.31	4.47
通 州 区	25.89	2.22	11.44	17.12	7.24	8.48
顺 义 区	24.46	2.65	15.57	13.76	8.71	14.68
昌 平 区	26.84	2.63	10.29	—	—	17.33
大 兴 区	27.2	2.41	16.25	15.08	7.24	—
怀 柔 区	3.09	0.84	12.51	13.40	7.24	30.90
平 谷 区	24.25	6.48	13.31	11.64	6.85	41.19
密 云 区	21.31	4.48	11.36	14.53	8.26	—
延 庆 区	15.79	5.82	10.17	9.60	7.68	12.59

资料来源:《北京教育年鉴 (2016 年)》。

指北京城市副中心,为原通州新城。设立雄安新区反映了党中央疏解北京非首都功能的决心,而疏解的重要前提是基本公共服务均等化。这意味着京津冀区域教育协同发展将有很大的空间,要求教育主动作为,通过抓好教育服务资源的对接合作,营造良好环境,增强承接地对人口和其他要素的吸引力。

在北京市第十二次党代会开幕式上,蔡奇提出“把支持河北雄安新区建设作为北京自己的事情,雄安新区需要什么就支持什么”。目前雄安新区发展与目标设定还有很大差距,北京教育水平全国领先,但这并不意味着两

者是帮扶关系。在雄安新区建设上，北京和雄安面临的问题是共通的，是先行先试，研究如何破解当前教育发展中的难点问题。因此，北京和雄安新区要开展全方位合作、协同攻关，共同发现和面对问题、探索新经验和新模式。在承接教育资源方面应密切结合新区发展需求，集中承接与新区产业发展和城市公共服务相契合的教育资源，在提供优质教育服务方面探索新的机制，实现与首都功能的错位发展。

2. 分散疏解使基本教育公共服务普惠到京津冀整个区域

2017年2月，京津冀教育协同发展工作推进会在河北廊坊召开，会议发布了"十三五"时期京津冀教育协同发展专项工作计划。京津冀三地计划在"十三五"期间，实施"一十百千万"工程。具体内容包括，"一"即建设一所高职院校，由天津市出资，支援承德市建设天津中德应用技术大学承德分校；"十"即建立21个教师培训基地；"百"即通过"手拉手"、联盟校等形式建百余对合作学校；"千"即实施千人交流合作项目，每年互派中小学校长、幼儿园园长、骨干教师、职业院校教师和管理人员250人，四年1000人，进行工作交流和在岗培训；"万"即免费提供万节优质课资源。① 在《"十三五"时期京津冀教育协同发展专项工作计划》中指出，推动北京城市副中心与津冀毗邻地区教育统筹发展项目，重点推进北京市通州区、天津市武清区、河北省廊坊市三地基础教育协同发展；引导北京、天津优质中小学与河北中小学开展跨区域合作办学，整体提升学校管理水平；北京、天津在河北省燕山、太行山等集中连片特困地区，开展中小学教师、技术技能人才对口支持培养等十个合作项目。②

教育资源的分散疏解目的是让基本教育公共服务能够普惠到京津冀整个地区。按照协同发展专项工作计划，北京、天津优质教育资源将形成分散疏解的布局，而目前教育资源的分散疏解也取得了初步成效（见表13）。

---

① 任敏：《京津冀将建百余对合作学校》，《北京青年报》2017年2月18日，第A04期。
② 《"十三五"时期京津冀教育协同发展专项工作计划》，http://www.hee.cn/news/detail/42857/10.html。

表 13　京津冀区域教育资源分散疏解概览

区域	资源承接地	资源疏解地	合作内容
近京津地区	廊坊市	北京市大兴区 北京市房山区 天津市北辰区 石家庄市	建立教育协同发展联盟,在资源共享、学校共建、研讨培训方面加强交流合作
	保定市	北京市西城区	建立教育协同发展合作供应机制,对接 3~5 所北京学校
	张家口市	北京市海淀区 北京市朝阳区 北京市门头沟区 天津市北辰区	签署一揽子多级教育合作协议
	唐山市	北京市教委 北京市西城区 天津市北辰区 北京市海淀区	推动有关高校、教育局、教研部门、中小学的紧密合作
	天津市武清区	北京高校	积极引进中央部属高校项目,引进北大公学项目,成立北京师范大学基础教育实验学校
环京津地区	秦皇岛市	北京市教委 北京高校	签署高校合作支持项目,确定了科研院所和基础教育领域的协同发展思路
	承德市	北京市东城区 天津市河西区	借力京津优质教育资源提升本地基础教育发展
	沧州市	天津市南开区 天津市河西区 天津市红桥区 天津市河北区 天津高校	重点推进沧州渤海新区与天津滨海新区一体化发展,加强教育资源共建共享,鼓励天津高校建分校或联合办学
远京津地区	石家庄市	北京市教委 天津市教委	签订教育合作框架协议,开展典型的基础教育合作项目
	衡水市	京津教科研机构	成为京津的教科研研究基地
	邯郸市	中国教育科学研究院	成为中国教科院实践基地
	邢台市	北京市朝阳区	建立联合教研中心,基础教育互访式协作

资料来源:根据河北省教育科学研究所所长助理、特级教师缪志清提供素材整理所得。

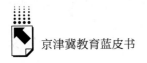

四 教育资源疏解与承接的基本思路

在中国共产党北京市第十二次代表大会上,蔡奇强调,要坚持首都城市战略定位,深入推动京津冀协同发展。坚定不移地疏解非首都功能,在"疏"字上持续用力,在"舍"字上保持定力,在"优"字上集中发力。因此,在疏解过程中要始终认识到"优化"是疏解的目的,如果疏解不能起到优化当地发展的目的,那么这种疏解是不成功的;同时,要认识到"转型"是承接的目的,如果仅仅是简单的承接而没有促进当地发展,没有与当地发展相融合,那么这种承接也是不成功的。

(一)疏解教育资源要"以疏解促优化"

在经济发展新常态下,北京教育作为全国教育的"领头羊",承担的责任更加重大,当务之急是要配合国家和城市战略定位对庞杂的教育功能做好"瘦身健体",配合国家和城市战略定位,在教育规划中做好"减法",以疏解非首都功能为突破口,合理有序疏解部分教育功能,调整教育的规模、层次、结构,推进北京教育的内涵发展。

1.根据京津冀区域城市发展定位优化三地教育资源布局

首都教育在疏解中提升。根据北京市政府《关于组织开展"疏解整治促提升"专项行动(2017~2020)的实施意见》要求,北京市加快推动部分高校、中职学校和一般性培训机构调减规模和向外疏解,同步实现首都教育的布局优化和品质提升。优化高等教育空间布局。以城六区为辐射源,以高教园区为重要疏解承载地,积极推进高校向郊区疏解,努力实现区区有高校的目标。扎实推进职业教育调整转移,鼓励特色专业到郊区办学,引导职业学校根据所在区域经济社会发展需要进行转型,调整优化布局结构。落实民办高等教育机构退出工作实施意见,积极引导培训机构以远程教育培训等方式开展培训业务。

高水平配置北京城市副中心教育资源。加快建设一批优质学校,带动提升区域整体基础教育品质。推动实施促进通州区教师素质提升支持计划和基础教育质量提升计划。支持通州区新建、改扩建中小学。注重城市副中心与河北廊坊北三县地区教育统筹规划发展，促进廊坊北三县地区完善教育配套，缩小区域差距。

推动符合雄安新区定位的部分教育功能向新区转移。集聚全国力量，派出优秀教育科研团队谋划雄安新区教育建设；联合面向全国招聘、组织优秀教学管理团队进驻等方式，帮助雄安新区培养培训干部教师。发挥天津市国家现代职业教育改革创新示范区作用，建设职业教育培训基地和分校，帮助雄安新区提升高端技术技能人才培养水平。

2. 根据首都各功能区定位优化首都教育资源圈层结构

结合对北京各区教育改革和发展情况的综合评估，以及北京城市总体规划，明确各区教育的特色定位，分层分类确定学校质量定位，推进分层分类监测和评价，引导学校自主发展、特色发展。从规模结构方面坚持"城六区减，平原地区增，山区稳"的发展思路，即平原地区根据人口变动因素扩展教育增量；城六区根据区域经济发展水平调整教育存量，减少一般资源，扩大优质资源覆盖面；山区基本维持现有规模。

打造中心城区优质教育生发圈。利用已有优势尽最大可能发挥优质教育资源的对外辐射作用，鼓励优质教育跨区联合发展，引导未来首都人口向城六区以外的地区流动，使城六区成为北京乃至京津冀地区的优质教育资源发源地。

打造平原地区多样教育推动圈。利用平原地区的空间优势，充分谋划中高考改革背景下学校师资配备方案，为实现走班分层教学提供充分的硬件支持，完善政府购买社会教育服务、购买社会优质教育培训机构的师资和优质课程，用以补充公办学校师资和校本课程的不足。积极探索以公办中小学为主、社会力量办学为辅的多渠道运作办法，大力发展优质民办学校，加快吸引人口聚集。北京城市副中心在平原区具有特殊的地位，需加快优质资源转移，创新发展模式，满足多样化的教育需求。

打造山区基础教育生态圈。推广绿色教育和生态文明，培养青少年可持

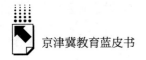
续发展素养，成为生态文明教育的示范地和推广地。

打造环北京地区基础教育互动圈，富有生机和活力的跨地区基础教育互动圈，根据不同城市的教育发展水平采取相应的合作模式，发挥首都基础教育的辐射带动作用，彰显首善之区的魅力。

（二）承接教育资源要"以承接促转型"

承接教育资源实质上是强调输出地与承接地各方的相互协作与相互协调，促进各方利益的有效融合。

1. 努力实现承接地教育资源的"造血功能"

加强区域基础教育的深度融合。推动京津优质中小学采取教育集团、学校联盟、结对帮扶、委托管理、开办分校等方式，与河北中小学开展跨区域合作办学。支持有条件的在京中央高校到天津、河北与当地教育行政部门协作，共建附中、附小。推动落实"通武廊"教育协同发展合作协议，协调制定"通武廊"地区基础教育学校布局规划，统一"通武廊"地区新建居住区基础教育学校配建标准。落实京津冀教育对口帮扶项目，特别是助力河北 10 个深度贫困县精准脱贫。搭建校际交流活动平台，建立结对学校，开展互访互学等校际交流活动。但是，由于各地基础教育教学方法、教学手段、课程教材、教学体制等基本条件存在差异，现有的合作活动很可能不能深入，深入的合作涉及学校治理结构和治理能力的问题。只有教育管理理念和办学理念协同发展了，才能真正赋予薄弱校自我造血的能力。

协作推进区域教师整体能力和素质提升。推进北京师范大学、首都师范大学、天津师范大学和河北师范大学在河北省建设教师培养培训基地，重点在受帮扶的 21 个县每县建设一个培养培训基地。合作培养百名中小学名师名校长、千名优秀教师校长、万名骨干教师校长。京津两市选派优秀教师到河北受帮扶地区开展支教送教，对受帮扶地区职业院校教师和管理人员开展系统化培训。继续实施"河北省千名中小学骨干校长教师赴京挂职学习"项目，每年组织河北 200 名校长、教师赴北京跟岗培训。河北选派优秀中青年骨干教师、校（园）长到京津优质中小学、幼儿园跟岗研修。

开展区域技术技能人才联合培养。研究跨省市职教集团（联盟）管理运行机制和鼓励支持政策，推动职业院校、职教园区与产业聚集区融合发展。立足三省市职业教育优势特色，面向京津冀经济社会发展需求，实施区域职业教育人才培养合作项目。河北积极对接京津特大城市功能需求，在养老、护理、城市服务等领域加大技术技能人才培养力度。盘活廊坊大学城，"将大学城建设成为具有国际水平的职业教育基地"，这是兴建于1999年的东方大学城的发展愿景。现在这座设想中"拥有10万学子，20万人口，牛津模式的职教新城"化为泡影。共有近60所院校在东方大学城办过学，如北京航空航天大学、中国地质大学、国家法官学院、中国社会科学院研究生院等，累计有超过40万名学生在此学习和生活过，最多时超过20家大学同时在此进行招生和教育。现在廊坊大学城已经名不副实。凭借京津冀协同发展战略规划，廊坊大学城应重新复苏，找准定位转型发展，为区域教育协同发展贡献一份力量。

构建区域高等教育资源共建共享机制。启动三省市高校联合培养研究生试点，探索合作培养本科生。深化京津冀高校联盟建设，在联盟平台上开展课程互选、学分互认、教师互聘、学生交流和短期访学。共建一批政产学研一体化创新服务基地、科技创新平台和产业创新联盟。加强区域高校毕业生就业信息交流平台共享，引导和鼓励京津高校毕业生到河北省就业创业。

2. 促进承接地转型为多个教育特色城市

除"北京城市副中心""雄安新区"两个集中载地有明确的发展定位外，其他分散承载地也需进一步明确自身发展定位。以京津双核为主，在河北省选择合适地块建立多个区域教育中心，形成借力发展带，带动提高整个区域的教育竞争力。目前京津冀已经形成以北京、天津为主的双核发展空间布局，但是教育资源过度集中，河北地区明显处于劣势。而世界其他都市圈早已形成了多中心空间结构，如日本横滨、琦玉、千叶市均为东京都市圈业务核心都市，也是日本的政令指定都市。相应的，作为区域教育协调发展的重要组成部分，京津冀区域也需要打造多个教育特色城市，承担诸多区域重要的教育功能。

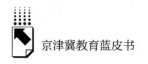

当前，各地自发探索的教育合作模式，就是在承接的基础上探索各自教育的转型发展，比如，天津积极推进津、冀两地职业院校协作，促进河北地区职业院校转型，实现教育"搭台"，行业、企业、院校等机构共同"唱戏"，但各个地区的主要教育功能定位并不明确。各地教育功能定位明确后，才更有利于各个承接地整合当地优势资源，提升教育转型发展的效能。教育特色城市要优先从条件较好的区域着手推进，例如，选取河北省的石家庄、保定、唐山、秦皇岛、邯郸等城市等作为教育特色城市。其中，将石家庄、保定发展成为教育种类齐全的教育中心城市，将唐山、秦皇岛等城市发展成为以高等教育辐射为主的城市，将邯郸等城市发展成为以中等职业教育辐射为主的城市，在这些教育特色城市开展基础教育组团式发展。

五　教育资源疏解与承接的路径安排

教育是影响人一生的活动，随着区域一体化发展的深入，教育需根据区域不同阶段的实际情况，采取不同策略的路径安排，突出重点工作，谨慎行事，循序渐进地实现区域教育协同发展。因此，教育领域近期、中期和长期目标的设定既要落实《京津冀协同发展规划纲要》的要求，又要结合自身特点做好路径的时间规划，不设置明确的时间界限，只在某一时间段内突出相应的工作重点。

（一）近期——控增量、调存量

疏解是京津冀协同发展的关键环节，2017～2020 年区域教育协同发展的重点工作是疏解。北京作为疏解地任务艰巨。与此同时，承接地的工作重点是要"养"，做好公共设施的配套服务。

自 2014 年首次印发《北京市新增产业的禁止和限制目录》以来，北京市连续两年出台禁限目录，全市进入了"减法"模式，明确控制增量，调整存量。对于"部分教育医疗等社会公共服务功能"，北京市着重对中等职业教育、高等教育的本专科层次、成人教育、网络教育、自考面授教育等提出了限制要求，并明确提出"推动在京部分普通高等本科教育有序整体迁出，老校区向研究生培养基地、研发创新基地和重要智库转型"，2017 年疏解项目要取得实质性进展，2020 年要完成疏解。从北京市近四年的情况来看，教育的疏解工作取得了较大的成效，部分层次的教育规模大幅下降，2016～2017 学年度与 2013～2014 学年度相比，北京市压缩中等职业教育招生规模 50.90%，在校生数下降了 41.95%；北京市普通本专科层次教育招生规模下降了 5.15%，在校生数下降了 0.14%；成人高等学历教育招生规模下降了 39.92%，在校生数下降了 39.78%（见表 14）。

表14 2013～2014 学年、2016～2017 学年北京市部分教育资源疏解情况

单位：万人，%

项目	2013～2014 学年	2016～2017 学年	下降幅度
中等职业教育招生数	7.23	3.55	50.90
中等职业教育在校生数	20.86	12.11	41.95
普通本专科层次招生数	16.31	15.47	5.15
普通本专科层次在校生数	58.92	58.84	0.14
成人高等学历教育招生数	10.17	6.11	39.92
成人高等学历教育在校生数	28.53	17.18	39.78

资料来源：《北京市教育事业统计资料》（2013～2014、2016～2017）。

区域教育协同发展的短期工作重点是将存量资源合理布局、有效调整。首先，大力推进首都部分高校在北京市内的合理布局，提升沙河和良乡两个高教园区的利用效率。良乡高教园区入驻师生规模预计可达 10 万～12 万人，沙河高教园预计入驻 10 万名师生。而目前两个园区仅入驻了 10 所院校的部分院所，总体入驻师生约 5 万人，入驻率仅为 22%。按照良乡、沙河高教园区的体量可承接首都 11% 的高等教育在校生，如果仅入驻本专科生的话，可承接全市 37% 的本专科生。园区有利于进一步实现高教资源的共享，开展教师互聘、学分互认，提高教育资源的利用率。目前正在修订完善良乡、沙河两个高教园区建设发展规划。积极推动中国人民大学、中央民族大学、北京化工大学、北京建筑大学、北京城市学院、北京电影学院等在园

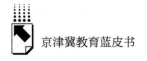

区内建设新校区，研究推动北京联合大学、首都医科大学、北京第二外国语学院等校向外疏解，逐步绘就首都高等教育新地图。

其次，疏解腾退北京核心功能区的中等职业学校，做好腾退的善后工作和资源利用。例如，北京市西城区中等职业学校目前共4所，分别是北京市财会学校、北京市实验职业学校、北京市实美职业学校和北京市外事学校。自2015年起，西城区中等职业教育开始调减招生专业、控制招生规模，推动中职教育向外疏解，2015年底，西城区已完成财会学校广外校区，实验职校西便门校区、广外校区，实美职校安德路校区，外事学校宣武门校区4所学校5处校址的疏解。首都核心功能区义务教育办学用地普遍不足，学校室外运动场面积达标率低，职业教育腾退的资源将主要用于优质学校扩大办学规模，拓展优质教育资源覆盖面。做好被腾退职业学校职工的安置工作、做好承接学校的用地使用规划成为迫在眉睫的工作。

最后，配合首都城市空间布局和学龄人口变化，在重点区域合理有序扩大基础教育规模。特别是向城市发展新区投放大量优质基础教育资源，满足市民接受高质量教育的需求，提升城市发展新区的教育品质。加大培训机构疏解力度，对非法经营或超范围经营的培训机构进行排查规范，推动培训机构从城六区向外疏解，减少线下在京培训人员数量。

（二）中期——调结构、转方式

调结构就是优化京津冀区域的空间结构、教育的人才结构和教育的产业结构。转方式就是教育引领创新驱动，创新人才培养方式和创新教育管理方式。调结构和转方式将成为2017～2025年的重点工作。

优化教育的空间结构，就是在推进区域均衡发展的基础上突出地方特色、满足地方需求。区域高等教育实现差异式发展，即在规模上大体相当，但是在发展层次上要有所不同。北京集中办好研究生层次的高等教育，河北地区集中办好本专科层次的高等教育。区域职业教育转型式发展，北京大幅减少中等职业教育，转型升级为高等职业教育；天津继续保持高职优势，河北保持中职优势。三地做好基础教育增量资源的空间布局规划，随新城发展需求将增量资源主要配置在中心城区之外，促使流动人口向新城和郊区流动，多种方式最大力度地发挥中心城区优质存量资源的辐射力。

优化教育的人才结构，就是在学校办学、学科专业、人才培养等方面进行错位发展，避免同质化竞争。高等教育以提供技术、智能支持为主，职业教育以提供劳动技能型人才和服务人才为主，基础教育以保证和优化人口素质为主。充分发挥资源优势与特色，推进教育资源有效共享、优势互补、分工协作，促进区域人力资源分流、人口合理分布，使区域教育发展成本大大降低，教育资源整体使用效益大大提高，区域教育竞争力充分发挥出来。当前，人才总量不足和结构不合理一直是制约河北经济发展的瓶颈之一，而据相关研究，京津尽管明显拥有人才优势，却在"消耗人才资源能值""消耗专业技术人才能值"两个指数上明显偏低，这表明京津存在明显的人才资源浪费现象，为河北进一步利用京津人才资源提供了较大空间。

优化教育的产业结构，就是根据区域经济发展需求适应区域中三类产业发展的需求。在第三产业发达的地区，更重视创新技术和服务业发展，教育即要发挥智库作用提供高智能的技术支持，又要发挥人力资源开发作用提供高素质的服务人员；在以第二产业为主的地区，传统产业是重点，教育要提供充足的技能型人才以保障工业运转；在以第一产业为主或贫困的地区，首先要保障当地劳动力脱盲，其次要对当地提供知识和技能的服务。例如，在高新技术产业带"京—廊—津—海"走廊、重化工产业带的沿海地区和拥有新型服务领域的城镇密集地区，重点发展不同层次和类别的教育和学科专业。

创新人才培养方式和教育管理方式，就是推进资源共享，开展联合培养，实现学习成果的互通互认。首先，不论高等教育、职业教育还是基础教育，都可以通过名校输出品牌、办学理念、管理方式、干部和优秀教师、现代教育信息技术等方式，带动区域内新办学校、相对薄弱学校、农村学校共同发展。明确学校间互动内容，在教育教学管理、课堂教学、教学研讨、教育资源共享、教师培训、学生交流等方面开展对口合作。确保区域互动校之间共同制订结对互助计划，形成合作互动的工作团队，实现区域学校互助的双赢目标，通过共建和援助缓解部分地区的师资压力。其次，建立区域间学习成果互通互认制度，探索区域间中职、专科、高职、本科以及研究生培养的互认互通制度，推进跨地区中高职衔接。再次，建立大中小幼一体化的教师干部培训实习基地学校，联合培养骨干教师、骨干校长，开展教师、干部培训定期交流制度。探索选拔一批知名中小学校，接受薄弱学校教师、校长开展短期考察、辅助教学。积极搭建教师专业发展平台，拓宽教师视野，提升教师专业素养，构建名师与名师之间、名师与普通教师之间相互交流的渠道。最后，建立促进区域教育共同体发展的专门评价机制，建立京津冀区域协同发展的专门考核、奖励制度，通过学校挂牌、先进评比、表彰奖励等形式激励区域内各学校共同发展。

（三）长期——搭平台、建机制

搭平台、建机制是启动京津冀教育协同发展以来一直都在进行的工作内容，随着资源疏解工作完成，区域教育结构逐渐调整完善，搭平台、建机制的工作就将凸显出来。按照《京津冀协同发展规划纲要》的发展目标设定，2020～2030年将重点建成由多元变量组成的、站位高远的体制机制平台，形成政府、学校和社会合理有序、积极参与的多领域、多层次的网络体系。为此，在长期路径的规划上，我们强调构建以下机制。

管理层面上，构建具有权威性和执行力的中央政府协调机制。目前三地的教育合作民间组织热情高，学校间活动频繁，以环京津节点城市为主，但是合作呈现碎片化、无序化发展，缺乏切实有效的做法和行动，缺乏顶层的整体统筹规划和有效监督。各地教育部门签订了各级各类教育合作协议几十项，但合作缺乏中央政府的参与和指导，京津冀协同发展演变为帮扶式发展，忽略了各自教育的转型发展和战略定位。因此，利用中央政府权威建立平衡不同地区利益的区域一体化利益补偿和分享机制是区域一体化持续发展的关键，如建立成本分担机制和税收转移机制等。利用中央政府权威推动教育的层次和专业结构逐步有序地由高梯度区域向低梯度区域多层次转移。

高等教育层面上，以竞争引领的视角构建创新协作机制。与区域高水平建设相融合，明确高等教育在区域发展中的战略责任；与重点开发区相呼应，着力提升一批大学的创新服务能力；与新兴产业发展相配合，加强高校对高新产业的支撑力度；推进大学制度创新，扩大京津冀区域高等教育协作领域并注重实效。

职业教育层面上，以经济联动发展的视角构建人力资源生发机制。与区域整体规划相呼应，明确职业教育在区域发展中的人才储备责任；与区域产业带布局相融合，科学规划职业教育实习实训基地网络建设；与支柱产业发展相配合，实现职教集团资源与其联动发展；与教育发展实力相协调，调整各地职业教育发展重点与分工。

基础教育层面上，以缩小差距的视角构建均衡互动机制。区域基础教育的均衡发展需要非均衡发展的策略，优先向具有一定地缘优势的地区实施资源共享；完善区域教育信息化建设，是弥补三地教育差距的主要手段；开展区域中小学教师多元培训，是弥补三地教育差距的重点内容。

开展区域"可持续发展教育"，打造和谐发展的首善之区。立足京津冀区域生态环境，推广可持续发展教育，使之成为区域基础教育合作的亮点。以北京为可持续发展教育基地，开展中小学可持续发展教育项目。着眼于推进素质教育的实际需要，进行本土化的理论设计，构建区域特色的可持续发展教育基本理论。广泛动员广大中小学校开展可持续发展教育，建立地方政府与学校分层指导和推进的项目学校管理制度。构建具有可持续发展教育特色的学校课程体系，推动广大师生逐渐养成可持续价值观念、行为习惯与生活方式，为整个区域人口素质提高奠定基础。

评估导向层面上，发挥政府治理与市场资源配置的调控作用，实现"三个结合"：实现区域教育资源布局与产业的疏解、服务人才需要相结合，实现教育资源布局与京津冀区域发展需求相结合，实现教育资源布局与学校自身发展需求相结合。通过建立一系列的行政计划、指导和监督机制，推进教育资源整合与协作，增进经济社会与教育发展协调统一；通过建立一系列的激励、制约和保障措施，提升区域教育合作的创新性、积极性和协作力度。

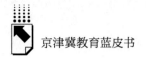

参考文献

［1］ 曹浩文：《北京城市副中心教育资源现状及优化对策》，《北京教育学院学报》2017 年第 1 期。

［2］ 方中雄、高兵：《京津冀协同发展战略下首都基础教育地位、作用与变革趋势研究》，《中国教育学刊》2017 年 12 月。

［3］ 高兵：《京津冀教育协同发展战略探究》，知识产权出版社，2016。

［4］ 高兵：《跨区域合作不能少了评估这一环》，《中国教育报》2017 年 4 月 4 日，第 5 期。

分 报 告

Sub-reports

B.2

京津冀教育发展现状研究

曹浩文*

摘　要：　对京津冀教育发展现状进行监测，有助于发现京津冀教育协同发展的契合点和重难点所在，有助于判断三地教育是否朝着"公共服务水平趋于均衡"的目标迈进，并为政策的持续推进提供科学依据。2016年京津冀教育发展现状表明，三地基础教育在校生数约占全国的7%，研究生在校生数占全国的五分之一多，北京在研究生培养方面具有突出优势；河北义务教育阶段在校生总数大，而且乡村学生占比高，京津乡村学生占比很小；河北与京津专任教师中本科及以上学历者所占比例相差较大；河北基础教育各阶段生师比都高于京津，其中学前教育生师比差距最大，河北和天津学前教育生师比

---

* 曹浩文，北京教育科学研究院教育发展研究中心助理研究员，博士，主要研究领域为教育经济、教育政策。

都没有达到教育部要求；河北中等职业学校"双师型"教师占比不高，但毕业生获得"双证书"的比例高，北京的情况正好相反；北京央属高校、本科高校多，河北和天津的本科高校和专科高校各占一半；河北公共财政努力投入教育，但由于财政收入水平低，且增长速度慢，河北追赶京津的难度很大。将 2015 年与 2016 年的监测结果进行比较发现，尽管河北与京津在个别指标上的差距缩小了，但大部分指标的差距仍呈扩大趋势，京津冀教育公共服务水平趋于均衡的发展目标推进较为缓慢。针对上述现状、差距与问题，本研究提出了对策建议。

关键词： 京津冀教育　协同发展　区域教育

推动京津冀教育协同发展，一个重要的前提和基础是了解京津冀三地教育发展的现状及差异，进而判断协同发展的契合点和重难点所在。本报告利用相关统计数据，对京津冀三地经济和人口发展现状、教育事业发展现状以及教育经费投入现状进行分析，力图呈现三地教育发展的整体概貌。《京津冀教育发展现状及其对教育协同发展的启示》一文对 2015 年京津冀教育发展现状进行了监测，被收入 2017 年版"京津冀教育蓝皮书"中。本报告正是在此基础上，对京津冀教育发展现状监测进行的年度更新，以反映 2016 年京津冀教育发展的最新进展。

本报告的结构安排如下：首先，对京津冀三地经济和人口发展现状进行分析；其次，对京津冀三地教育事业发展现状进行分析；再次，对京津冀三地教育经费投入情况进行分析；最后，提出对策建议。如无特殊说明，本研究的数据来源于《中国统计年鉴（2017）》、教育部官方网站上的"2016 年教育统计数据"和《2016 年全国教育经费执行情况统计公告》。

一 京津冀三地经济和人口发展现状

经济和人口发展情况是教育发展的基础。了解京津冀三地经济和人口发展情况，有助于深入认识三地教育发展的背景。本报告主要通过人均地区生产总值、产业结构、人均收支情况，以及人口数量、结构和分布等指标来了解三地的经济和人口发展情况。这些指标都是影响教育发展的重要经济和人口发展变量。

（一）人均地区生产总值：北京最高，京津遥遥领先于河北，而且差距逐年扩大

如图 1 所示，2016 年北京的人均地区生产总值超过天津，成为京津冀区域人均地区生产总值最高的地区。2016 年北京和天津的人均地区生产总值分别为 119198 元和 115053 元，而河北仅为 43062 元，北京和天津约为河北的 2.7 倍。从 2011 年到 2016 年，河北与京津的人均地区生产总值差距不仅没有缩小，反而逐年扩大。

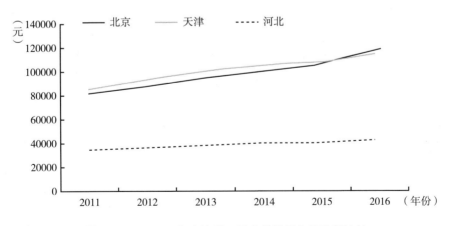

图 1   2011～2016 年京津冀三地人均地区生产总值比较

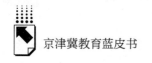

（二）产业结构：北京接近国际大都市水平，天津以二产和三产为主，河北以二产为主、一产仍占一定比重

如图2所示，京津冀三地产业结构存在较大差异。北京已经实现"三二一"的产业格局，第三产业比重高达80.2%，第一产业比重仅为0.5%。北京的产业结构与国际大都市发展水平接近（例如，2016年香港的三产结构比例为0.1：7.5：92.5）。天津第三产业比重最大（56.4%），其次为第二产业（42.3%），第一产业仅占1.2%。而河北的第一产业占比仍高达10.9%，第三产业比重明显落后于京津，仅为41.5%。

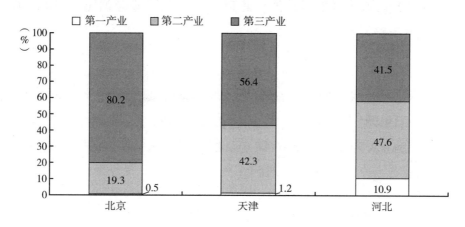

图2　2016年京津冀三地产业结构比较

（三）人均收支情况：北京最高，天津其次，北京约为河北的2.7倍

如图3所示，京津冀三地人均收支情况存在较大差异。不论是人均可支配收入、人均消费支出，还是人均教育文化娱乐消费支出，北京都是最高的，天津其次，河北与京津的差距很大。以人均可支配收入为例，北京为40830元，天津为26359.2元，河北仅为15189.6元，北京是河北的约2.7倍。同样，北京的人均消费支出和人均教育文化娱乐消费支出也分别

为河北的约 2.5 倍和 2.7 倍。如果考虑到河北还有 310 万农村贫困人口、7366 个贫困村、62 个贫困县①，则河北这部分人口的人均收支水平与京津差距更大。

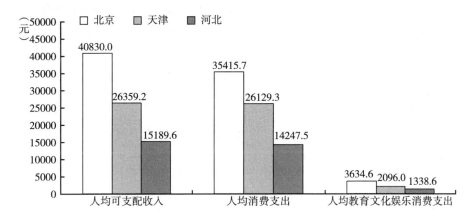

图3　2016 年京津冀三地人均收支情况比较

（四）人口数量、结构和分布：河北人口数量庞大，总抚养比高，且农村人口占比高，京津人口总抚养比低，城镇人口占比高

就人口总量而言，河北人口数量庞大，2016 年人口总数达到 7470 万人，北京和天津的人口数量明显少于河北，河北人口数量分别是天津和北京的约 4.8 倍和 3.4 倍。

就人口结构而言，河北的人口总抚养比②最高，达到 41.6，北京和天津的人口总抚养比明显低于河北，分别为 29.2 和 28.6。2016 年全国人口总抚养比为 37.9，河北人口总抚养比高于全国平均水平。大量青壮年劳动力流入，降低了京津的人口总抚养比。相反，大量剩余劳动力流出导致河北总抚养比偏高。而且，河北籍流动人口的流入地主要为京津。据统计，截至

---

① 数据来源于《河北省"十三五"脱贫攻坚规划》，为2015年数据。
② 人口抚养比指总体人口中非劳动年龄人口数与劳动年龄人口数的比例，它说明每100名劳动年龄人口大致要负担多少名非劳动年龄人口。总抚养比越低，人口红利越高。

2014年初，河北籍在京流动人口数为181.97万人，占北京市流动人口总数的22.7%。① 可见，河北为北京输出了大量青壮年劳动力，为北京的经济社会建设做出重要贡献。

就人口的城乡分布而言，京津城镇人口比重很高，分别达到86.5%和82.9%。除了上海城镇人口比重为87.9%以外，北京和天津分别是2016年全国城镇人口比重排名第二和第三的地区。而河北的城镇人口比重仅为53.3%，不仅低于京津，也低于全国平均水平（57.4%）。《中华人民共和国国民经济和社会发展第十三个五年规划纲要》明确提出，要建设京津冀、长三角、珠三角世界级城市群。河北城镇化率偏低，没有形成与京津相匹配的次级中心城市，将影响京津冀世界级城市群的发展进程。

表1   2016年京津冀三地人口数量、结构和分布情况比较

地区	人口数量(万人)	总抚养比	城镇人口比重(%)
北京	2173	29.2	86.5
天津	1562	28.6	82.9
河北	7470	41.6	53.3

综上所述，京津冀三地的人均地区生产总值、三产结构、人均收支情况以及人口数量、结构和分布等都存在较大差异。总体而言，京津的经济发展水平、产业结构、人均收支水平、人口结构和城镇化水平都明显优于河北，河北经济发展相对落后、产业结构较为落后、人均收支水平低、人口数量庞大且总抚养比高、农村人口占比高。这些因素导致京津冀区域与长三角区域和珠三角区域存在显著不同，后者的区域内部差异相对较小，而前者的区域内部差异相对较大。这给京津冀教育协同发展，并实现三地"公共服务水平趋于均衡"目标增加了难度。

---

① 中华人民共和国国家统计局：《中国统计年鉴（2017）》，中国统计出版社，2017。

二 京津冀三地教育事业发展现状

本报告首先介绍京津冀三地教育事业发展的总体规模，然后分别介绍基础教育、中等职业教育和高等教育的发展情况。

（一）教育总体规模：三地基础教育在校生数约占全国的7%，研究生在校生数占全国的五分之一多，北京在研究生培养方面具有突出优势

表2呈现了京津冀三地各级各类教育在校生数情况。就京津冀三地各级各类教育在校生数占全国相应层级（或类别）教育在校生总数所占比例而言，学前教育、小学、初中、高中所占比例均在7%左右。中职在校生数所占比例略低，约为5.1%。普通本专科在校生数所占比例略高，约为8.9%。研究生在校生数所占比例最高，占到全国研究生在校生总数的约20.9%（五分之一多）。可见，京津冀区域是全国研究生培养的重要区域。

表2　2016年京津冀三地各级各类教育在校生数

单位：万人，%

地区	学前教育	小学	初中	中职	高中	普通本专科	研究生
北京	41.7 (13.8)	86.8 (11.3)	26.8 (9.1)	8.6 (10.2)	16.3 (10.6)	59.9 (25.7)	31.8 (76.8)
天津	26.7 (8.8)	63.1 (8.2)	25.6 (8.7)	10.1 (12.0)	16.4 (10.6)	51.4 (22.1)	5.4 (13.2)
河北	234.1 (77.4)	620.5 (80.5)	243.6 (82.3)	65.8 (77.9)	121.3 (78.8)	121.6 (52.2)	4.2 (10.1)
合计	302.5	770.5	296.0	84.5	154.0	232.9	41.4
占全国比例	7.1	7.9	6.9	5.1	6.5	8.9	20.9

注：括号内数据为当地各级各类教育在校生数占京津冀相应层级或类别教育在校生总数的比重。

从各级各类教育在校生数在三地的内部构成来看，学前教育、小学、初中、中职、高中都表现为河北所占比例最高，均占80%左右。普通本专科

在校生数河北约占 52.2%，北京约占 25.7%，天津约占 22.1%，即河北、北京、天津大致呈现出 2∶1∶1 的局面。研究生在校生数的内部构成最为特别，北京约占 76.8%，天津约占 13.2%，河北约占 10.1%。可以说，研究生在校生数在三地的分布情况呈现出与基础教育完全相反的情况。可见，北京的高等教育吸引了来自全国各地的大量生源，尤其是北京的研究生培养在京津冀区域乃至全国都占有重要位置，这与北京建设"全国科技创新中心"的城市战略定位一致。

（二）义务教育阶段在校生总数及其城乡分布：河北总数大，而且乡村学生占比高，京津乡村学生占比很小

京津冀三地人口总量存在很大差别，反映在教育领域，河北义务教育阶段在校生总数达到 864.1 万人，而北京和天津分别为 113.7 万人和 88.8 万人，河北是天津的约 9.7 倍（见图 4）。

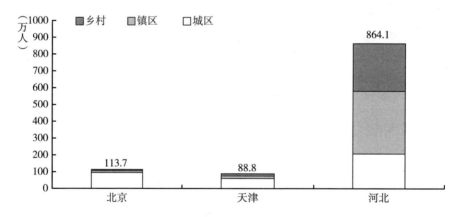

图 4 2016 年京津冀三地义务教育阶段在校生数及其城乡分布比较

更重要的是，三地义务教育阶段在校生数的城乡分布存在很大差别①。京津的乡村学生占比很小，而河北的乡村学生占比达到 32.8%，即约有三

---

① 由于学前教育和普通高中的在校生数城乡分布数据不可得，所以此处只汇报义务教育阶段在校生数的城乡分布。

分之一的河北义务教育阶段在校生分布在乡村。河北乡村地区义务教育阶段在校生数比京津两地义务教育阶段在校生总数之和还要多得多。乡村一直是我国公共教育服务的短板和薄弱环节。未来要让乡村义务教育追赶京津大都市的义务教育发展水平，任务相当艰巨。

（三）基础教育阶段专任教师的学历水平：河北与京津专任教师中本科及以上学历者所占比例相差较大

如表 3 所示，河北与京津基础教育阶段专任教师的学历水平差距很大。学前教育、小学和初中专任教师中本科及以上学历者所占比例最高值与最低值分别相差 32.1 个、42.6 个、14.2 个百分点，普通高中专任教师中研究生学历者所占比例相差 18.9 个百分点，河北普通高中专任教师中研究生学历者所占比例很低。

将 2015 年和 2016 年进行对比可以发现，义务教育阶段河北与京津的专任教师学历水平差距缩小，小学和初中的差距分别缩小了 4.4 个和 3.6 个百分点。但是，学前教育和普通高中阶段河北与京津的差距不但没有缩小，反而有所扩大，二者的差距分别提高了 0.5 个和 4.5 个百分点。未来，还需进一步提升河北基础教育阶段专任教师的学历水平，以缩小河北与京津基础教育发展水平之间的差距。

表 3　2016 年京津冀三地基础教育专任教师学历水平比较

地区	本科及以上学历者所占比例（%）			研究生学历者所占比例（%）
	学前教育	小学	初中	普通高中
北京	40.7	90.5	98.9	26.0
天津	50.4	76.5	95.6	15.7
河北	18.3	47.9	84.7	7.1
最高值 - 最低值（百分点）	32.1	42.6	14.2	18.9

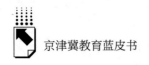
（四）基础教育生师比：河北基础教育各阶段生师比都高于京津，其中学前教育生师比差距最大，河北和天津学前教育生师比都没有达到教育部要求

如表4所示，河北基础教育各阶段的生师比都高于北京、天津，河北与北京学前教育、小学、初中和普通高中生师比分别相差8.6、3.6、5.6和5.9。

表4　2016年京津冀三地基础教育各阶段生师比比较

地区	学前教育	小学	初中	普通高中
北京	10.9	14.0	8.0	7.7
天津	14.5	15.2	9.6	10.0
河北	19.5	17.7	13.6	13.6
最高值－最低值	8.6	3.6	5.6	5.9
全国平均水平	15.0	17.1	12.4	13.7

其中，学前教育的生师比差距最大。2013年教育部印发的《幼儿园教职工配备标准（暂行）》规定，全日制幼儿园保教人员与幼儿比为1∶7～1∶9,半日制幼儿园保教人员与幼儿比为1∶11～1∶13。保教人员包括专任教师和保育员。表4中的学前教育生师比使用的是在园幼儿数与保教人员数的比例。可见，河北和天津的学前教育生师比都超过了教育部规定的标准，尤其是河北超出的幅度更大。随着"全面二孩"政策实施带来学龄人口数增加，学前教育师资队伍短缺问题将更加严重。

由于教育部对中小学阶段的生师比没有明确要求[1]，所以本报告将京津冀三地中小学阶段的生师比与全国平均水平进行比较。从表4可见，除了普

---

[1]　《中央编办　教育部　财政部关于统一城乡中小学教职工编制标准的通知》（中央编办发〔2014〕72号），将县镇、农村中小学教职工编制标准统一到城市标准，即高中教职工与学生比为1∶12.5、初中为1∶13.5、小学为1∶19。但此标准规定的是教职工与学生比，本研究认为生师比（即学生数与专任教师数）的比例更有意义。

通高中略低于全国平均水平以外，河北小学和初中阶段的生师比都高于全国平均水平，京津基础教育各阶段生师比都低于全国平均水平。

（五）中等职业学校"双师型"教师比例以及获得"双证书"的毕业生占比：天津两个比例都最高，河北"双师型"教师少但毕业生获得"双证书"的比例高，北京与之相反

"双师型"教师是指同时具备教师资格和行业能力资格，从事职业教育工作的教师。教育部《中国教育监测与评价统计指标体系》明确规定，"双师型"教师比例是指中等职业教育和高等教育中"双师型"专任教师数占专任教师总数的百分比。但现实中，很多地方将"双师型"教师比例统计为中等职业教育和高等教育中"双师型"专任教师数占专业课和实习指导课专任教师总数的百分比。这样计算将导致"双师型"教师比例显得更高。例如，《北京市"十三五"时期教育改革和发展规划（2016~2020年)》显示北京市2015年中等职业学校"双师型"教师比例为57%[①]，就是使用后一种计算方法。

本报告的"双师型"教师比例数据来源于《2016年全国教育事业发展简明统计分析》，该书统计的是"双师型"专任教师数占专任教师总数的百分比。如表5所示，2016年天津中等职业学校专任教师中"双师型"教师所占比例最高，达到34.0%，北京其次，为29.3%，河北最低，为22.3%，天津高出河北11.7个百分点。

与"双师型"教师比例相对应，中等职业学校毕业生获得"双证书"的比例可以反映学校的育人质量和学生的就业能力。如表5所示，天津中等职业学校毕业生获得"双证书"的比例最高，达到85.5%。河北中等职业学校毕业生数最多，达到19.7万人，"双证书"获取率也较高，为77.3%。北京中等职业学校毕业生数少，获取"双证书"的比例低，仅为70.9%。

---

① 依据《北京市教育事业统计资料（2015~2016学年度)》，笔者测算2015年北京市中等职业学校"双师型"教师比例为54.0%。

天津、河北中等职业学校获得"双证书"的毕业生所占比例分别比北京高出 14.6 个和 6.4 个百分点。

表5　2016 年京津冀三地中等职业学校"双师型"教师及获得
"双证书"的毕业生情况比较

地区	"双师型"教师比例(%)	毕业生数(万人)	获得"双证书"的毕业生所占比例(%)
北京	29.3	3.0	70.9
天津	34.0	3.1	85.5
河北	22.3	19.7	77.3
最高值－最低值（百分点）	11.7	16.7	14.6

注："双师型"教师比例数据来源于《2016 年全国教育事业发展简明统计分析》。

将"双师型"教师比例与毕业生获得"双证书"的比例结合来看可以发现，天津中等职业学校的"双师型"教师比例和毕业生获得"双证书"比例都是最高的；河北"双师型"教师比例明显偏低，但毕业生获得"双证书"的比例较高；北京"双师型"教师比例较高，但毕业生获得"双证书"的比例偏低。这一结论与 2014 年、2015 年的监测结果一致，并未发生改变。至于北京中等职业学校毕业生获得"双证书"比例偏低的原因，还需要再深入研究。通过对比可以发现，天津的职业教育在全国以及在京津冀区域都具有突出优势。

（六）普通高校数及高等教育在校生层次结构：北京央属高校、本科高校多，河北和天津的本科高校及专科高校各占一半；三地高等教育在校生的层次结构都在提升，三地之间没有差异性的变动

如表6所示，河北拥有的普通高校数量最多，达到 120 所，北京次之，为 91 所，天津最少，为 55 所。河北普通高校数量是天津的 2 倍多。就不同的举办者而言，北京的央属高校数量最多，达到 37 所，占到全国央属高校总数的 33.6%。河北和天津的央属高校较少，分别为 4 所和 3 所。就不同层次而言，北京以本科高校为主，本科高校占到普通高校总数的 72.5%；天津的本科高校占比略高于专科高校，前者为 54.5%；河北的本科高校与专科高校数量接近。

表6　2016年京津冀三地普通高校数比较

单位：所，%

地区	普通高校	央属高校	本科高校	专科高校	本科高校所占比重
北京	91	37	66	25	72.5
天津	55	3	30	25	54.5
河北	120	4	61	59	50.8

2017年教育部、财政部、国家发展改革委联合公布了世界一流大学和一流学科建设高校及建设学科名单。根据该名单，一流大学建设高校共42所，北京有8所（占比为 19.0%），天津有2所，河北没有；一流学科建设高校共95所，北京有26所（占比为 27.4%），天津有3所，河北有1所（河北工业大学，坐落在天津）。可见，相对于京津，河北高校在建设世界一流大学和一流学科方面处于弱势。

本报告进一步分析京津冀三地高等教育在校生的层次分布。如图5所示[1]，三地高等教育在校生的主体都为普通本科生。不过，北京的研究生在校生数占比很高，达到 29.1%。这与北京建设"全国科技创新中心"的城市战略定位一致。同时，北京的成人本专科在校生数占比也较高，达到16.0%。《北京市新增产业的禁止和限制目录（2015年版）》明确要求"不再扩大普通高等学校成人教育、网络教育、自考助学的面授教育规模，不再新增招收京外生源的成人教育机构和办学功能"。《北京市"十三五"时期教育改革和发展规划（2016～2020年）》也提出要逐步压缩成人教育规模。未来，北京的成人本专科在校生占比可能逐步减少。河北普通专科在校生数占比较高，达到 31.2%；研究生在校生数占比很低，仅为 2.6%。

---

[1]　注意图5与表2的区别。图5描绘的是京津冀三地各自内部高等教育在校生数的层次分布，而表2描绘的是高等教育在校生数在京津冀三地之间的分布。

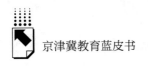

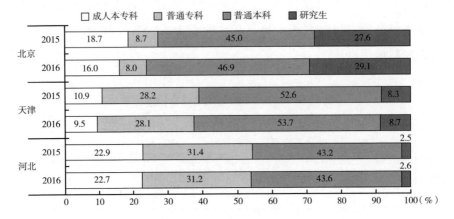

图5　2016年京津冀三地高等教育在校生数层次分布比较

将2015年和2016年三地高等教育在校生的层次分布进行对比可以发现，2016年三地的普通本科和研究生在校生数占比都提高了，成人本专科和普通专科在校生数占比都降低了。换而言之，高等教育在校生学历层次提高，这是京津冀三地共同经历的现象。只不过北京的普通本科和研究生在校生数占比提高幅度稍大（分别提高了1.9个和1.5个百分点），成人本专科和普通专科在校生数占比下降幅度稍大（主要是成人本专科在校生数占比下降了2.6个百分点）。这在一定程度上说明，京津冀高等教育协同发展的进程还较为缓慢，还未从实质上影响三地高等教育在校生的层次结构和分布。

三　京津冀三地教育经费投入现状

本报告主要从公共财政教育支出情况、生均公共财政预算教育事业费、生均公共财政预算公用经费三个方面反映京津冀三地教育经费投入情况。

（一）公共财政教育支出情况：河北教育投入努力程度很高，但难以追赶京津

如表7所示，就公共财政教育支出总量而言，河北最高，为1115.6亿

元。但是，北京一个直辖市的公共财政教育支出占到河北全省公共财政教育支出的79.1%。

表7   2016年京津冀三地公共财政教育支出增长情况

地区	公共财政教育支出（亿元）	公共财政教育支出占公共财政支出比例（%）	公共财政教育支出本年比上年增长（%）	财政经常性收入本年比上年增长（%）	公共财政教育支出与财政经常性收入增长幅度比较（百分点）
北京	882.3	13.8	4.1	12.7	-8.6
天津	425.8	11.5	-8.3	1.2	-9.5
河北	1115.6	18.4	11.4	6.9	4.5

就公共财政教育支出占公共财政支出的比例而言，河北最高，达到18.4%，北京和天津分别为13.8%和11.5%。2016年全国公共财政教育支出占公共财政支出的比例为14.8%。可见，河北高于全国平均水平，北京和天津都低于全国平均水平。河北公共财政投入教育的努力程度较高。

就公共财政教育支出的涨幅而言，河北公共财政教育支出比上年的增长幅度最大，涨幅为11.4%。相比之下，天津公共财政教育支出比上年减少8.3%，北京公共财政教育支出比上年增长4.1%。这进一步表明河北公共财政对教育的投入力度较大。尤其是，2015年河北公共财政教育支出比2014年已经增长18.0%，在此基础上2016年继续增长11.4%，实属难得。

但是，与较高的努力程度形成对比的是，河北财政经常性收入起点低，而且涨幅慢（2016年为6.9%）。而北京的财政经常性收入不仅起点高，还涨幅很大（2016年为12.7%）。这导致河北公共财政教育支出比财政经常性收入增长幅度高出4.5个百分点。而天津、北京的公共财政教育支出比财政经常性收入增长幅度分别低了9.5个和8.6个百分点。可见，北京和天津的公共财政教育支出都没有达到"三个增长"的要求之一，即"各级人民政府教育财政拨款的增长应当高于财政经常性收入的增长"。但是，对于经济发达省份而言，即使它们没有按照"三个增长"的要求进行公共财政教育投入，它们的教育经费也比经济欠发达省份更为充足。

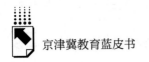

（二）生均公共财政预算教育事业费：河北正在以较大力度追赶，但同时北京的投入力度也很大，河北与京津的差距仍然很大

如表 8 和表 9 所示，就绝对值而言，京津的各级各类教育生均公共财政预算教育事业费显著高于河北。2016 年北京的普通小学、普通初中、普通高中、中等职业学校和普通高等学校生均公共财政预算教育事业费分别是河北的约 3.5 倍、4.3 倍、4.7 倍、2.9 倍和 3.4 倍。从 2015 年到 2016 年，除了普通高等学校以外，其他各级各类教育生均公共财政预算教育事业费在河北与京津之间的差距不仅没有缩小，反而扩大了。

表 8　京津冀三地中小学生均公共财政预算教育事业费比较

单位：元，%

地区	普通小学			普通初中			普通高中		
	2015 年	2016 年	增长率	2015 年	2016 年	增长率	2015 年	2016 年	增长率
北京	23757.5	25793.6	8.6	40443.7	45516.4	12.5	42192.7	50802.6	20.4
天津	18128.2	18284.4	0.9	28208.7	29961.9	6.2	32848.1	31425.0	-4.3
河北	6752.7	7300.2	8.1	9557.8	10532.6	10.2	9992.1	10859.0	8.7
最高值－最低值	17004.8	18493.4	7.7*	30886.0	34983.8	6.3*	32200.6	39943.6	24.7*

* 单位为百分点。

表 9　京津冀三地中等职业教育和普通高等教育生均公共财政预算教育事业费比较

单位：元，%

地区	中等职业学校			普通高等学校		
	2015 年	2016 年	增长率	2015 年	2016 年	增长率
北京	34433.4	38661.5	12.3	61344.0	55687.7	-9.2
天津	26481.0	26651.7	0.6	20415.3	19581.5	-4.1
河北	12007.5	13524.0	12.6	13828.7	16151.5	16.8
最高值－最低值	22425.8	25137.5	12.0*	47515.3	39536.2	26.0*

* 单位为百分点。

就增长率而言，北京除了普通高等学校的生均公共财政预算教育事业费负增长以外，其他各级各类教育的生均公共财政预算教育事业费增长幅度都较大，高于天津和河北（中等职业学校除外）。虽然河北各级各类教育生均公共财政预算教育事业费的增长幅度较大（2016 年普通小学、普通初中、普通高中、中等职业学校和普通高等学校分别增长了 8.1%、10.2%、8.7%、12.6%和16.8%），但仍然难以与北京抗衡。北京的生均公共财政预算教育事业费不仅起点高，还以较大的幅度增长，让追赶者难以企及。

河北公共财政努力加大教育投入，希望逐步缩小与京津的差距。但是由于财政经常性收入的总盘子小，且增长幅度小，河北在追赶京津的教育投入时显得有些力不从心。未来，缩小河北与京津教育公共服务水平之间的差距，努力缩小生均公共财政预算教育事业费的差距是不可回避的问题。然而，在河北与京津经济发展水平、财政收入水平差距很大的背景下，如何缩小生均公共财政预算教育事业费的差距是一道难题。

（三）生均公共财政预算公用经费：北京以较稳健的速度增长，河北高等教育增长幅度最大

如表 10 和表 11 所示，就绝对值而言，北京各级各类教育生均公共财政预算公用经费显著高于天津和河北。2016 年北京的普通小学、普通初中、普通高中、中等职业学校和普通高等学校生均公共财政预算公用经费分别是河北的约5.5 倍、6.2 倍、7.6 倍、4.0 倍和3.6 倍。不只河北，天津各级各类教育生均公共财政预算教育公用经费与北京的差距也很大。

表 10　京津冀三地中小学生均公共财政预算公用经费比较

单位：元，%

地区	普通小学			普通初中			普通高中		
	2015 年	2016 年	增长率	2015 年	2016 年	增长率	2015 年	2016 年	增长率
北京	9753.4	10308.7	5.7	15945.1	16707.9	4.8	14807.4	18425.1	24.4
天津	4361.4	4244.7	-2.7	6356.9	5790.5	-8.9	10677.9	7977.1	-25.3
河北	1770.6	1862.0	5.2	2533.7	2695.5	6.4	2613.7	2428.0	-7.1
最高值－最低值	7982.8	8446.7	8.4*	13411.4	14012.4	15.3*	12193.7	15997.1	49.7*

＊单位为百分点。

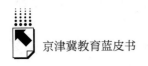

表11　京津冀三地中等职业教育和普通高等教育生均公共财政预算公用经费比较

单位：元，%

地区	中等职业学校			普通高等学校		
	2015 年	2016 年	增长率	2015 年	2016 年	增长率
北京	14945.7	15587.3	4.3	32147.3	29346.3	−8.7
天津	7882.2	7212.4	−8.5	10847.9	9690.6	−10.7
河北	3935.0	3943.5	0.2	7162.2	8067.9	12.6
最高值−最低值	11010.7	11643.8	12.8 *	24985.1	21278.4	23.3 *

＊单位为百分点。

　　就增长率而言，北京除了普通高等学校以外，其他各级各类教育生均公
共财政预算公用经费都稳健增长。这与北京财政收入的稳健以及公共财政对
教育的支持有密切关系。然而，天津各级各类教育生均公共财政预算公用经
费都呈现负增长，背后的原因值得进一步探究。河北除普通初中和普通高等
学校的生均公共财政预算公用经费增长幅度高于北京以外，普通小学、普通
高中和中等职业学校的生均公共财政预算公用经费增长幅度都低于北京。但
是以普通高等学校为例，即使河北以 12.6% 的幅度增长，北京以 8.7% 的幅
度负增长，2016 年河北普通高等学校的生均公共财政预算公用经费仍然低
于北京 21278.4 元，差距十分大。可见，河北的各级各类教育生均公共财政
预算公用经费要追赶北京，难度非常大。

　　进一步将生均公共财政预算教育事业费与生均公共财政预算公用经费进
行比较可以发现以下几点。

　　第一，生均公共财政预算公用经费的地区差距更大（2016 年北京的普
通小学、普通初中、普通高中、中等职业学校和普通高等学校生均公共财政
预算教育事业费分别是河北的约 3.5 倍、4.3 倍、4.7 倍、2.9 倍和 3.4 倍，
而生均公共财政预算公用经费分别是河北的约 5.5 倍、6.2 倍、7.6 倍、4.0
倍和 3.6 倍）。而且，2016 年河北生均公共财政预算教育事业费的增长幅度
明显高于生均公共财政预算公用经费的增长幅度。由此可以推断，生均公共
财政预算教育事业费的增长主要来源于人员经费的增长（教育事业费分为

人员经费和公用经费），公用经费的增长速度落后于人员经费的增长速度。未来缩小河北生均公共财政预算教育事业费与京津的差距，需要提高河北的生均公共财政预算公用经费。

第二，无论是生均公共财政预算教育事业费，还是生均公共财政预算公用经费，河北对普通高等学校的投入增长幅度都最大。2016 年河北普通高等学校生均公共财政预算教育事业费增长 16.8%，生均公共财政预算公用经费增长 12.6%。河北如此大力度投入高等教育，可能与该省高等教育基础相对薄弱，而冲刺"双一流"高校建设的愿望强烈有关。

四　结论与对策建议

（一）结论

本研究运用最新的统计数据，对京津冀三地经济和人口发展现状、教育事业发展现状以及教育经费投入现状进行了细致描述和比较分析，力图呈现京津冀三地教育发展的最新概况，揭示京津冀三地教育发展的具体差异，并厘清教育协同发展的重点和难点所在。

通过研究发现，就教育总体规模而言，三地基础教育在校生数约占全国的 7%，研究生在校生数占全国的五分之一多，北京在研究生培养方面具有突出优势；就义务教育阶段在校生总数及其城乡分布而言，河北总数大，而且乡村学生占比高，京津乡村学生占比很小；就基础教育阶段专任教师的学历水平而言，河北与京津专任教师中本科及以上学历者所占比例相差较大；就基础教育生师比而言，河北基础教育各阶段生师比都高于京津，其中学前教育生师比三者的差距最大，河北和天津学前教育生师比都没有达到教育部要求；就中等职业学校"双师型"教师比例以及获得"双证书"的毕业生占比而言，天津两个比例都最高，河北"双师型"教师少但毕业生获得"双证书"的比例高，北京与之相反；就普通高校数及高等教育在校生层次结构而言，北京央属高校、本科高校多，河北和天津的本科高校和专科高校各占一半，三地高等教育在校生的层次结构都在提升，在层次结构上没有体现出差异性的变动；就教育经费投入而言，河北追赶京津的难度很大，尽管河北公共财政投入力度较大，但有碍于该省财政收入水平低，且增长幅度慢。相反，北京财政收入水平高，且增长速度快，为保障教育投入提供了坚实基础。

将2016年监测结果与2015年监测结果进行对比，可以得到两点较为乐观的结论。第一，义务教育阶段专任教师学历水平在河北与京津之间的差距缩小了，而且缩小幅度较大。未来，随着雄安新区建设的进一步推进，以及"京（通）津（武）冀（廊）"教育协同发展的带动①，河北基础教育阶段专任教师的学历水平有望进一步提升。第二，数据分析能够比较清晰地表明，北京在研究生培养方面具有突出优势，天津在职业教育方面具有突出优势。

但是，两年的监测结果也反映出一些不太乐观的结论。第一，京津冀三地经济发展水平、教育发展水平以及教育经费投入情况存在很大差距的基本形势没有改变，尽管个别指标（如义务教育阶段专任教师的学历水平）的差距在缩小，但绝大部分指标的差距不仅没有缩小，反而扩大了。这与京津冀三地"公务服务水平趋于均衡"的发展目标不一致。

第二，2015年、2016年河北和天津学前教育生师比都没有达到教育部要求，而且2016年学前教育生师比2015年更高（北京的学前教育生师比也上升了，但仍然在标准范围内）。这提示三地，尤其是河北和天津要加强学前教育师资队伍建设，以应对学龄人口高峰的到来。

第三，三地高等教育在校生的层次结构都在提升，即都表现为普通本科和研究生在校生数占比提高，成人本专科和普通专科在校生数占比下降。这在一定程度上表明，京津冀高等教育协同发展还未从实质上影响三地高等教育在校生的层次结构，三地之间在高等教育在校生的层次结构上还未形成错

---

① 2017年2月17日，京津冀三地在河北廊坊联合召开京津冀教育协同发展工作推进会。会上，北京市通州区、天津市武清区、河北省廊坊市教育部门签署了《关于开展教育协同发展的合作协议》。

位发展的局面。

第四，2016 年河北加大力度投入普通高等教育，普通高等学校生均公共财政预算教育事业费和生均公共财政预算公用经费与北京的差距均有所缩小。但是，其他各级各类教育的生均公共财政预算教育事业费和生均公共财政预算公用经费在河北与京津之间的差距反而扩大了。尽管河北公共财政努力加大教育投入，但由于财政经常性收入水平的差距，河北在教育投入上追赶京津的难度非常大。

综合而言，两年的监测结果表明，京津冀教育公共服务水平趋于均衡的发展目标推进十分缓慢。从监测指标来看，2016 年只有义务教育阶段专任教师的学历水平、高等教育的生均公共财政预算教育事业费和生均公共财政预算公用经费在河北与京津之间差距缩小了，其他指标的差距反而扩大了。而且，由于北京的政治地位、经济发展水平等优势依然强大，教育协同发展的一系列体制机制尚未健全，上述指标差距的缩小在未来不一定具有可持续性，很可能出现反弹（义务教育阶段专任教师的学历水平差距可能会持续缩小，因为北京存在"天花板效应"）。

（二）对策建议

教育协同发展在整个京津冀协同发展中具有基础性和先导性地位。中央和三地政府应该高度认识教育协同发展的意义，并着力推进教育协同发展的进程。

第一，将推进教育协同发展的力度和成效纳入相关部门的绩效考核体系。中央和三地联合制定教育协同发展的近期、中期和远期目标，并每年对教育协同发展的进展进行监测和评价，依据监测和评价结果对相关部门进行绩效考核。建立京津冀教育协同发展约束机制，督促各地有力推进政策落实。淡化地方教育绩效评估，注重区域整体教育协作效果的评估，强化对京津冀区域的整体绩效考核，同时把各合作主体的合作态度和行为纳入考核体系①。

---

① 高兵、李政：《京津冀教育协同发展的基本原则与运行机制研究》，《北京教育》2015 年第2 期。

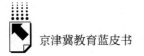

第二，三地都应重视和加强学前教育师资队伍建设。完善学前教育师资培养体系，加大对学前教育教师统筹培养的力度，扩大学前教育师资培养规模。扩大高等院校学前教育专业培养规模，扩大各个层次学前教育专业招生规模，建设学前教育师资培养基地。鼓励优秀生源报考学前教育院校和专业，吸引优秀生源。扩大学前教育专业免费师范生招生比例，实行学前教育专业定向招生政策，实施农村幼儿园教师特岗计划。加强幼儿教师针对性培训，设立学前教育师资培训经费。提高学前教育教师待遇，保障学前教育师资与中小学教师同等待遇，为教师队伍稳定创造条件。

第三，京津冀职业教育和高等教育协同发展还需向纵深推进。京津冀三地职业教育和高等教育的学科专业和层次结构等需要结合三地的产业布局，在京津冀区域内重新调整和优化。目前，三地职业教育和高等教育领域已经开展了大量形式多样的教育合作项目，如签署合作协议、组建教育联盟、开展合作办学、共享优质师资和实习实训资源、促进教师互访和交流、加大学生交流与合作培养力度、协同开展科技创新等。这些项目是否真正落地并往前推进、取得了哪些实质性进展和成果、还面临哪些问题、需要哪些体制机制的创新等，都是需要进一步研究的问题。三地职业教育和高等教育需要抓住协同发展的良好机遇，加大资源的整合和共享，实现互利共赢。

第四，京津冀教育协同发展的财政保障机制亟待建立。本研究表明，河北与京津在教育投入上的差距十分明显，而且这种差距在现有教育财政投入体制下难以弥合。只有建立起教育协同发展的财政保障机制，才能使落后地区提升教育公共服务水平的任务不至于成为"无米之炊"，才能保证教育协同发展目标的按期推进。根据"谁受益，谁负担"的原则，中央和京津都应承担起资助河北提升教育公共服务水平的责任。中央和京津按照一定的分担比例，合作设立教育协同发展专项资金，重点扶持非首都功能承接地、环京津贫困带等一部分地区先行先试，提高教育公共服务水平，然后再逐步将资助面扩大。

参考文献

［1］曹浩文、李政：《京津冀教育发展现状及其对教育协同发展的启示》，载方中雄主编《京津冀教育发展研究报告（2016～2017）》，社会科学文献出版社，2017。

［2］中华人民共和国国家统计局：《中国统计年鉴（2017）》，中国统计出版社，2017。

［3］殷星辰：《北京社会治理发展报告（2015～2016）》，社会科学文献出版社，2016。

［4］高兵、李政：《京津冀教育协同发展的基本原则与运行机制研究》，《北京教育》2015年第2期。

B.3
京津冀人口分布与学龄人口预测

赵佳音*

摘　要： 本报告首先对京津冀三地人口、经济、地理基本情况进行了梳理，发现三地人口分布十分不均，主要集中在北京市、天津市、石家庄市、保定市四个超大型城市。从人口净增角度来看，北京市人口增速已经放缓，天津市人口承接功能提升显著，河北省人口净流出规模已经较小。其次，对经济、地理环境、公共服务、相关政策对人口分布的影响进行了分析。最后，针对"全面二孩"政策的实施效果进行了三种生育假设，并使用第六次人口普查数据，对三地总体及各省市学前至高中阶段学龄人口进行了预测。其中，学前阶段学龄人口数波动最大；义务教育阶段，北京市、天津市学位缺口逐年扩大，而河北省学位需求逐年下降；高中阶段，学龄人口会经历短暂下降再逐渐增加的过程。

关键词： 京津冀地区　学龄人口预测　"全面二孩"政策

一　京津冀地区人口分布情况概述

京津冀地区指北京市、天津市及河北省，历史上同属京畿重地，地理位

---

* 赵佳音，北京教育科学研究院助理研究员，博士后，研究领域为学龄人口预测、教育财政、教育经济。E-mail：tongchenbear 09@ gmail. com。

置十分重要。主要城市包括北京市、天津市两个直辖市，以及河北省的石家庄市、沧州市、保定市、廊坊市、张家口市、承德市、唐山市、秦皇岛市、衡水市、邢台市、邯郸市共 11 个地级市。另外，2017 年 4 月，中共中央、国务院设立的雄安新区，涉及保定市下辖的雄县、容城、安新 3 县及周边部分区域。三省市土地总面积为 21.8 万平方公里（占全国总面积的 2.27%），2016 年地区生产总值达 7.46 万亿元（占全国 GDP 的 10.02%），2015 年常住人口约 1.11 亿人（占全国总人口的 8.07%）①。

从经济层面看，京津冀地区城市与城市之间发展极度不均衡。2015 年北京市、天津市年人均 GDP 超过 10 万元，天津市略高于北京市。城市夜景在一定程度上可以反映经济的活跃程度及城市发展情况。从 2010 年 NASA 在国际空间站对北京市及天津市拍摄的夜景图不难看出，两个城市都十分繁华，经济都较活跃（见图 1）。在河北省城市中，与北京市、天津市年人均 GDP 较接近的是沧州市、唐山市、廊坊市，分别为 9.52 万元、8.91 万元、8.63 万元。三个城市都与天津市接壤，廊坊市、唐山市和北京市接壤。而河北省北部与北京市接壤的承德市与张家口市年人均 GDP 只有 4.32 万元和 4.24 万元；省内年人均 GDP 最低的保定市、邢台市分别只有 3.58 万元和 3.02 万元。在京津冀协同发展过程中，经济发展的鸿沟在短时间内较难填平（见表 1）。

从人口分布情况来看，京津冀地区人口主要集中在中部的北京市、天津市、保定市以及石家庄市 4 个人口规模超过 1000 万人的超大型城市，且人口聚集程度呈逐年上升趋势（见表 1）。四城市常住人口占京津冀地区总人口的比例为 47.87%（2000 年）、52.91%（2013 年）、53.34%（2015 年）。另外，南部的邯郸市人口规模为 943 万人（2015 年），也接近 1000 万人。城市内部的分布情况，从空间站拍摄的照片（图 1）可以看出，天津市的卫星城与主城区距离较远，且卫星城规模较大，分布更为合理；而北京市人口更集中于中心城区，卫星城距主城区较近。人口密度也可以反映人口聚集程

---

① 根据《河北省统计年鉴（2016）》及百度百科相关数据计算。

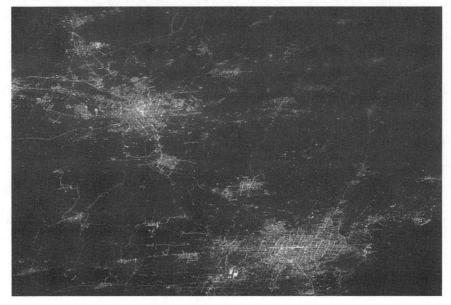

图 1　从国际空间站上拍摄的北京（右下）和天津（左上）
夜景（拍摄于 2010 年 12 月 14 日）

资料来源：William L. Stefanov, NASA / JSC-http：//eol. jsc. nasa. gov/scripts/sseop/ photo. pl？ mission = ISS026&roll = E&frame = 10155。

表 1　2000 年、2013 年、2015 年京津冀各市常住人口规模和人口密度

城市	常住人口规模（万人）			常住人口密度（人/平方公里）			人均 GDP（元）
	2000 年	2013 年	2015 年	2000 年	2013 年	2015 年	2015 年
北 京 市	1357	2115	2171	827	1289	1323	106497
天 津 市	985	1472	1547	837	1252	1295	107995
石家庄市	924	1050	1070	583	663	675	61795
承 德 市	332	352	353	84	89	89	43202
张家口市	419	441	442	114	120	120	42448
秦皇岛市	275	305	307	353	390	393	53060
唐 山 市	704	771	780	523	572	579	89144
廊 坊 市	383	447	456	596	695	702	86266
保 定 市	1047	1142	1155	472	515	523	35841
沧 州 市	664	731	744	472	520	555	95188
衡 水 市	416	441	444	470	499	503	48341
邢 台 市	665	722	729	535	580	584	30186
邯 郸 市	839	933	943	695	773	786	46034

资料来源：《河北省统计年鉴（2016）》《北京统计年鉴（2011）》《北京统计年鉴（2014）》 《天津统计年鉴（2011）》《天津统计年鉴（2014）》《河北经济年鉴（2014）》。

度，北京市、天津市人口密度属于第一梯队，远超河北省各地市，2015 年人口密度分别达到 1323 人/平方公里和 1295 人/平方公里，与 2000 年相比，每平方公里分别增加 496 人和 458 人；与 2013 年相比，每平方公里分别增加 34 人和 43 人。而河北省的邯郸市、廊坊市和石家庄市等大部分城市属于第二梯队，2015 年人口密度在 500 人/平方公里至 800 人/平方公里之间。第三梯队为承德市、张家口市和秦皇岛市①三个北部山区城市，2015 年三城市人口密度为 89 人/平方公里、120 人/平方公里和 393 人/平方公里，与 2000 年相比，每平方公里分别增加 5 人、6 人和 40 人；与 2013 年相比，每平方公里增加 0 人、0 人和 3 人。从人口数量与人口密度来看，北京市、天津市为京津冀地区人口空间分布的高地，而河北省人口集中在石家庄市、保定市和邯郸市，其他地区尤其是北部山区人口分布密度较低。随着京津冀协同发展，距京津较近的城市人口增长潜力较大，另外，中南部平原地区也可以容纳一定数量的人口。

从人口增长情况来看，北京市人口增速已经放缓，天津市人口承接功能提升显著，河北省人口净流出规模较小。从 2014 年至 2015 年，全国人口总数从 13.68 亿人增长至 13.74 亿人，增幅约为 680 万人；京津冀地区总人口数从 1.10 亿人增长至 1.11 亿人，增幅约为 90 万人，对全国人口增长的贡献率达到 13.23%。北京市人口净增长 19 万人，天津市人口净增长 30 万人，河北省人口净增长 41 万人，三地均为人口净增长地区。从人口出生率来看，除河北省在 2014 年略高于当年全国平均水平外，其余年份都低于全国平均水平。天津市人口出生率在 2014～2015 年下滑显著，2015 年天津人口出生率不足全国人口出生率的 50%。根据人口出生率推算，河北省 2014 年出生人口数为 97.32 万人，2015 年为 84.27 万人，出生人口数明显减少。2014 年河北省的人口死亡率为 6.23‰，人口自然净增为 51.32 万人，根据人口净增长数为 41 万人，可以推算出河北省 2014～2015 年人口净流出约为 10 万人，与河北省人口基数相比，其净流出人数较少（见表 2）。

---

① 秦皇岛市位于燕山山脉东段丘陵地区与山前平原地带，地势北高南低，形成北部山区—低山丘陵区—山间盆地区—冲积平原区—沿海区。资料来源：https://baike.baidu.com/item/%E7%A7%A6%E7%9A%87%E5%B2%9B/180698。

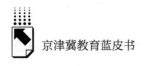
表 2　京津冀地区人口出生数及人口出生率

单位：万人，‰

年份	全国		北京		天津		河北		京津冀	
	人口数	出生率	人口数	出生率	人口数	出生率	人口数	出生率	人口数	出生率
2014	136782	12.37	2152	9.75	1517	8.19	7384	13.18	11053	11.83
2015	137462	12.07	2171	7.96	1547	5.84	7425	11.35	11143	9.92

二　人口空间分布影响因素分析

近 30 年来，京津冀地区人口增长速度都快于其他地区，且都市圈内人口空间分布日益不均，人口主要集中在中东部的北京市、天津市、石家庄市等特大型城市以及南部的邯郸市，北部山区及南部大部分地区人口较少。京津冀地区总体为人口净流入区，但内部聚集程度差异较大，且人口流动频繁。北京市、天津市与河北省的特大型城市为人口流入区，张家口市、承德市、邢台市、沧州市、衡水市、邯郸市的人口聚集度①均小于 1，是人口净流出区。京津冀地区人口快速、非均衡的增长，使得地区环境支撑能力出现未老先衰的态势。并且，随着工业化和城镇化的推进，整体环境质量不升反降，挥之不去的雾霾就是环境急速恶化的一个例证。各种支撑社会经济发展的资源供给相对不足，综合承载力②不足。北京的大城市病已十分显著。

面对区域发展的众多问题，2015 年《京津冀协同发展规划纲要》正式明确了"功能互补、区域联动、轴向集聚、节点支撑"的布局思路，明确了以"一核、双城、三轴、四区、多节点"为框架的发展格局。因此，京津冀地区人口的均衡发展成为促进京津冀地区协同发展的关键要素。人口分布与经济、公共服务、地理环境与政策等因素有密切的联系，而相同因素对

---

①　人口聚集度为：常住人口与户籍人口的比值。

②　综合承载力：人类活动、土地利用、显性发展的一种状态和综合水平。

不同区域人口分布的影响存在异质性，需要进一步研究不同因素对京津冀地区人口分布的影响。

（一）经济因素对京津冀地区人口分布的影响

大量调研认为，影响人口聚集程度的最主要因素是经济动机，就业机会较多且收入增长快的地区较容易吸引人口集聚。一个地区的宏观经济发展水平越高，往往人口会越多。另外，在京津冀地区，经济结构、人均 GDP 两个因素对人口空间分布具有显著正向影响。第三产业占 GDP 的比重每提高 1个百分点，流动人口密度会相应提高 0.75%；人均 GDP 每提高 1%，流动人口密度会提高 0.65%。[①] 京津冀地区，京津的就业及收入已处于较高水平，人口密度弹性较小，加大投入对人口的吸引力变化不大。而处于就业及收入低位的其他地区，人口密度弹性较大，增加就业及收入对人口的吸引力会增大。

与区域经济快速发展、人口聚集程度不断提高相伴的是超大城市人口急剧增加，乡村人口大量流失，城乡差距不断扩大。城市内，人口规模超过其承载能力，职住分离现象严重，公共资源供给不足；乡村内，劳动力缺乏，人口老龄化加速，学校生源不足，经济发展缺乏动力。在此背景下，将京津冀协同发展上升为重大国家战略十分必要。河北有 135 个县市，城区平均人口规模为 11 万人，20 万人以上的县城有 12 个，在吸收人口方面还有很大的潜力。要依托县城，高度重视县城在城镇化中的重要作用。依据各自资源禀赋和区位优势，错位发展，做强县城，吸纳人口在县城定居。

（二）地理因素对京津冀地区人口分布的影响

地理因素中，海拔、降雨量等因素都会影响一个地区人口的聚集程度。平均海拔对京津冀流动人口密度有显著的负向影响，平均海拔每提高 1%，流动人口密度下降 0.14%。[②] 京津冀北部地区海拔较高，人口密度在整个地

---

① 刘爱华：《京津冀流动人口的空间集聚及其影响因素》，《人口与经济》2017 年第 6 期。
② 刘爱华：《京津冀流动人口的空间集聚及其影响因素》，《人口与经济》2017 年第 6 期。

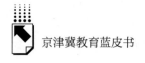

区最低。

京津冀地区内部降雨量的差异较小,故年均降雨量对人口密度分布的影响不显著。但京津冀地区属于严重缺水地区,人均水资源量明显低于全国平均水平,能源过度消耗也在持续加重人口与资源环境之间的紧张关系。

(三)公共服务对京津冀地区人口分布的影响

医疗、教育、交通等公共服务对人口聚集也有一定的影响,但是研究结论并不统一。有些研究认为,医疗、教育关乎民生,教育水平高、医疗条件好的地区对人口有很强的吸引力。对于交通来说,如将京津冀地区的交通线路图和人口分布图叠加,也可以发现两者高度相关,人口沿交通沿线分布的现象十分明显。但是根据刘爱华使用空间滞后模型对京津冀地区的研究发现,医院、卫生机构床位数所代表的医疗卫生服务对京津冀流动人口密度影响不显著。代表教育资源的普通中学数量对流动人口密度的影响却是显著负相关的。因此,公共服务对人口分布的影响还需要进行进一步的研究。

(四)人口疏解政策对京津冀地区的影响

人口疏解是大型城市进行人口调控的主要方式之一,表现为中心城区人口向周边地区转移,常常通过城市功能疏解共同带动。20世纪初,国外学者开始对城市功能及人口疏解进行研究,芬兰规划师 Eliel Saarinen 首次提出了"有机疏散理论",主要是通过政府在中心城区外有计划地建设卫星城以缓解中心城区压力,从而实现中心城区的人口及功能疏散。另外还有一种疏解方式是通过"郊区化"来完成的,即将人口、就业及公共服务从中心城区向郊区迁移。近代学者对人口疏解的研究主要集中在疏解测度、疏解方式和疏解成效评价等领域。区域人口数量、人口密度梯度、比重及密度变化、胡佛指数和人口增长率等指标也能有效衡量城市人口变化。

面对北京大城市病及综合承载力不足的问题,2014年初,北京市政府印发了《市政府党组党的群众路线教育实践活动整改方案》,提出了人口规模调控的整改目标,目标指出:综合运用法律、行政、经济等各种手段,合理控制人口规模，优化人口空间布局，改善人口发展环境，疏解中心城区功能，落实"以证管人、以房管人、以业控人"，使人口增速明显下降。而后出台的《京津冀协同发展规划纲要》更是提出，到 2020 年，北京市常住人口力争控制在 2300 万人以内，城六区常住人口争取下降 15% 左右。各区也都按照北京市人口调控目标规定了各区未来 5 年的人口调控目标。

2015 年习近平总书记提出"非首都功能疏解"，指明北京市近期城市发展目标是保留与首都功能定位相适应的产业，逐渐移出非首都功能相关产业。城市人口与产业发展密不可分，产业结构调整伴随人口规模与结构的调整，城市功能疏解与人口疏解应同步推进。在"非首都功能疏解"背景下开展北京市人口调控政策研究是京津冀协同发展的有力推手，提出与城市群一体化相适应的人口调控建议，从城市人口发展角度助力京津冀一体化建设。

（五）"全面二孩"政策对区域教育的影响

进入 21 世纪特别是"十二五"时期以来，我国人口总量增长势头明显减弱，劳动年龄人口和育龄妇女开始减少，老龄化程度不断加深，群众生育观念发生重大改变，这些变化对人口安全和经济社会发展带来新的挑战。2015 年 10 月 29 日，中共十八届五中全会公报决定："坚持计划生育的基本国策，完善人口发展战略，全面实施一对夫妇可生育两个孩子政策，积极开展应对人口老龄化行动。"从 1980 年开始推行了 35 年的独生子女政策正式宣告结束。

中共十八大召开前夕，国务院发展研究中心旗下的智库——中国发展研究基金会发布了《人口形势的变化和人口政策的调整》大型研究报告。报告指出，在经历了迅速从高生育率到低生育率的转变之后，"中国人口的主要矛盾已经不再是增长过快，而是人口红利消失、临近超低生育率水平、人口老龄化、出生性别比失调等问题"。2013 年 11 月 15 日，十八届三中全会《中共中央关于全面深化改革若干重大问题的决定》宣布了"单独二孩"政策。2015 年 10 月 29 日，"全面二孩"政策在十八届五中全会上宣布落定，决定全面实施一对夫妇可生育两个孩子政策。

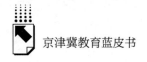
"全面二孩"政策影响下区域学龄人口增加与教师资源减少现象并存。我们曾经对北京市某区教师二胎生育意愿的抽样调查显示,教师在育龄期的,五年内有生育意愿的约占20.49%。"全面二孩"政策影响下教师生育将进一步加强教师资源的紧张,一系列因素对未来京津冀区域如何在有限的条件下进一步提升教育质量、扩充优质教育资源提出了更高的挑战。

三 京津冀学龄人口预测

教育是公共服务的重要组成部分,在京津冀协同发展过程中,对各省市各级各类的学位需求数量进行预测是十分必要的。现阶段我国专门针对学龄人口的预测还较少,针对京津冀地区的学龄人口预测更少。以下部分对现阶段"全面二孩"政策实施后的生育可能性进行了合理假设,并对2017~2025年学前至高中阶段,三省市学龄人口进行了预测。

(一)预测方法与数据来源

1. 预测方法

从方法上,学龄人口预测是人口预测的一部分,但又有其特殊之处。用于人口预测的方法有以下四类。第一类:将人口增长趋势与某种数学分布相联系来建立模型,如早期的马尔萨斯指数模型、费尔哈斯 Logistic 人口增长模型等,此类方法可用于对人口变动基本趋势的判断,无法做准确预测。第二类:将未来人口数看作一个随时间变化的队列,建立离散时间模型,如凯菲茨矩阵模型、莱斯利矩阵模型、宋健人口发展方程等,这类模型对数据要求较高,考虑了生育、死亡等因素,是现行对人口进行准确预测普遍采用一类方法。第三类:根据已知数据进行线性回归,这类模型有惠特尔自回归模型(ARMA)、多元回归模型等,但由于人口变动并非是线性的,所以长期预测效果并不理想。第四类:通过非线性模拟来预测人口数量,如人工智能网络模型、灰色模型等,这类方法适用于数据不完全、影响因素无法确定的情况。有些模型预测的结果并不稳定,但有比较好的发展前景。

在人口预测方面，使用改进后的队列构成法（也称队列要素法），将人口划分为具有不同生育、死亡和迁移风险的人群，然后用离散时间模型说明人口变动过程。本部分对方法的改进主要体现在生育参数的估计部分。队列构成预测法可以用矩阵形式简明地表达，这种表述法是由贝尔纳代利、刘易斯，特别是莱斯利不断发展形成的。莱斯利矩阵可以用数学公式以及矩阵两种形式来表示，用数学公式表达其逻辑，用矩阵形式表示其计算过程。其数学公式表达形式为：

$$P(t+1) = A \cdot P(t) + G(t)$$

其中，$P(t+1)$ 为预测 $t+1$ 年度人口数，$P(t)$ 为 t 年的实际人口数，A 为存活率，$G(t)$ 为 t 年净迁移人口数。

该公式的含义是，人口数随年龄发生变动，而年龄又随时间推移发生改变。即在第 t 年第 x 岁存活下来的人口加上该年 x 岁迁移的人数等于第 $t+1$ 年 $x+1$ 岁的人数（x 代表具体年龄数）。

矩阵表达形式为：

$$
\begin{bmatrix}
P_{0(t+1)} \\
P_{1(t+1)} \\
P_{2(t+1)} \\
P_{3(t+1)} \\
\vdots \\
P_{w-1(t+1)}
\end{bmatrix}
=
\begin{bmatrix}
B_0 & B_1 & B_2 & \cdots & B_{w-1} \\
S_0 & 0 & 0 & \cdots & 0 \\
0 & S_1 & 0 & \cdots & 0 \\
0 & 0 & S_2 & \cdots & 0 \\
\vdots & \vdots & \vdots & \vdots & \vdots \\
0 & 0 & 0 & \cdots & 0
\end{bmatrix}
\times
\begin{bmatrix}
P_{0(t)} \\
P_{1(t)} \\
P_{2(t)} \\
P_{3(t)} \\
\vdots \\
P_{w-1(t)}
\end{bmatrix}
+
\begin{bmatrix}
G_{0(t)} \\
G_{1(t)} \\
G_{2(t)} \\
G_{3(t)} \\
\vdots \\
G_{w-1(t)}
\end{bmatrix}
$$

其中，$B_x(t)$ 表示第 t 年年龄为 x 岁的人口出生率；$S_x(t)$ 为第 t 年年龄为 x 岁的人口存活率，$G_x(t)$ 为第 t 年年龄为 x 的人口净迁移人数，$P_0(t)$ 到 $P_{w-1}(t)$ 构成了第 t 年的人口生命表。

第二部分对"全面二孩"政策所产生的新生儿进行预测，根据中国人口与发展研究中心 2013 年对全国 29 个省市约 6.3 万人生育意愿的调查以及北京大学人口所乔晓春对有生育二孩意愿人群占全部育龄人群比例的估算，对 2017 年之后的各省市二孩新增人口进行了假设，分别为生育率增加 10%、生育率增加 20% 与生育率增加 50% 三种情况。

2. 数据来源

本报告使用了 2010 年第六次人口普查全国分年龄的相关数据作为人口生命表。使用 2010 年全国分年龄生育率作为生育结构数据来源；存活情况使用 2010 年全国 0 岁人口的存活率。

（二）预测结果

通过对"全面二孩"政策影响的分析，以及三种生育率的可能性假设，将预测结果按照预测年份与教育阶段在下文进行详细的阐释。

1. 学前阶段

学前阶段（3~5 岁）最先受到"全面二孩"政策的冲击，并且相较于义务教育阶段及高中教育阶段，其所受影响时间更长。综合三种生育假设情况，京津冀地区学前阶段 2017~2025 年，学龄人口数在 179 万至 340 万之间，在园数变化较大（见表 3~表 5）。2016 年实施的"全面二孩"政策对学前阶段在园数的影响会从 2019 年开始逐步显现，到 2021 年京津冀地区学前阶段学龄人口数达到峰值，三种生育情况下分别为 249 万（总体生育率增加 10%）、271 万（总体生育率增加 20%）和 340 万（总体生育率增加 50%）。而后开始逐步下降，学龄人口数到 2025 年较峰值会降低 28%。到 2015 年在生育率总体增加 10% 的情况下，在园数会下降至 179 万人，较 2017 年减少 63 万人，较 2012 年峰值减少 70 万人；在生育率总体增加 20% 的情况下，在园数会降至 196 万人，较 2017 年减少 47 万人，较峰值 2021 年减少 76 万人；在生育率总体增加 50% 的情况下，在园数会下降至 245 万人，与 2017 年基本持平，与 2021 年的峰值比较减少 95 万人。

从分省市变动幅度情况看，北京市最为剧烈、天津市变动幅度也较大，河北省变动幅度在可调控范围之内。各省市变动趋势与京津冀地区总体变动趋势基本相同，但在园数到达峰值时间略有不同，北京市、天津市在 2020 年达到峰值，而河北省在 2021 年达到峰值。到 2025 年，在生育率增加 10% 的情况下，北京市在园数较 2017 年减少 48%，较 2021 年峰值减少 45%；天津市在园数较 2017 年减少 34%，较 2021 年峰值减少 36%；河北省在园数较 2017 年减少 18%，较 2021 年峰值减少 23%。在生育率增加 20% 的情况下，北京市在园数较 2017 年减少 43%，较 2021 年峰值减少也为 43%；天津市在园数较 2017 年减少 28%，较 2021 年峰值减少 34%；河北省在园数较 2017 年减少 10%，较 2021 年峰值减少 23%。在生育率增加 50% 的情况下，北京市在园数较 2017 年减少 29%，较 2021 年峰值减少 39%；天津市在园数较 2017 年减少 10%，较 2021 年峰值减少 30%；河北省在园数较 2017 年增加 12%，较 2021 年峰值减少 23%。各省市需要保持一定的学位供给弹性。

表3　学前阶段整体生育率增加 10% 学龄人口预测

单位：万人

省市	2017 年	2018 年	2019 年	2020 年	2021 年	2022 年	2023 年	2024 年	2025 年
京津冀合计	242.3	244.2	250.3	251.9	249.0	234.1	216.6	197.8	179.3
北京市	48.8	47.9	47.6	46.2	43.9	39.4	34.6	29.9	25.5
天津市	30.8	31.0	31.7	31.7	30.9	28.6	25.9	23.1	20.3
河北省	162.7	165.2	171.0	174.0	174.2	166.1	156.1	144.9	133.5

表4　学前阶段整体生育率增加 20% 学龄人口预测

单位：万人

省市	2017 年	2018 年	2019 年	2020 年	2021 年	2022 年	2023 年	2024 年	2025 年
京津冀合计	242.3	244.2	258.2	267.4	271.6	255.4	236.3	215.8	195.6
北京市	48.8	47.9	49.0	49.0	47.9	43.0	37.8	32.6	27.8
天津市	30.8	31.0	32.7	33.6	33.8	31.2	28.3	25.2	22.2
河北省	162.7	165.2	176.5	184.8	190.0	181.2	170.3	158.1	145.7

表5　学前阶段整体生育率增加 50% 学龄人口预测

单位：万人

省市	2017 年	2018 年	2019 年	2020 年	2021 年	2022 年	2023 年	2024 年	2025 年
京津冀合计	242.3	244.2	282.0	314.0	339.5	319.3	295.4	269.8	244.5
北京市	48.8	47.9	53.4	57.4	59.8	53.7	47.2	40.7	34.8
天津市	30.8	31.0	35.7	39.4	42.2	39.0	35.3	31.5	27.7
河北省	162.7	165.2	192.9	217.1	237.5	226.5	212.8	197.6	182.1

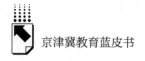

2. 义务教育阶段

义务教育阶段（6~14岁），2017~2025年，京津冀地区学龄人口总体变化趋势为短暂上升后（2018年为峰值）开始逐步下降，其下降程度受"全面二孩"政策实施效果影响显著。"全面二孩"政策实施效果从2022年开始显现，综合三种生育率变化假设，在预测年份整个地区义务教育阶段学龄人口数在795万至1072万之间。政策的实施对义务教育阶段学龄人口的减少起到一定的缓解作用。在整体生育率增加10%的情况下，义务教育阶段学龄人口数会从2018年的1017万减少至2025年的795万；在整体生育率增加20%的情况下，到2025年学龄人口数会减少至824万；在整体生育率增加50%的情况下，到2025年学龄人口数会减少至910万（见表6~表8）。分省市来看，虽然地区义务教育阶段学龄人口数逐步下降，但北京市、天津市学龄人数呈持续增长状态，且增幅显著，而河北省学龄人口数则不断下降。

表6 义务教育阶段整体生育率增加10%学龄人口预测

单位：万人

省市	2017年	2018年	2019年	2020年	2021年	2022年	2023年	2024年	2025年
京津冀合计	1059.6	1071.7	1055.7	1028.9	992.8	970.0	934.8	865.3	795.3
北京市	123.1	133.7	140.1	145.6	151.7	153.1	153.4	147.5	150.7
天津市	85.9	91.1	94.1	95.6	97.5	99.0	100.1	98.2	99.6
河北省	850.6	846.9	821.5	787.6	743.6	717.9	681.3	619.6	545.0

表7 义务教育阶段整体生育率增加20%学龄人口预测

单位：万人

省市	2017年	2018年	2019年	2020年	2021年	2022年	2023年	2024年	2025年
京津冀合计	1059.6	1071.7	1055.7	1028.9	992.8	977.9	950.3	887.9	824.2
北京市	123.1	133.7	140.1	145.6	151.7	154.6	156.2	151.5	155.6
天津市	85.9	91.1	94.1	95.6	97.5	100.0	102.0	101.0	103.1
河北省	850.6	846.9	821.5	787.6	743.6	723.4	692.1	635.4	565.4

表8　义务教育阶段整体生育率增加50%学龄人口预测

单位：万人

省市	2017年	2018年	2019年	2020年	2021年	2022年	2023年	2024年	2025年
京津冀合计	1059.6	1071.7	1055.7	1028.9	992.8	1001.7	996.8	955.8	910.8
北京市	123.1	133.7	140.1	145.6	151.7	158.9	164.6	163.5	170.4
天津市	85.9	91.1	94.1	95.6	97.5	103.0	107.9	109.4	113.8
河北省	850.6	846.9	821.5	787.6	743.6	739.8	724.4	682.9	626.7

3.高中阶段

在预测时间段内，"全面二孩"政策尚未影响到高中阶段，京津冀地区总体学龄人口数（15～17岁）会经历一个短暂下降再逐步增加的过程。但从2024年达到峰值后会开始下降，学龄人口数会在276万至368万之间。分省市来看，河北省为学龄人口增长的主要来源，天津市高中阶段学龄人口数虽有小幅波动，但基本保持稳定；北京市的学龄人口数有一定增长，峰值为44.9万（2024年）最低值为28.2万（2018年）。

表9　高中教育阶段学龄人口预测

单位：万人

省市	2017年	2018年	2019年	2020年	2021年	2022年	2023年	2024年	2025年
京津冀合计	283.3	276.3	286.6	303.9	334.8	346.4	356.8	367.7	358.9
北京市	30.5	28.2	29.1	30.2	34.0	38.1	41.7	44.9	41.8
天津市	24.3	22.7	22.8	23.6	26.0	27.4	28.1	28.9	27.6
河北省	228.5	225.4	234.8	250.2	274.7	280.9	287.1	293.8	289.5

四　结论及政策建议

（一）结论

京津冀地区人口主要集中在北京市、天津市、保定市以及石家庄市4个人口规模超过1000万的超大型城市，且4个城市人口密度呈逐年上升趋势；

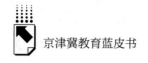

而北部山区及中南部地区人口分布密度较低。在协同发展过程中，由于各城市间人均 GDP、经济发展水平差异较大，短时间内很难一体化。三省市人口增量呈现不同趋势，北京人口增速减弱，天津人口承接功能提升显著，河北人口净流出规模相对已经较小。从人口均衡化发展的角度来看，距京津较近的城市及中南部平原地区增长潜力较大。

从现阶段的研究综合来看，经济因素对人口流动的吸引力最大。地理因素中，海拔对京津冀地区的人口的分布呈现显著负相关。公共服务的影响尚不确定。政策变化的影响很难与其他因素剥离并量化。经济、地理环境、公共服务、相关政策对人口分布影响还需进行更深入的研究。

京津冀地区学龄人口预测方面，学前阶段最先受到"全面二孩"政策的冲击，且波动最大，其中，北京市变动最为剧烈、天津市变动幅度也较大，河北省尚可调控。义务教育阶段，北京市及天津市学位需求逐年增加，且缺口较大，而河北省学位需求逐年下降，且减速较快。高中阶段尚未受"全面二孩"政策影响，总体学龄人口数会经历一个短暂下降再逐步增加的过程。

（二）政策建议

1. 加强公共资源及政策变动因素对人口分布影响的研究

公共资源及政策变动因素对人口分布影响有待进一步研究。根据前文所述，公共资源对人口分布影响还没有一致的结论。医疗、教育等因素对京津冀流动人口吸引的影响机制还不清楚，产生的影响还需进一步进行量化研究。京津冀协同发展及"全面二孩"政策对人口分布的影响很难与其他因素及其他政策影响分离并量化。通过进一步调研及大数据积累，使用更精确的计量模型进行量化，可以使决策更加科学。

2. 建立更加完善的学龄人口预测机制

以县级或片区为单位，建立多部门协调、以科研机构为基础的学龄人口预测机制。由于学龄人口预测的复杂性、特殊性，需要教育、计划生育、公安户籍等部门提供数据，并由研究机构对学龄人口进行科学的预测。对学龄人口预测较为重要的是学前教育及义务教育阶段，这两个阶段的学生大部分就近入学，而且这两个阶段学校的事权及财政支出责任在县级政府。因此，对学龄人口预测应该深入至县级单位。对于超大型城市，如果片区内人口规模较大，则应以片区为单位进行学龄人口预测。因为在人口规模相同的片区，适龄学生数会因学校周围居民年龄结构差异而产生较大差异及波动。京津冀协同发展以及"全面二孩"政策的实施，也会影响适龄人口数，需要进行重点关注，并开展调查研究。

3. 保持各级各类教育资源适度规模和弹性发展

学位需求波动性及教育资源供给弱弹性之间的矛盾是当前教育资源配置过程中的突出问题。根据前期的调研，一个2016年小学阶段可供给6.9万个学位的区县，在短期内学位最大可扩充至7.9万个。如果考虑到这个片区的人口分布情况，其有效学位扩充值可能会更低。而短期内，生育周期及人口流入两个因素就可以让该区域增加2.1万个学位需求。如果再考虑"全面二孩"政策的实施，则学位需求量可能会更大。而一所优质校的建立至少需要5~10年，因此当学位需求激增时不要盲目扩张，也不要在学位需求回落时盲目撤并学校。在对学校进行关停、撤并、转换功能等工作前需要对该片区进行学龄人口预测及论证。在各级各类教育资源配置过程中要保持一定的弹性。

参考文献

[1] 王婧、刘奔腾、李裕瑞：《京津冀地区人口发展格局与问题区域识别》，《经济地理》2017年第8期。

[2] 张耀军：《人口是影响京津冀协同发展的关键因素》，《中国人口报》2017年7月17日，第3期。

[3] 安树伟、闫程莉、王宇光：《遵循城市发展规律，促进京津冀协同发展》，《财经智库》2017年第3期。

[4]《习近平重要言论专题摘录论京津冀协同发展》，《时事报告》2017年第4期。

[5] 郝锋：《京津冀城镇化水平速度实证研究》，《经济论坛》2017年第3期。

[6] 李帅、程杨、高斯瑶：《京津冀地区人口老龄化空间差异研究》，《人口与发

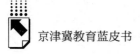

展》2017 年第 1 期。

［7］辜胜阻、王建润、吴华君：《京津冀协同发展中的人口问题研究》，《经济与管理》2017 年第 1 期。

［8］王春蕊：《京津冀协同发展战略下人口流动的影响及对策研究》，《经济研究参考》2016 年第 64 期。

［9］阎东彬：《京津冀城市群综合承载力测评与预警研究》，河北大学博士学位论文，2016。

［10］王振坡、姜智越、郑丹、王丽艳：《京津冀城市群人口空间结构演变及优化路径研究》，《西北人口》2016 年第 5 期。

［11］李国平、罗燕：《多目标约束下京津冀地区人口功能分区研究》，《河北学刊》2016 年第 1 期。

［12］张耀军、张振：《京津冀区域人口空间分布影响因素研究》，《人口与发展》2015 年第 3 期。

［13］封志明等：《京津冀都市圈人口集疏过程与空间格局分析》，《地球信息科学学报》2013 年第 2 期。

［14］OH, K. , Y. Jeong, D. Lee. , "Determining Development Density Using the Urban Carrying Capacity Assessment System", *Landscape and Urban Planning*, 2005（1）: 1 - 15.

［15］马强、宗跃光、李益龙：《京津地区人口增长与分布的时空间演化分析》，《河北工程大学学报》（自然科学版）2007 年第 4 期。

［16］刘爱华：《京津冀流动人口的空间集聚及其影响因素》，《人口与经济》2017 年第 6 期。

［17］刘擎：《非首都功能疏解背景下北京人口调控政策研究》，首都经济贸易大学，2017。

［18］张鹏：《京津冀人口分布与产业布局的特征及关联分析》，首都经济贸易大学硕士学位论文，2017。

［19］王玉婷：《京津冀城市群流动人口居留意愿及空间分布的影响因素分析》，河北师范大学硕士学位论文，2017。

［20］沈亚男：《首都圈人口空间分布的形成机制及影响因素》，首都经济贸易大学硕士学位论文，2016。

［21］张耀军、张振：《京津冀区域人口空间分布影响因素研究》，《人口与发展》2015 年第 3 期。

［22］席强敏、李国平：《京津冀地区人口均衡发展对策》，《中国流通经济》2015 年第 4 期。

［23］赵佳音：《"全面二孩"政策背景下全国及各省市学龄人口预测——2016 ~ 2025 年学前到高中阶段》，《教育与经济》2016 年第 4 期。

B.4
京津冀高校科技资源配置与
科技创新效率

李 璐*

摘　要： 通过对"十三五"时期京津冀、长三角、珠三角（广东）地区高校科技资源配置和科技创新效益、效率的实证分析发现，与长三角和珠三角高校相比，京津冀高校存在科技资源配置总量不足，政府投入比重高，资源配置和科技创新发展存在不平衡和异质性，科技创新经济和社会效益、效率高，但学术效益和效率较低，科技创新资源配置的精准度不够，没有很好地匹配京津冀协同发展战略对于各个地区发展定位的要求的情况。由此提出需强化京津冀高校科技创新一体化的顶层设计和组织，在进一步加强投入规模的前提下，优化资源配置，完善津冀地区高校研发转化和推广应用方面的投入布局，多渠道提升京津冀高校科技创新学术效益和效率的政策建议。

关键词： 京津冀　高校　科技资源配置　效率

新经济增长理论认为，知识生产和人力资本积累是经济增长的持久源泉①。

---

*　李璐，北京教育科学研究院教育发展研究中心助理研究员，博士，研究领域为教育经济、教育管理、教育政策、京津冀教育协同发展研究。
①　金怀玉、昝利荣：《考虑滞后效应的我国区域科技创新效率及影响因素分析》，《系统工程》2013 年第 9 期。

新古典区域增长理论、区域技术差距理论和技术不完全扩散理论等均论证了科技创新对区域经济发展的重要作用[1]，是区域经济和社会持续发展的核心驱动力。[2] 党的十九大报告指出，创新是引领发展的第一动力，要强化基础研究，加强应用基础研究，建设国家创新体系。作为创新体系中的生力军，高校在知识创新、人才培养和科技服务方面发挥了举足轻重的作用。统计资料显示，2005～2013年，高校基础研究经费在全国占比超过一半，科技成果占据70%以上，获得的国家科技奖励三大奖（国家自然科学奖、技术发明奖和科技进步奖）占比70%左右。[3] 与长三角和珠三角地区相比，京津冀地区高等教育资源丰富，优质高等教育资源集中。[4] 截至2016年，三地共有普通高校266所，约占全国总量的1/10；有央属高校44所，占全国央属高校总量的37.3%；有"211工程"高校31所（其中"985工程"高校10所），接近全国总量的1/3（见表1）。同时，京津冀也是高素质人力资源密集、知识创新产出丰富和高科技产业发展迅速的典型地区。[5] 科学客观地分析京津冀高校的科

表1 2016年区域高等教育资源分布情况

项目	京津冀	长三角	珠三角（广东）
普通高校数（占比）	266（10.2%）	337（13.0%）	147（5.7%）
央属高校数（占比）	44（37.3%）	22（18.6%）	5（4.2%）
"211工程"高校数（占比）	31（27.7%）	21（18.8%）	4（3.6%）
"985工程"高校数（占比）	10（25.6%）	7（17.9%）	2（5.1%）

资料来源：中华人民共和国教育部官方网站统计数据。

---

[1] 王蓓、刘卫东、陆大道：《中国大都市区科技资源配置效率研究——以京津冀、长三角和珠三角地区为例》，《地理科学进展》2011年第10期。

[2] 尤丹君：《京津冀区域科技创新能力评价研究》，河北经贸大学硕士学位论文，2014。

[3] 参见教育部官网，http：//www.moe.edu.cn/jyb_ xwfb/xw_ fbh/moe_ 2069/xwfbh_ 2015n/xwfb_ 151204/151204_ sfcl/201512/t20151204_ 222891.html。

[4] 王俊、郭伟：《深化高等教育综改助力北京新发展——访北京教育科学研究院副院长桑锦龙》，《世界教育信息》2015年第21期。

[5] 孙瑜康、李国平：《京津冀协同创新水平评价及提升对策研究》，《地理科学进展》2017年第1期。

技资源配置情况及其科技创新绩效，对发现高校科技创新能力增强的着力点①、优化资源配置效率、促进京津冀教育协同创新具有重要意义。

一 研究设计

（一）文献评述

学术界以不同的研究视角和方法，在不同的研究层次上对科技资源配置和科技创新问题进行了广泛探讨。国内部分学者研究了宏观和中观层面的科技资源配置和创新效率问题。孙绪华采用多元线性回归和数据包络分析法研究了我国科技资源投入产出绩效和资源配置效率。② 王珍珍等基于 DEA-Malmquist 模型和中国省际面板数据对我国科技创新效率进行了实证分析。③ 孟卫东等运用 DEA-Tobit 两步法分析了 2010 年我国 30 个省市自治区的科技资源配置效率和影响因素。④ 金怀玉等在考虑了滞后效应的前提下，研究了我国区域科技创新效率及影响因素。⑤ 王蓓等以数据包络分析法（DEA）中的 CCR 经典模型讨论了京津冀、长三角和珠三角地区的科技资源配置效率。⑥ 李清贤等以 Malmquist 指数法对 2007～2011 年教育部直属高校教师科技创新效率进行了动态分析。⑦ 游达明等基于产出导向的 SBM 模型和

① 朱强、赵飞、廖三三、刘素清：《资源配置对高校战略性新兴产业科技产出的影响实证分析——以新能源汽车产业为例》，《图书情报工作》2017 年第 8 期。
② 孙绪华：《我国科技资源配置的实证分析与效率评价》，华中农业大学博士学位论文，2011。
③ 王珍珍、黄茂兴：《我国科技创新效率的实证研究——基于 DEA-Malmquist 模型和中国省际面板数据》，《技术经济》2013 年第 10 期。
④ 孟卫东、王清：《区域创新体系科技资源配置效率影响因素实证分析》，《统计与决策》2013 年第 4 期。
⑤ 金怀玉、菅利荣：《考虑滞后效应的我国区域科技创新效率及影响因素分析》，《系统工程》2013 年第 9 期。
⑥ 王蓓、刘卫东、陆大道：《中国大都市区科技资源配置效率研究——以京津冀、长三角和珠三角地区为例》，《地理科学进展》2011 年第 10 期。
⑦ 李清贤、曲绍卫、齐书宇：《教育部直属高校教师科技创新效率研究——基于 2007～2011 年 Malmquist 指数法的动态分析》，《高等工程教育研究》2014 年第 3 期。

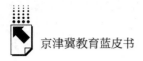
Malmquist 生产率指数评价了我国区域科技创新资源配置的效率。① 另外，还有部分学者研究了高校科技创新能力、科技创新景气指数、京津冀科技创新一体化政策和协同发展战略等问题。

然而，梳理上述研究可以发现三个方面有待改进：首先，缺乏对区域层面高校科技资源配置和科技的实证研究和比较研究。其次，对科技资源配置的内涵界定过于窄化和单一，仅考虑了资源投入规模，没有纳入投入结构和方式等维度的变量，研究视角需要完成从追求规模效益的外延式投入产出模式向优化供给侧结构的内涵式发展模式转变。最后，对京津冀、长三角和珠三角区域高校科技资源配置模式的归纳、比较不足，更欠缺高校科技资源配置多维度视角下对科技创新的分析。因此，本报告将基于京津冀、长三角和珠三角地区的高校科技统计数据，探究京津冀及同类型区域高校科技资源配置现状、模式和科技创新效率。

（二）指标选择与分析方法

本报告从高校科技投入和产出两方面构建高校科技资源配置、高校科技创新效益和科技创新效率的测度指标，分区域和省际两个层面讨论。

1. 高校科技资源配置

高校科技资源配置指的是高校科技人力、科技经费、国际科技交流等各类资源的配置规模、结构和模式。

在资源配置规模的指标方面，上文中相关实证研究大多选取人力资源投入（科技活动人员数、R&D 人员全时当量、专任教师数、科研人员中有教师职称的人数等）和科技经费投入（科技经费筹集总额、R&D 内部经费支出等）作为反映科技资源配置的投入指标，集中反映资源配置规模。考虑到诸多实证研究证实了科技交流合作对科研创新的正向影响作用，科技交流合作也可视为社会资本的一种表现形式，本报告增加了国际科技交流（合作

---

① 游达明、邱雅婷、姜珂：《我国区域科技创新资源配置效率的实证研究——基于产出导向的 SBM 模型和 Malmquist 生产率指数》，《软科学》2017 年第 8 期。

研究的派遣和接受人次）这一变量，来衡量静态资本投入之外，资本流动作为一种社会资本投入要素对科技创新的贡献度。因此，报告中选取 R&D 全时当量人员数（number of full-time equivalent R&D staff，缩写为 N_S）作为人力资本投入的测量指标，R&D 内部经费支出（R&D internal expenditure，缩写为 E_I）作为经济资本投入的指标，国际合作研究的派遣和接受人次之和（number of international cooperation research exchanges，缩写为 N_{IC}）作为社会资本投入的测量指标，三个指标共同作为规模维度的测量指标。

在资源配置结构指标方面，分别在成果转化和服务人员比重［R&D 成果应用及科技服务全时人员数／（R&D 全时当量人员数 + R&D 成果应用及科技服务全时人员数)］、政府经费投入占比（当年拨入科技经费中政府资金占比）和国际合作研究接受人数占比［合作研究接受人次／（合作研究派遣人次 + 接受人次)］方面设置相应的指标（见表 2）。

表 2　高校科技资源配置测量指标

维度	子维度	测量指标
资源配置规模	人力资本投入	R&D 全时当量人员数（N_S）
	经济资本投入	R&D 内部经费支出（E_I）
	社会资本投入	国际合作研究的派遣和接受人次之和（N_{IC}）
资源配置结构	成果转化和服务人员比重	R&D 成果应用及科技服务全时人员数／（R&D 全时当量人员数 + R&D 成果应用及科技服务全时人员数）（$R_{PPT} \times 100\%$）
	政府经费投入占比	当年拨入科技经费中政府资金占比（$R_{GF} \times 100\%$）
	国际合作研究接受人数占比	合作研究接受人次／（合作研究派遣人次 + 接受人次）（$R_{ICR} \times 100\%$）
资源配置模式	根据人力、经济和社会资本的资源配置结构的组合形态界定	

其中，成果转化和服务人员比重（ratio of R&D personnel for production transformation，缩写为 R_{PPT}）反映的是科技创新自身发展链条中不同环节的人力资本配置结构，衡量的是高校科技人员配置对成果转化的侧重程度，也就是对科技创新产生经济效益的重视程度。政府经费投入占比（ratio of

R&D funding from government，缩写为 R_{GF} ）衡量的是高校吸纳政府之外的其他资金投入的能力，反映的是高校科技创新活动受外部主体影响的结构，该比例越低，表示高校科技活动对政府以外资金的依赖性越强；反之，则表明高校对政府经费投入的依赖性较强，从其他渠道筹措资金的能力相对较弱。国际合作研究接受人数占比（ratio of R&D international cooperation recipients，缩写为 R_{ICR} ）反映了科技创新社会资源配置的在地国际化水平，该比例越高，说明该区域高校科技创新活动在着力吸引国际科研工作者到该地区合作研究方面重视投入，也侧面体现出区域高校科技创新的水准和国际影响力。数据来源于 2009~2016 年的高等学校科技统计资料汇编。

在资源配置模式方面，将根据京津冀、长三角和珠三角（广东）地区人力、经济和社会资本配置结构的不同组合形态，来界定三个地区的资源配置模式。

2. 高校科技创新效益

高校科技创新是指高等学校进行的所有创造和应用新知识、新技术的科学技术活动[1]，其产出以科技成果、技术转让和科技获奖为表征。相关研究主要采用论文著作（国内外期刊论文数、专著出版数）、成果应用（专利授权数、专利出售合同当年收入数）和获国家级奖励总数等指标来衡量高校科技创新的产出。

本报告选取更能够代表科技创新属性的国外及全国性刊物发表篇数（number of publications published abroad and nationally，缩写为 N_P ）、发明专利授权数（licensing number of invention patents，缩写为 N_{IP} ）、技术转让当年实际收入（the actual income of the technology transfer，缩写为 I_{TT} ）和国家级奖励获奖数（number of national awards，缩写为 N_{NA} ）作为高校科技创新效益的测量指标（见表3）。其原因在于，论文著作可以反映科技创新的学术效益，成果应用能够反映科技创新的经济效益，所获奖励可视为科技创新的社会效益。三者作为科技创新不同维度的直接产出变量，共同体现科技创新的直接效益。数据来源于 2009~2016 年的高等学校科技统计资料汇编。

---

[1] 董友：《地方高校科技创新协同机制与政府宏观管理研究》，河北工业大学博士学位论文，2007。

表3　高校科技创新效益测量指标

维度	子维度	测量指标
学术效益	论文著作	国外及全国性刊物发表篇数(N_P)
经济效益	成果应用	发明专利授权数(N_{IP})
		技术转让当年实际收入(I_{TT})
社会效益	所获奖励	国家级奖励获奖数(N_{NA})

3. 科技创新产出滞后期的确定

科技创新投入和产出之间存在时滞效应。不同学者对滞后期的选定存在差异，胡振华等选定三阶滞后期①，金怀玉选择四阶滞后期②，孙绪华取1年作为滞后期③。结合既有研究和国内高校科研活动的实际规律，本报告选择3年作为科技创新成果产出的滞后期。即第 t 年的高校科技资源配置作为投入要素，影响第 $t+3$ 年的科技创新成果产出。

本报告主要分析京津冀、长三角和珠三角地区自党的十八大以来（2012～2016年）五个年度的高校科技创新效率。为了便于比较，经费类别的变量均以2016年为基准，按照8%的贴现率进行处理。

4. 科技创新效率计算方法

在规模效率方面，科技资源配置涉及人力资本、经济资本和社会资本，分别对应高校科技创新的学术、经济、社会三个维度的产出效率。

人力资本投入对应科技创新的学术效益，构成人力资本投入产出效率（input-output efficiency of human capital，缩写为 E_{HC}）。公式如下：

$$E_{HCt} = N_{Pt} \div N_{S(t-3)} \tag{1}$$

经济资本投入对应科技创新的经济效益，构成经济资本投入产出效率

---

① 胡振华、刘笃池：《我国区域科技投入促进经济增长绩效评价——基于滞后性的绩效分析》，《中国软科学》2009年第8期。

② 金怀玉、菅利荣：《考虑滞后效应的我国区域科技创新效率及影响因素分析》，《系统工程》2013年第9期。

③ 孙绪华：《我国科技资源配置的实证分析与效率评价》，华中农业大学博士学位论文，2011。

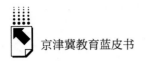

（input-output efficiency of financial capital，缩写为 E_{FC}）。公式如下：

$$E_{FCt} = I_{TTt} \div E_{I(t-3)} \tag{2}$$

社会资本（国际合作研究）投入对应科技创新的社会效益，构成社会资本的投入产出效率（input-output efficiency of social capital，缩写为 E_{SC}）。公式如下：

$$E_{SCt} = N_{NAt} \div N_{IC(t-3)} \tag{3}$$

二 京津冀高校科技资源配置的区域比较

（一）资源配置规模

1. 资源配置规模现状

京津冀地区高校科技资源规模处于三大城市群第二位。表 4 统计了 2016 年京津冀、长三角和广东高校科技资源配置规模的基本情况。整体上看，长三角地区高校科技资源配置规模最大，R&D 全时当量人员数、R&D 内部经费支出以及国际合作研究派遣和接受人次均是三个地区中最高的；其次是京津冀地区，珠三角地区的高校科技资源配置规模相对较小。

表4 2016 年三大城市群高校科技资源配置规模

地区	R&D 全时当量人员数（人）	R&D 内部经费支出（万元）	国际合作研究的派遣和接受人次（人次）
京津冀	48412	2289670.5	12788
北京	31447（65.0%）	1725496.2（75.4%）	9797（76.6%）
天津	8796（18.2%）	388684.4（17.0%）	1689（13.2%）
河北	8169（16.9%）	175489.9（7.7%）	1302（10.2%）
长三角	53958	2991705.1	20480
上海	21874（40.5%）	1086355.0（36.3%）	10135（49.5%）
江苏	20427（37.9%）	1293992.0（43.3%）	8059（39.4%）
浙江	11657（21.6%）	611358.1（20.4%）	2286（11.2%）
珠三角（广东）	19947	678690.7	4264

京津冀地区的高校科技资源配置存在以北京为中心的极化效应。在地区内观察资源的省际分布结构发现，长三角地区高校科技资源配置规模不仅最大，而且省际分布相对均衡，上海地区的人员、经费和合作研究交流三个维度的资源在本地区所占比例虽然最高，但均不超过50%，与江苏的规模相对接近，江苏的R&D内部经费支出甚至超过了上海，浙江的资源配置规模相对较小。而京津冀地区中，北京的人员、经费和合作交流人次在区域内的占比均超过了60%，天津其次，河北最低。值得注意的是，天津和河北两个省份在京津冀地区中三个维度的科技资源配置总量占比均不超过20%，尤其是河北的R&D经费内部支出在三地中的占比小于10%。由此可见，京津冀地区的高校科技资源配置存在以北京为中心的极化效应。

从地区情况来看，北京地区的高校科技资源配置人员和经费规模高于上海，但是在国际合作研究交流人次方面低于上海，体现出上海高校科技活动的国际化水平要略高于北京。

2. 资源配置规模变化趋势

（1）人力资本投入规模变化趋势

表5统计了2009~2013年度三大城市群高校R&D全市人员数的变化趋势，总体来看，京津冀、长三角和珠三角地区的高校科技人员投入规模都呈现稳步增长的趋势。

表5　2009~2013年三大城市群高校R&D全时当量人员数变化趋势

单位：人

地区	2009年	2010年	2011年	2012年	2013年
京津冀	35369	38605	41422	40884	48412
北京	22425	25043	27150	26570	31447
天津	7160	7811	7955	7862	8796
河北	5784	5751	6317	6452	8169
长三角	42975	46469	47764	48340	53958
上海	17633	20457	20856	20199	21874
江苏	15846	16014	16548	18239	20427
浙江	9496	9998	10360	9902	11657
珠三角（广东）	13984	13924	14469	15175	19947

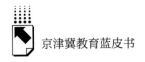

由图1可以看出，2009～2013年，京津冀、长三角和广东高校的 R&D 全时当量人员规模变化趋势类似：2009～2012年平缓发展，略有增长趋势，2012年为拐点，2013年有了较为明显的增长。

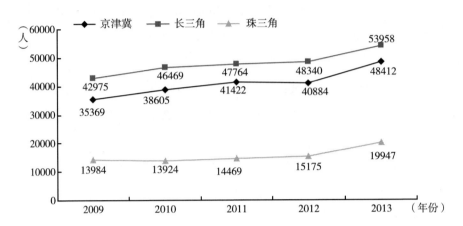

图1　2009～2013年三大城市群高校 R&D 全时当量人员数变化趋势

从北京和上海的情况看，北京高校科技资源中的人力资本投入规模要高于上海（见图2），2009～2013年两个城市高校科技创新人力资本投入规模变化趋势类似，都是在2009～2011年逐步增长，2012年略有下降，到2013年大幅增长。

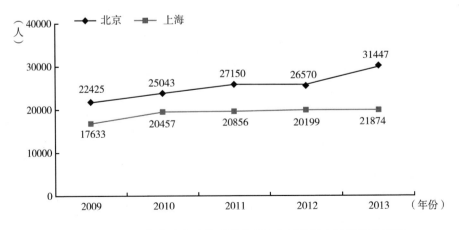

图2　2009～2013年北京和上海高校 R&D 全时当量人员数变化趋势

观察2009～2013年北京和上海高校R&D全时当量人员数在所在区域占比的变化趋势发现，北京高校的人员投入规模在京津冀地区的占比始终维持在60%以上，2009～2011年占比缓慢上升之后略有下降，2012年和2013年维持在65%；上海高校人员投入规模在长三角地区的占比在40%左右，2010年达到峰值44%，之后稳步下降到2013年的40.5%（见图3）。与长三角地区相比，京津冀区域内高校R&D人员投入规模均衡程度仍有待提升。

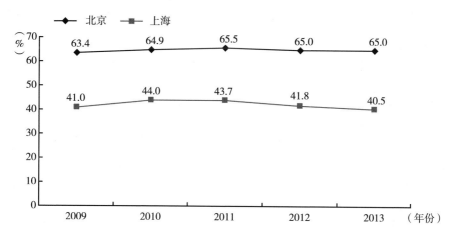

**图3 2009～2013年北京和上海高校R&D全时当量人员数
在所在区域占比的变化趋势**

（2）经济资本投入规模变化趋势①

由表6看出，2009～2013年度京津冀、长三角和广东高校R&D内部经费支出都呈现稳步增长的趋势。

图4显示，2009～2013年，京津冀、长三角地区高校的R&D内部经费支出规模变化趋势类似，呈现稳步增长趋势。珠三角地区（广东）高校R&D内部经费支出在2010年小幅下降后，2011年开始缓慢增长。

---

① 本部分所有的经费数据均以2016年为基准，按照8%的贴现率进行了贴现处理，以便于比较。

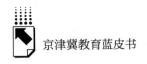
表6 2009～2013年三大城市群高校R&D内部经费支出变化趋势

单位：万元

地区	2009年	2010年	2011年	2012年	2013年
京津冀	1754421.5	1859590.1	2302344.7	2435901.5	2479701.2
北京	1313706.6	1398329.2	1777889.9	1853852.2	1864952.3
天津	289942.4	303252.5	349423.6	410194.9	417183.1
河北	150772.5	158008.4	175031.2	171854.4	197565.8
长三角	2292102.7	2434586.7	2725546.1	2929533.0	3059901.9
上海	970246.5	967979.2	950328.5	1118381.8	1126433.6
江苏	909766.0	971614.9	1165180.1	1112451.0	1240683.7
浙江	412090.2	494992.6	610037.5	698700.2	692784.7
珠三角（广东）	454830.5	441005.5	536500.5	638613.4	637562.0

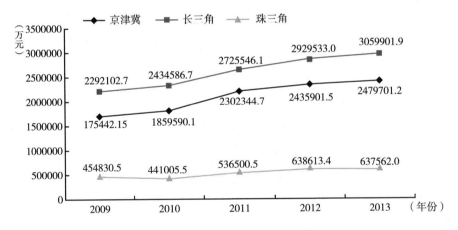

图4 2009～2013年三大城市群高校R&D内部经费支出变化趋势

从北京和上海的情况看，北京高校科技资源中的R&D内部经费支出规模要高于上海（图5），2011年开始两城市高校R&D内部经费支出差距拉大后保持相对稳定。

观察2009～2013年北京和上海高校R&D内部经费支出在所在区域占比的变化趋势发现，北京高校R&D内部经费支出规模在京津冀地区的占比始终维持在70%以上，2011年达到峰值77.2%，之后缓慢回落至2013年的75.2%，占据京津冀地区的3/4；上海高校R&D内部经费支出规模在长三

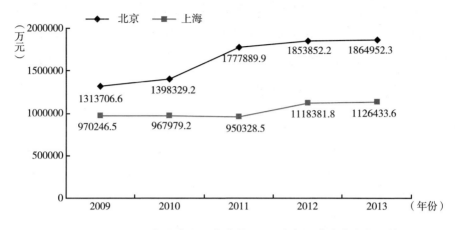

图5　2009～2013年北京和上海高校R&D内部经费支出变化趋势

角地区的占比在30%至45%之间波动，2009年达到峰值42.3%，之后稳步下降到2013年的36.8%（见图6）。与长三角地区相比，京津冀区域内高校的R&D内部经费支出规模均衡程度仍有待提升。

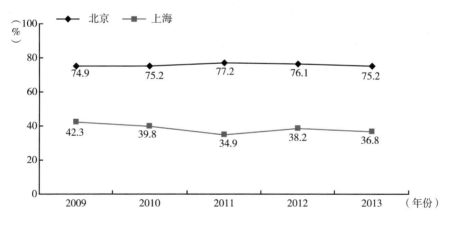

**图6　2009～2013年北京和上海高校R&D内部经费支出
在所在区域占比的变化趋势**

（3）社会资本投入规模变化趋势

由表7看出，2009～2013年度京津冀地区高校国际合作研究交流人次呈现先增长后下降的趋势，于2012年达到峰值13958人次，后回落至2013

年的 13548 人次。长三角地区高校国际合作研究交流人次除在 2011 年略微回落之外，一直保持快速增长，从 2009 年的 10162 人次上升至 2013 年的 15428 人次，于 2012 年超过京津冀地区高校，并且两者的差距呈现加大的趋势。广东高校国际合作研究交流人次一直保持相对平稳。

表 7　2009～2013 年三大城市群高校国际合作研究交流人次变化趋势

单位：人次

地区	2009 年	2010 年	2011 年	2012 年	2013 年
京津冀	10189	11818	13304	13958	13548
北京	7335	8858	10644	11407	10599
天津	1906	1794	1488	1191	1567
河北	948	1166	1172	1360	1382
长三角	10162	12027	11004	14792	15428
上海	3656	5375	4905	6517	6772
江苏	3739	4442	3893	6189	7076
浙江	2767	2210	2206	2086	1580
珠三角（广东）	3045	2896	3220	3327	3165

图 7 显示，2009～2013 年，京津冀、长三角和广东高校的国际合作研究交流规模变化趋势存在差异。长三角地区高校在国际合作研究方面的资本投入相对较高，京津冀高校其次，珠三角地区相对不足。京津冀地区高校在 2012 年后有回落趋势，长三角地区高校呈现增长势头，珠三角地区维持平稳。

从北京和上海的情况看，北京高校的国际合作研究交流人次总体高于上海高校，但差距有缩小的趋势。北京高校国际合作研究交流人次经历了 2009～2012 年的快速上升后，于 2013 年回落。上海高校 2011 年交流人次有所减少后恢复上升趋势（见图 8）。

观察 2009～2013 年北京和上海高校国际合作研究交流人次在所在区域占比的变化趋势发现，北京高校的国际合作研究交流规模在京津冀地区的占比始终维持在 70% 以上，2012 年达到峰值 81.7%，之后缓慢回落至 2013 年的 78.2%，占据京津冀地区的 3/4 以上；上海高校的国际合作研究交流规

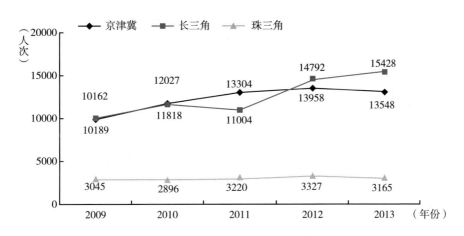

图7　2009～2013年三大城市群高校国际合作研究交流人次变化趋势

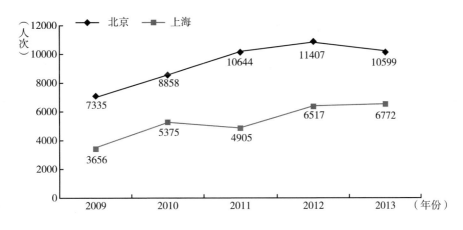

图8　2009～2013年北京和上海高校国际合作研究交流人次变化趋势

模在长三角地区的占比在35%至45%之间波动，2010年达到峰值44.7%，之后稳步下降到2013年的43.9%（见图9）。与长三角地区相比，京津冀区域内高校的国际合作研究交流规模均衡程度仍有待提升。

（二）资源配置结构

表8显示了2016年京津冀、长三角和广东高校科技资源配置结构的总体情况。

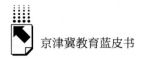

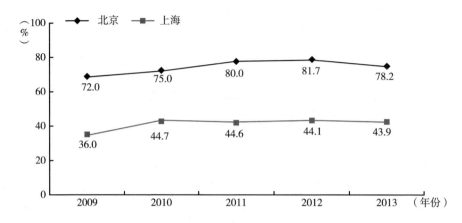

图9　2009～2013年北京和上海高校国际合作研究交流人次
在所在区域占比的变化趋势

表8　2016年三大城市群高校科技资源配置结构

单位：%

地区	成果转化和服务人员比重	政府经费投入占比	国际合作研究接受人数占比
京津冀	7.9	68.4	49.7
北京	8.7	69.6	50.6
天津	2.6	68.6	56.1
河北	10.1	54.0	34.7
长三角	15.7	62.5	51.3
上海	10.7	69.8	57.7
江苏	22.8	57.0	46.6
浙江	10.8	61.4	39.5
珠三角（广东）	38.4	77.3	45.2

从成果转化和服务人员比重看，京津冀地区高校的比例最低，为
7.9%，珠三角高校比例最高（38.4%），长三角高校居中（15.7%），直观
地体现了高校科技成果转化和服务人员比重与该地区经济发展水平和定位之
间的关联。由此可见，珠三角高校最重视科技创新的经济效益，长三角高校
其次，京津冀高校更重视研发环节的人员投入。

从政府经费投入占比看，珠三角高校科技创新最依赖政府经费投入，政
府经费比例高达77.3%，京津冀高校其次（68.4%），长三角高校的这一比

例最低（62.5%），科技创新的其他经费来源占比相对较高，某一方面体现出长三角地区市场和社会资本参与高校科技创新的程度较高。

从高校国际合作研究接受人数占比方面看，长三角高校比例最高，为51.3%，京津冀高校居中，比例为49.7%，珠三角高校相对较低，为45.2%，一定程度上反映了长三角地区高校科技创新的在地国际化水平相对较高，对国际 R&D 人员的吸引力相对较高。

2017 年 11 月 15 日，科技部召开新一代人工智能发展规划暨重大科技项目启动会，会议上宣布了首批国家新一代人工智能开放创新平台名单：依托百度公司建设自动驾驶国家新一代人工智能开放创新平台，依托阿里云公司建设城市大脑国家新一代人工智能开放创新平台，依托腾讯公司建设医疗影像国家新一代人工智能开放创新平台，依托科大讯飞公司建设智能语音国家新一代人工智能开放创新平台。其中，百度公司总部位于北京，阿里云公司总部位于杭州，腾讯公司总部位于深圳，科大讯飞总部位于安徽合肥。在此之前，国家科技部从世博会开始就在杭州和广州建立了试验区，充分发挥政府在规划引导、政策支持等方面的重要作用。由此可见，长三角地区和珠三角地区确实已经在政府引导科技创新创造经济效益方面走在了前列。

从图 10 反映的北京和上海高校的情况来看，北京高校在科技资源配置三个子维度方面的比例值均略低于上海，即成果转化和服务人员比重相对较低（8.7%），政府经费投入比例与上海基本持平，国际合作研究接受人数比例略低于上海，上海为 57.7%，北京为 50.6%。由此可见，北京高校更重视对原始创新的人员投入和赴外合作研究交流，上海更重视对科技成果转化方面的人员投入和在地国际合作研究交流。

（三）资源配置模式

1. 京津冀高校：聚焦原始研发创新的科技资源投入模式

从图 11 可以看出，京津冀地区高校科技资源配置结构呈现"一低两中"的形态，即成果转化和服务人员比重低，政府经费投入占比和国际合作研究接受人数占比居中，其高校科技资源配置模式为原始研发创新科技资

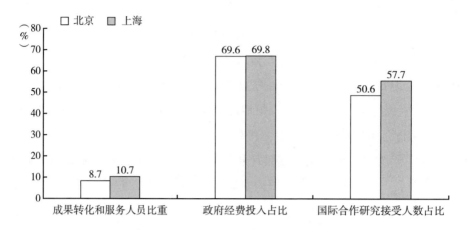

图10　2016年北京和上海高校科技资源配置结构

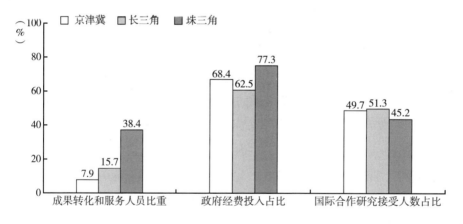

图11　2016年三大城市群高校科技资源配置模式

源投入模式。《京津冀协同发展规划纲要》中，对北京、天津和河北三个省市的科技创新定位为北京原始创新、天津研发转化、河北推广应用的衔接。鉴于京津冀地区高校科技资源分布具有一定的极化特点，所以表现为原始创新的特点较为突出，天津研发转化（$R_{PPT}=2.6\%$）和河北推广应用（$R_{PPT}=10.1\%$）方面的人员投入显得相对不足。

2.长三角高校：国际化—多元投入导向的科技资源投入模式

长三角地区高校科技资源配置结构呈现"两高一中"的分布，即除政府经费投入之外的其他经费投入占比高，国际合作研究接受人数占比高，成果转化和和服务人员比重居中。高校科技资源配置模式为国际化—多元投入导向的科技资源投入模式。2016 年发布的《长江经济带发展规划纲要》提出健全技术创新市场导向机制，增强市场主体创新能力，促进创新资源综合集成和更好地利用国际国内两个市场、两种资源，构建开放型经济新体制，形成全方位开放新格局的发展原则，强调了市场主体地位发挥和开放发展的思路。上海是长三角地区的代表城市，在《上海市城市总体规划（2016～2040）》中，提出建设"卓越的全球城市，国际经济、金融、贸易、航运、科技创新中心和文化大都市"的发展目标，凸显出国际化的发展战略定位。江苏和浙江市场经济发育相对成熟，高校科技经费投入中政府投入的比例相对较低，因此在长三角地区，国际化和多元经费投入的特征体现突出。

3. 珠三角高校：政府主导—成果转化导向的科技资源投入模式

广东高校科技资源配置结构呈现"两高一低"的形态，即成果转化和服务人员比重以及政府经费投入比重高，国际合作研究接受人数占比低。高校科技资源配置模式为政府主导的、成果转化导向的科技资源投入模式。《珠江三角洲地区改革发展规划纲要（2008～2020 年)》中，明确提出提高自主创新能力的发展任务，强调深化国家与地方创新联动机制，促进国家与地方创新资源的高效配置和综合集成，推进核心技术的创新和转化，成为亚太地区重要的创新中心和成果转化基地。由此可见，与长三角地区的多元投入模式不同，广东地区强化了政府在高校科技资源配置方面的主导作用，尤其明确了成果转化基地的定位。该地区的重点产业主要是先进制造业和现代服务业，距离高精尖科技原始研发的环节较远，离终端应用的环节较近，因此，广东高校在成果转化方面的人员投入比重更高。

综上，在资源配置规模方面，京津冀地区高校科技资源规模处于三大城市群第二位，但高校科技资源配置存在以北京为中心的极化效应，均衡程度有待改善，北京高校科技人员和经费投入规模高于上海，但上海的国际化研究水平更高；三地高校人力和经费方面的科技资源投入呈现稳步上升趋势。在资源配置结构方面，京津冀高校更重视研发环节的人员投入，珠三角高校

科技创新最依赖政府经费投入，长三角地区高校科技创新的在地国际化水平
最高。从资源配置模式来看，京津冀高校表现为聚焦原始研发创新的科技资
源投入模式，长三角高校表现为国际化—多元投入导向的科技资源投入模
式，珠三角高校为政府主导—成果转化导向的科技资源投入模式。

三 京津冀高校科技创新效益的区域比较

（一）科技创新效益现状

长三角高校学术创新效益最高，京津冀高校经济和社会效益最高。由
表9可以看出，在较高的科技资源配置规模前提下，长三角地区高校2016
年的学术创新效益位于三个地区之首，国外及全国性刊物的文章发表数量最
多（78209篇），是京津冀高校的1.6倍；长三角高校发明专利授权数在三
个城市群中总量最高（17281个），是京津冀高校的1.9倍。然而，从经济
效益和社会效益来看，京津冀地区高校的科技创新效益最高，技术转让当年
实际收入（8.4亿元）是长三角地区高校的2.3倍，京津冀高校国家级奖励
获奖数（80个）是长三角地区高校的1.2倍。

表9 2016年三大城市群高校科技创新产出

地区	国外及全国性刊物发表篇数（篇）	发明专利授权数（个）	技术转让当年实际收入（万元）	国家级奖励获奖数（个）
京津冀	48595	9159	84465.3	80
北京	33115（68.1%）	7157（78.1%）	73925.2（87.5%）	72（90.0%）
天津	10543（21.7%）	1206（13.2%）	5426.7（6.4%）	6（7.5%）
河北	4937（10.2%）	796（8.7%）	5113.4（6.1%）	2（2.5%）
长三角	78209	17281	36206.0	65
上海	30774（39.3%）	4387（25.4%）	6996.8（19.3%）	25（38.5%）
江苏	34201（43.7%）	8196（47.4%）	22729.3（62.8%）	28（43.1%）
浙江	13234（16.9%）	4698（27.2%）	6479.9（17.9%）	12（18.5%）
珠三角（广东）	17532	2160	10825.6	17

京津冀高校科技产出效益区域内分布不均衡。从区域内省际数据比较情况来看，京津冀地区高校仍然呈现出明显的极化效应，北京高校贡献了京津冀地区高校科技创新学术、经济、社会效益的主体，平均贡献率在七成以上，而且贡献程度按照学术效益、经济效益和社会效益的顺序递增，产出效益在区域内分布极不均衡。长三角高校科技创新效益的省际分布相对均衡，江苏高校相对较高，上海高校其次，浙江高校相对较低。

北京高校科技创新产出的综合效益高于上海高校。代表学术效益的论文发表篇数相差不大，但是代表经济效益的发明专利授权数和技术转让收益以及代表社会效益的国家级奖励获奖数均明显高于上海高校。2016 年，北京高校发明专利授权数是上海高校的 2.6 倍，技术转让当年实际收益是上海高校的 10.6 倍，国家级奖励获奖数是上海高校的 2.9 倍。

（二）科技创新效益变化趋势

1. 学术效益

表 10 是 2012～2016 年京津冀、长三角和广东高校论文发表情况。从总量上看，长三角高校发表篇数最多，京津冀高校篇数位居其次，广东高校较低。

表 10　2012～2016 年三大城市群高校国外及全国性刊物发表篇数变化趋势

单位：篇

地区	2012 年	2013 年	2014 年	2015 年	2016 年
京津冀	33244	34817	37779	43233	48595
北京	23226	24147	25703	29166	33115
天津	6210	7043	8079	9224	10543
河北	3808	3627	3997	4843	4937
长三角	54190	58946	60772	67379	78209
上海	20086	20900	22860	26485	30774
江苏	22838	25592	25998	29247	34201
浙江	11266	12454	11914	11647	13234
珠三角（广东）	9468	11360	14178	15397	17532

图 12 更好地反映了五年间的变化趋势。从增幅来看，京津冀高校论文发表量增幅居中，长三角高校增长最快，珠三角高校平稳增长。

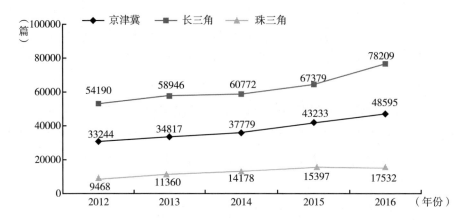

图 12　2012～2016 年三大城市群高校国外及全国性刊物发表篇数变化趋势

由图 13 可以看出，与上海高校相比，北京高校论文发表总量更高，两者均呈现逐年递增的趋势，但两者之间的差距有逐年缩小的态势。

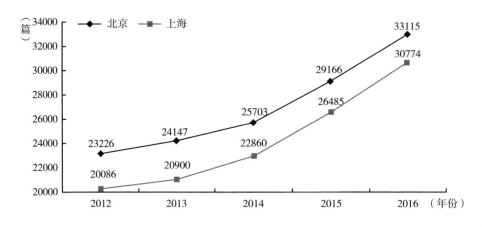

图 13　2012～2016 年北京和上海高校论文发表篇数变化趋势

从北京与上海高校论文发表量在所在区域占比的变化趋势看（见表 11），北京高校的占比呈现略微下降的趋势，上海高校则呈现上升趋势。

表11　2012～2016年北京和上海高校论文发表篇数区域占比的变化趋势

单位：%

地区	2012 年	2013 年	2014 年	2015 年	2016 年
北京	69.9	69.4	68.0	67.5	68.1
上海	37.1	35.5	37.6	39.3	39.3

2.经济效益

区域高校科技创新经济效益可通过发明专利授权数和技术转让当年实际收入两个指标反映。

（1）发明专利授权数

表12显示，在三大城市群之中，长三角地区高校的发明专利授权数总量最高，京津冀地区高校总数居中，广东地区高校授权数最低。

表12　2012～2016年三大城市群发明专利授权数变化趋势

单位：项

地区	2012 年	2013 年	2014 年	2015 年	2016 年
京津冀	5317	7003	7308	7320	9159
北京	4296	5662	5913	5823	7157
天津	693	954	965	1038	1206
河北	328	387	430	459	796
长三角	7861	10944	11127	12293	17281
上海	2597	3509	3081	3182	4387
江苏	2940	4466	4956	5683	8196
浙江	2324	2969	3090	3428	4698
珠三角（广东）	1273	1695	1764	1744	2160

图14更直观地显示出发明专利授权数的发展趋势，长三角地区高校自2014年始发明专利授权数逐年快速增长，2016年已近京津冀地区高校授权数的2倍。京津冀地区高校发明专利授权数五年间稳步增长，但增长速率低于长三角地区高校。广东高校的专利授权数虽然也有所增长，但增长趋势不明显。

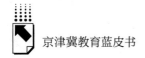

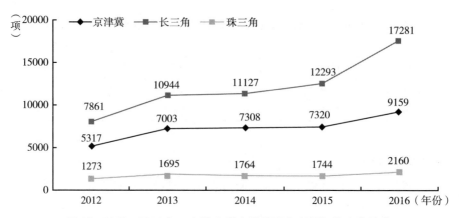

图14 2012～2016 年三大城市群高校发明专利授权数变化趋势

2012～2016 年北京和上海高校发明专利授权数的变化趋势均呈现曲线增长，北京高校发明专利授权数总量高于上海高校。北京高校 2013～2015 年发明专利授权数增长放缓，在 2016 年有了大幅增长。上海高校 2013～2015 年发明专利授权数有所下降，后在 2016 年回升。

从北京和上海高校发明专利授权数在所在区域占比的变化趋势来看，北京地区高校仍然贡献了京津冀地区高校专利授权数的 80% 左右，但从 2014 年开始有下降趋势，从 80.9% 下降至 2016 年的 78.1%。上海高校发明专利授权数在长三角地区占比则逐年下降，从 2012 年的 33% 下降至 2016 年的 25.4%，江苏和浙江高校在专利授权方面的贡献度有所提高（见图15、表13）。

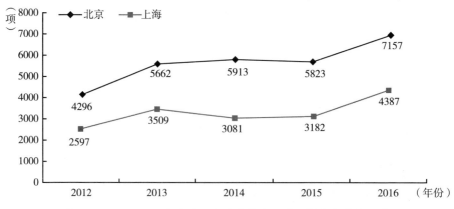

图15 2012～2016 年北京和上海高校发明专利授权数变化趋势

表 13 2012～2016 年北京和上海高校发明专利授权数在所在区域占比的变化趋势

单位：%

地区	2012 年	2013 年	2014 年	2015 年	2016 年
北京	80.8	80.9	80.9	79.5	78.1
上海	33.0	32.1	27.7	25.9	25.4

（2）技术转让当年实际收入

表 14 显示，若按照 8% 的贴现率进行贴现处理，三大城市群均呈现技术转让当年实际收入逐渐下降的趋势。

表 14 2012～2016 年三大城市群高校技术转让当年实际收入的变化趋势*

单位：万元

地区	2012 年	2013 年	2014 年	2015 年	2016 年
京津冀	97953.4	100731.6	96735.5	86324.0	84465.3
北京	80589.4	85544.8	80389.9	77389.8	73925.2
天津	8796.6	6841.0	8285.2	1671.7	5426.7
河北	8567.4	8345.8	8060.4	7262.5	5113.4
长三角	118990.8	79467.4	75267.1	68704.6	36206.0
上海	50116.1	31614.1	19031.6	16362.9	6996.8
江苏	54476.2	36092.4	44705.1	45015.3	22729.3
浙江	14398.6	11760.9	11530.4	7326.5	6479.9
珠三角(广东)	12208.5	12096.8	12727.3	13857.5	10825.6

资料来源：本部分所有的经费数据均以 2016 年为基准，按照 8% 的贴现率进行了贴现处理，以便于比较。

图 16 更直观地显示出不进行贴现处理的三大城市群高校技术转让当年实际收入的发展趋势，京津冀地区高校技术转让当年实际收入五年间稳步增长，2015 年略有下降后继续回升。长三角地区高校则呈现下降趋势。广东高校在 2012～2015 年虽然也有所增长，但 2016 年有所回落。

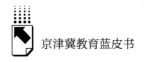

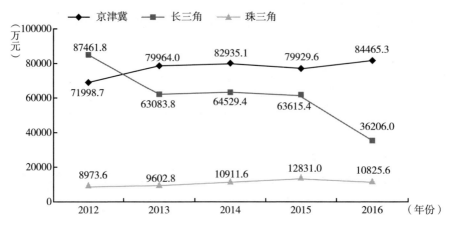

图 16　2012～2016 年三大城市群高校技术转让当年实际收入变化趋势

如图 17 所示，2012～2016 年北京和上海高校技术转让当年实际收入的变化均呈现相反的趋势，北京高校技术转让当年实际收入总量高于上海高校，呈现递增趋势，而上海高校则呈现下降趋势，两者的差距逐年拉大。

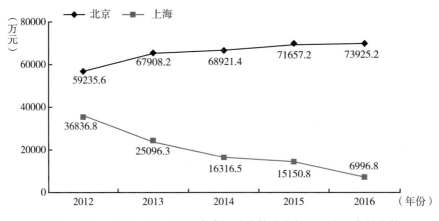

图 17　2012～2016 年北京和上海高校技术转让当年实际收入变化趋势

从北京和上海高校技术转让当年实际收入在所在区域占比的变化趋势来看，北京地区高校仍然贡献了京津冀地区高校技术转让收入的 80% 以上，且贡献率有所上升，从 2012 年的 82.3% 上升至 2016 年的 87.5%，区域内的不均衡程度进一步扩大。上海高校技术转让当年实际收入在长三角地区的占比则逐年下降，从 2012 年的 42.1% 下降至 2016 年的 19.3%，江苏和浙江高校在技术转让收入方面的贡献度有所提高（见表 15）。

表 15　2012～2016 年北京和上海高校技术转让当年实际收入
在所在区域占比的变化趋势

单位：%

地区	2012 年	2013 年	2014 年	2015 年	2016 年
北京	82.3	84.9	83.1	89.7	87.5
上海	42.1	39.8	25.3	23.8	19.3

3. 社会效益

在三大城市群之中，京津冀高校的国家级奖励获奖数总量最高，长三角地区高校总数居中，广东地区高校获奖数最低（见表 16）。

表 16　2012～2016 年三大城市群国家级奖励获奖数变化趋势

单位：项

地区	2012 年	2013 年	2014 年	2015 年	2016 年
京津冀	87	83	73	76	80
北京	71	75	61	65	72
天津	10	6	8	11	6
河北	6	2	4	0	2
长三角	90	77	67	74	65
上海	31	27	16	24	25
江苏	41	32	30	31	28
浙江	18	18	21	19	12
珠三角（广东）	14	7	9	13	17

图 18 显示，京津冀高校 2012～2014 年国家级奖励获奖数有所下降，从 87 项下降至 73 项，后逐渐提升至 2016 年的 80 项。长三角高校国家级奖励获奖数在五年间有下降趋势，从 90 项下降至 65 项，降幅明显。广东高校则曲线上升。

103

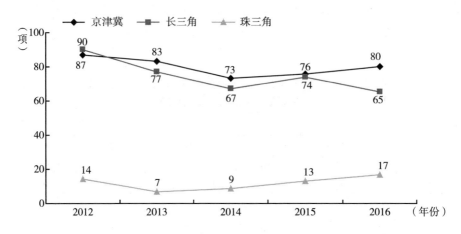

图 18　2012～2016 年三大城市群国家级奖励获奖数变化趋势

2012～2016 年北京高校国家级奖励获奖总量高于上海高校。北京高校国家级奖励获奖数经历了先降后升的变化，最低为 2014 年的 61 项，后升至 2016 年的 72 项。上海高校 2012～2014 年国家级奖励获奖数有所下降，后逐渐回升（见图 19）。

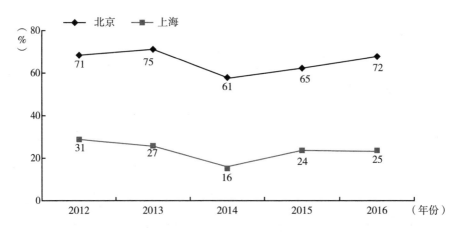

图 19　2012～2016 年北京和上海高校国家级奖励获奖数变化趋势

从北京和上海高校国家级奖励获奖数在所在区域占比的变化趋势来看，北京高校仍然贡献了京津冀地区高校国家级奖励获奖数的 80% 以上，2016

年甚至高达90%。上海高校国家级奖励获奖数在长三角地区占比先降后升，从2012年的34.4%下降至2014年的23.9%，后提升至2016年的38.5%（见表17）。

表17 2012~2016年北京和上海高校国家级奖励获奖数在所在区域占比的变化趋势

单位：%

地区	2012年	2013年	2014年	2015年	2016年
北京	81.6	90.4	83.6	85.5	90.0
上海	34.4	35.1	23.9	32.4	38.5

综上，从区域高校的科技创新效益来看，长三角高校创新的学术效益最高，京津冀高校经济和社会效益最高，但京津冀高校科技创新产出效益在区域内分布不均衡，北京高校贡献了该地区逾70%的效益，北京高校科技创新产出的综合效益高于上海。从变化趋势看，三地高校学术发表和发明专利授权数都呈现稳步上升的趋势，但在技术转让当年收入和国家级奖励获奖数方面的变化方向上存在差别，京津冀高校技术转让收入五年间稳步上升但国家级奖励获奖数有所下降，长三角高校在两方面的效益均有所降低，但广东高校在两方面的效益缓慢上升。

四 京津冀高校科技创新效率的区域比较

（一）高校科技创新效率现状

表18显示了2016年三大城市群高校科技创新在人力资本、经济资本和社会资本投入方面的效率情况。京津冀高校的经济资本效率和社会资本效率最高，人力资本效率居中，呈现"两高一中"的特征；长三角高校人力资本效率最高，经济资本效率和社会资本效率最低，呈现"一高两低"的特征；广东高校的社会资本效率居中，人力资本效率最低。

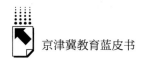

表18　2016年三大城市群高校科技创新效率情况

地区	人力资本效率	经济资本效率	社会资本效率(千人次/项)
京津冀	1.148	0.034	5.9049
北京	1.205	0.040	6.7931
天津	1.299	0.013	3.8290
河北	0.734	0.026	1.4472
长三角	1.615	0.012	4.2131
上海	1.549	0.006	3.6917
江苏	1.883	0.018	3.9570
浙江	1.272	0.009	7.5949
珠三角(广东)	1.104	0.017	5.3712

从京津冀区域内部看，北京高校的经济资本效率和社会资本效率最高；天津高校的人力资本效率最高，经济资本效率最低；河北高校的人力资本效率和社会资本效率最低。

以北京和上海高校的情况来看，北京高校科技创新经济资本投入效率和社会资本投入效率高于上海，上海高校人力资本投入效率高于北京。

（二）高校科技创新效率变化趋势

1. 人力资本投入效率

从人力资本投入效率的变化趋势上看（见表19），2012~2016年，三个地区高校的人力资本投入效率都在不断提升，然而与长三角高校相比，京津冀高校和广东高校的人力资本投入效率仍然存在较大差距，京津冀地区高校2016年的人力资本投入效率尚低于长三角地区2012年的人力资本投入效率，广东高校五年间人力资本投入效率快速提升，2016年几乎与京津冀高校齐平。在京津冀区域内部，北京高校科技创新人力资本投入效率经历了先降后升的过程，于2014年被天津高校赶超，而河北地区始终是京津冀高校科技创新人力资本投入效率的低谷，虽然效率逐年有所上升，但升幅较小，2016年仍然难以达到天津2012年的水平。从北京和上海高校的情况看，两者都经历了先降后升的过程，2014年是拐点。

表19 2012～2016年三大城市群高校科技创新人力资本投入效率变化情况

地区	2012 年	2013 年	2014 年	2015 年	2016 年
京津冀	0.940	0.902	0.912	1.057	1.148
北京	1.036	0.964	0.947	1.098	1.205
天津	0.867	0.902	1.016	1.173	1.299
河北	0.658	0.631	0.633	0.751	0.734
长三角	1.261	1.269	1.272	1.394	1.615
上海	1.139	1.022	1.096	1.311	1.549
江苏	1.441	1.598	1.571	1.604	1.883
浙江	1.186	1.246	1.150	1.176	1.272
珠三角（广东）	0.677	0.816	0.980	1.015	1.104

2. 经济资本投入效率

从经济资本投入效率的变化趋势上看（见表20），2012～2016年，三个地区的经济资本投入效率呈现下降趋势，京津冀高校效率下降幅度较小。在京津冀区域内部，天津高校科技创新经济资本投入效率较低，降低幅度较小。从北京和上海高校的情况看，两者都经历了效率下降的过程，上海高校降幅相对较大。

表20 2012～2016年三大城市群高校科技创新经济资本投入效率变化情况

地区	2012 年	2013 年	2014 年	2015 年	2016 年
京津冀	0.056	0.054	0.042	0.035	0.034
北京	0.061	0.061	0.045	0.042	0.040
天津	0.030	0.023	0.024	0.004	0.013
河北	0.057	0.053	0.046	0.042	0.026
长三角	0.052	0.033	0.028	0.023	0.012
上海	0.052	0.033	0.020	0.015	0.006
江苏	0.060	0.037	0.038	0.040	0.018
浙江	0.035	0.024	0.019	0.010	0.009
珠三角（广东）	0.027	0.027	0.024	0.022	0.017

3. 社会资本投入效率

从社会资本投入效率的变化趋势上看（见表21），2012～2016年，三个地区的社会资本投入效率变化趋势不同，京津冀地区高校呈现下降趋势，于 2016 年回升，长三角高校逐年下降，广东高校则自 2013 年下降之后稳步上升。在京津冀区域内部，北京高校科技创新人力资本投入效率经历了先降后升的过程，天津和河北高校没体现出明确的变化规律。从北京和上海高校的情况看，两者都经历了先降后升的过程，北京高校拐点出现在 2015 年，而上海高校的拐点出现在 2014 年。

表 21　2012～2016 年三大城市群高校科技创新社会资本投入效率变化情况

单位：千人次/项

地区	2012 年	2013 年	2014 年	2015 年	2016 年
京津冀	8.539	7.023	5.487	5.445	5.905
北京	9.680	8.467	5.731	5.698	6.793
天津	5.247	3.344	5.376	9.236	3.829
河北	6.329	1.715	3.413	0.000	1.447
长三角	8.857	6.402	6.089	5.003	4.213
上海	8.479	5.023	3.262	3.683	3.692
江苏	10.965	7.204	7.706	5.009	3.957
浙江	6.505	8.145	9.519	9.108	7.595
珠三角（广东）	4.598	2.417	2.795	3.907	5.371

五　研究结论

（一）三大城市群的比较分析

通过对"十三五"时期京津冀、长三角、珠三角（广东）地区高校科技资源配置和科技创新效益、效率的实证分析发现以下几点。

1. 京津冀高校科技资源配置存在极化效应，聚焦原始创新方面的人员投入

从科技资源配置来看，京津冀地区高校科技资源规模处于三大城市群第二位，但高校科技资源配置存在以北京为中心的极化效应，均衡程度有待改善，三地高校人力和经费方面的科技资源投入呈现稳步上升趋势；京津冀高校更重视研发环节的人员投入，珠三角高校科技创新最依赖政府经费投入，长

三角地区高校科技创新的在地国际化水平最高；京津冀高校呈现聚焦原始研发创新的科技资源投入模式，长三角高校表现为国际化—多元投入导向的科技资源投入模式，珠三角高校为政府主导—成果转化导向的科技资源投入模式。

2. 京津冀高校科技创新经济和社会效益高，但分布极不均衡

从科技创新效益来看，京津冀高校经济和社会效益最高，长三角高校学术创新效益最高，但京津冀高校科技创新产出效益在区域内分布不均衡，北京高校贡献了该地区逾70%的效益，北京高校科技创新产出的综合效益高于上海。从变化趋势看，三地高校学术发表和发明专利授权数都呈现稳步上升的趋势，但在技术转让当年收入和国家级奖励获奖数方面的变化方向上存在差别，京津冀高校技术转让收入五年间稳步上升但国家级奖励获奖数有所下降，长三角高校在两方面的效益均有所降低，但广东高校在两方面的效益缓慢上升。

3. 京津冀高校科技创新经济资本和社会资本投入效率最高

从科技创新效率来看，京津冀高校的经济资本效率和社会资本效率最高，人力资本效率居中，呈现"两高一中"的特征；长三角高校人力资本效率最高，经济资本效率和社会资本效率最低，呈现"一高两低"的特征；广东高校的社会资本效率居中，人力资本投入效率最低。在京津冀区域内部，北京高校的经济资本和社会资本投入效率最高，天津高校的人力资本投入效率最高。北京高校科技创新经济资本投入效率和社会资本投入效率高于上海高校，上海高校人力资本投入效率高于北京高校。

（二）京津冀区域内部的比较分析

表22综合展示了2016年京津冀区域内部高校科技创新资源配置、创新效益和效率的情况。

1. 北京高校科技资源投入规模远高于津、冀地区高校

从资源配置规模来看，北京高校无论在人员配置、经费支出还是国际合作研究方面都占据了京津冀高校科技资源配置的重要地位，投入资源规模相当于京津冀总量的2/3，天津高校列居其次，河北高校在资源投入方面相对处于劣势。京津冀区域内高校的资源配置体现出了明显的极化和不均衡的特征。

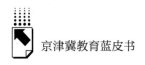

2. 北京高校科创政府投入比重高，天津高校在地国际化特征突出，河北高校侧重成果转化人员投入

从资源配置结构来看，北京高校的政府经费投入占比最高，为69.6%，接近七成，说明三个地区政府对高校科技创新经费投入的重视程度存在差异，北京地区高校获得了更大力度的政府支持，天津高校其次，河北高校仍居于弱势。天津高校的在地国际化程度在三个地区中最高，接受的国际合作研究人次超过了派出人次。河北高校在成果转化和服务方面的人员投入比例是三地之中最高的，体现出了成果转化导向的人员投入倾向，而天津高校的成果转化和服务人员比重较低。由此可见，天津和河北高校在人员配置方面，均与其科技创新发展定位有所偏差。

3. 北京高校科技创新效益在京津冀地区"一家独大"

从科技创新效益来看，北京高校贡献了京津冀高校科技创新学术、经济和社会效益的主体，尤其在经济和社会效益方面一家独大，国外及全国性刊物发表篇数占了68.1%，接近七成，发明专利授权数占了78.1%，接近八成，技术转让当年实际收入占了87.5%，接近九成，国家级奖励获奖数占了九成。天津和河北高校相较之下，河北高校的科技创新效益偏低。

4. 河北高校为京津冀地区高校科技创新效率洼地

从科技创新效率来看，北京高校的经济资本和社会资本投入效率较高，天津的人力资本投入效率较高，河北高校在人力资本、经济资本和社会资本投入效率方面的表现均处于京津冀地区高校中的洼地。

表22　2016年京津冀区域内高校科技创新资源配置、效益与效率比较

项目		北京	天津	河北
资源配置特点		政府主导投入	在地国际化	成果转化导向
资源配置规模	R&D 全时当量人员数（人）	31447 （65.0%）	8796 （18.2%）	8169 （16.9%）
	R&D 内部经费支出（万元）	1725496.2 （75.4%）	388684.4 （17.0%）	175489.9 （7.7%）
	合作研究的派遣和接受人次（人次）	9797 （76.6%）	1689 （13.2%）	1302 （10.2%）

续表

项目		北京	天津	河北
资源配置特点		政府主导投入	在地国际化	成果转化导向
资源配置结构	成果转化和服务人员比重	8.70%	2.60%	10.10%
	政府经费投入占比	69.60%	68.60%	54.00%
	国际合作研究接受人数占比	50.60%	56.10%	34.70%
科技创新效益	国外及全国性刊物发表篇数	33115 (68.1%)	10543 (21.7%)	4937 (10.2%)
	发明专利授权数	7157 (78.1%)	1206 (13.2%)	796 (8.7%)
	技术转让当年实际收入（万元）	73925.2 (87.5%)	5426.7 (6.4%)	5113.4 (6.1%)
	国家级奖励获奖数	72 (90.0%)	6 (7.5%)	2 (2.5%)
科技创新效率	人力资本效率	1.205	1.299	0.734
	经济资本效率	0.04	0.013	0.026
	社会资本效率（千人次/项）	6.79	3.83	1.45

六　政策建议

通过以上研究结论可以发现，与长三角和珠三角高校相比，京津冀高校存在科技资源配置总量不足，资源配置和科技创新发展存在不平衡和异质性，科技创新资源配置的精准度不够，没有很好地匹配京津冀协同发展战略对于各个地区发展定位的要求，创新人才流动受到体制机制掣肘，创新成果区域间转化存在障碍，科技创新学术效益和效率有待进一步提高的问题。

这些问题的产生，究其原因主要是京津冀三地缺少跨行政区的科技创新体系和协调机制、缺乏统筹规划和综合布局，三地高校科技资源也未与区域产业形成协同发展的模式[①]，针对这些问题，本报告提出以下政策建议。

---

① 张喜才、房风文：《美国"研究三角园"对京津冀高等教育与产业协同发展的启示》，《中国高教研究》2017年第2期。

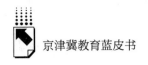

（一）强化京津冀高校科技创新一体化的顶层设计和组织

京津冀高校科技创新的协同发展需要有一体化的组织协调机制和顶层设计布局。一方面，可以在国际、国家和区域三个不同层面设置相应的协调机制，比如在国际层面创立京津冀高校科技创新国际合作协调组织，在国家层面设立京津冀高校科技创新一体化领导小组，在区域层面形成京津冀高校科技创新一体化发展联席会议制度等，明确三地高校科技创新发展目标、思路、优先发展领域和实施路径等，形成相应的规划文本，统筹科技创新的资源配置和布局结构。可探讨建立京津冀高校科技创新协同发展专项研究基金，用以扶持京津冀高校科技创新协同发展的重大项目。

（二）在进一步加强投入规模的前提下，优化资源配置方式

京津冀高校科技资源投入规模仍不及长三角地区高校，天津和河北的资源投入总量不足限制了高校科技创新发展。因此，未来需要进一步加大京津冀地区尤其是天津和河北的人员、经费和国际交流方面的资本投入，为高校科技创新打下更为坚实的基础。与此同时，要注意优化资源配置的方式。比如，在人力资源投入和国际交流方面，要考虑人力资源与其他资源的协调、高校科技活动人员的构成结构和规模等制定综合规划，配套人才管理体制改革，发挥市场配置作用，打破行业、部门、地域、身份壁垒，构建灵活有序的人力资源流动机制，并充分利用高校之外的研究机构、实验室、创新平台和行业联盟等组织的人力资源，与高校科技创新团队形成协同创新合力，聚天下之英才共同参与科技创新。[1] 在经费投入方面，京津冀高校科技经费半数以上依赖政府提供，今后要充分发挥市场和社会资本的作用，拓宽融资渠道，吸纳企业创新投资，增强经费预算的灵活性和科技经费追踪问责制度。

---

① 王雪原：《基于科技计划的区域科技创新资源配置系统优化研究》，哈尔滨理工大学博士学位论文，2008。

（三）完善津冀高校研发转化和推广应用方面的投入布局

京津冀协同发展规划纲要对北京、天津和河北三个省市的科技创新定位为北京原始创新、天津研发转化、河北推广应用的衔接。要明确各个地区及区域内高校的发展定位，充分利用京津冀协同发展整治疏解促提升的机遇，完善高校在京津冀地区的布局。北京要疏解一部分与非首都功能关系不紧密的高校和职业院校，天津和河北可以结合自身的发展定位，有针对性地接洽对接相应的疏解资源，提升发展后劲。天津高校要进一步强化在研发转化方面的科技资源投入，完善资源配置结构，人员和经费投入均加大向成果转化的倾斜力度，河北高校要在成果落地实施应用方面加大投入力度。要深入挖掘高校自身的专业学科优势，加强优势学科建设，结合区域支柱产业重点培育拔尖创新人才，建设与区域支柱产业相关的专业链群，为协同创新搭建桥梁，坚持优势学科与区域支柱产业无缝对接、优势合作。

（四）多渠道提升京津冀高校科技创新的学术效益和效率

既有研究发现，高校教师的学术生产力会受到良性组织氛围的正向影响[1]，良性的组织氛围主要体现在组织目标清晰、扁平化的决策结构、有效的信息沟通、功能专业化、成就取向和支持性环境方面。因此，可以创造合作性、激励性的高校组织氛围，提高学术管理服务的专业化水平。要尊重科技创新活动自身的发展规律，结合 R&D 人员的个体化特质，比如科研工作的偏好、发展需求和专长，设置张弛有度的绩效考核和激励机制，尽可能为科研人员提供制度、管理、文化、团队等软环境，以及设备、设施、空间等物资方面的全方位支持，强化高校科研支持系统建设。

---

[1] 李璐：《组织气氛对高校教师科研生产力的影响——基于中国 28 所公立高校的调查》，《教育学术月刊》2017 年第 8 期。

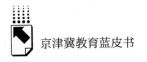
参考文献

[1] 金怀玉、菅利荣：《考虑滞后效应的我国区域科技创新效率及影响因素分析》，《系统工程》2013 年第 9 期。

[2] 王蓓、刘卫东、陆大道：《中国大都市区科技资源配置效率研究——以京津冀、长三角和珠三角地区为例》，《地理科学进展》2011 年第 10 期。

[3] 尤丹君：《京津冀区域科技创新能力评价研究》，河北经贸大学硕士学位论文，2014。

[4] 王俊、郭伟：《深化高等教育综改助力北京新发展——访北京教育科学研究院副院长桑锦龙》，《世界教育信息》2015 年第 21 期。

[5] 孙瑜康、李国平：《京津冀协同创新水平评价及提升对策研究》，《地理科学进展》2017 年第 1 期。

[6] 朱强、赵飞、廖三三、刘素清：《资源配置对高校战略性新兴产业科技产出的影响实证分析——以新能源汽车产业为例》，《图书情报工作》2017 年第 8 期。

[7] 孙绪华：《我国科技资源配置的实证分析与效率评价》，华中农业大学博士学位论文，2011。

[8] 王珍珍、黄茂兴：《我国科技创新效率的实证研究——基于 DEA-Malmquist 模型和中国省际面板数据》，《技术经济》2013 年第 10 期。

[9] 孟卫东、王清：《区域创新体系科技资源配置效率影响因素实证分析》，《统计与决策》2013 年第 4 期。

[10] 李清贤、曲绍卫、齐书宇：《教育部直属高校教师科技创新效率研究——基于 2007～2011 年 Malmquist 指数法的动态分析》，《高等工程教育研究》2014 年第 3 期。

[11] 游达明、邸雅婷、姜珂：《我国区域科技创新资源配置效率的实证研究——基于产出导向的 SBM 模型和 Malmquist 生产率指数》，《软科学》2017 年第 8 期。

[12] 吴建国、张经强、王娇：《我国高校科技创新能力比较分析：基于因子分析法的实证研究》，《科技进步与对策》2016 年第 15 期。

[13] 华恩顺、吕建秋、蒋艳萍、黄俊彦、陈江涛：《广东高校科技创新能力评价——基于 2006～2013 年高等学校科技统计数据的分析》，《科技管理研究》2016 年第 11 期。

[14] 杨武、宋盼、解时宇：《基于季度数据的区域科技创新景气指数研究》，《科研管理》2015 年第 5 期。

[15] 李国平：《京津冀地区科技创新一体化发展政策研究》，《经济与管理》2014 年第 6 期。

［16］许爱萍：《京津冀科技创新协同发展战略研究》，《技术经济与管理研究》2014 年第 10 期。

［17］Goldstein E.，"Effect of Same-Sex and Cross-Sex Role Models on the Subsequent Academic Productivity of Scholars"，*American Psychologist*（5）1979.

［18］Shin J. C.，Cummings W. K.，"Multilevel analysis of academic publishing across disciplines：research preference，collaboration，and time on research"，*Scientometrics*（2）2010.

［19］Smeby J. C.，Try S.，"Departmental Contexts and Faculty Research Activity in Norway"，*Research in Higher Education*（6）2005.

［20］董友：《地方高校科技创新协同机制与政府宏观管理研究》，河北工业大学博士学位论文，2007。

［21］胡振华、刘笃池：《我国区域科技投入促进经济增长绩效评价——基于滞后性的绩效分析》，《中国软科学》2009 年第 8 期。

实 践 篇

Practice Reports

B.5
首都教育功能疏解任务监测研究

雷 虹[*]

摘 要: 疏解首都部分教育公共服务功能是有序疏解北京非首都功能
的重要组成部分，也是促进京津冀教育协同发展的首要任务
和重中之重。本报告以《京津冀协同发展规划纲要》《北京
市"十三五"时期教育改革和发展规划（2016～2020 年）》
《北京市新增产业的禁止和限制目录》《北京市贯彻落实〈国
务院关于加快发展现代职业教育的决定〉实施意见》等重要
文件为主要政策依据，构建了首都教育功能疏解任务监测指
标体系，对中等职业教育、高等教育、成人教育三个领域的
疏解任务推进状况进行监测。监测结果表明：目前首都教育
功能疏解总体处于疏解初期阶段，三大领域均取得较明显的

---

* 雷虹，北京教育科学研究院教育发展研究中心助理研究员，主要研究领域为教育规划及其监
测评估、教育政策评估。

实质性进展，北京借疏解之机着力促进教育的布局合理、质量提升、功能转型和综合性改革。当前存在的主要问题为：政策设计的精细度亟待增强，各级政府之间以及相关行政部门之间的沟通协作亟待增强，首都教育功能疏解政策导向与教育发展规律的结合亟待增强。下阶段集中做好以下工作：强化研究，尽快形成首都教育功能疏解工作系统实施方案；适时转换工作重心，稳健推进首都教育功能疏解工作；完善首都教育功能疏解沟通协调机制，促进政策与实践的同向联动；建立并完善京津冀教育协同发展基础数据库，为决策和实施提供支撑。

关键词： 首都 教育功能疏解 监测

2015 年 4 月 30 日，中央政治局会议审议通过的《京津冀协同发展规划纲要》指出，推动京津冀协同发展是一个重大国家战略，核心是有序疏解北京非首都功能。[①] 疏解首都部分教育公共服务功能是完成这一疏解任务的重要组成部分，也是促进京津冀教育协同发展的首要任务和重中之重。本报告将在构建首都教育功能疏解任务监测指标体系的基础上，梳理和分析目前首都在疏解部分教育公共服务功能方面的主要进展，并为下一阶段更好地推进疏解工作提出相应的政策建议。

一 首都教育功能疏解任务监测指标体系构建

对首都教育功能疏解任务的监测，主要以一定的预期目标和为实现这一

---

① 邓琦、金煜、饶沛：《京津冀协同发展规划纲要获通过》，http：//politics. people. com. cn/n/2015/0501/c1001 - 26935006. html，2015 - 05 - 01/2017 - 12 - 14。

目标而规划的实施路径为参照，监测相关领域是否采取了相应的举措推进工作，以及工作进展如何。由于《京津冀协同发展规划纲要》（以下简称《京津冀纲要》）和《京津冀教育协同发展"十三五"专项工作计划》虽已发布，但未全面公开，因此要确定首都教育功能疏解工作的目标和路径，还需要适当扩展政策文本分析范围，以梳理出更具体的可参照的监测依据。

（一）主要参照的政策依据

1.《京津冀协同发展规划纲要》中的相关内容

《京津冀纲要》提出，"到 2017 年，有序疏解北京非首都功能取得明显进展，在符合协同发展目标且现实急需、具备条件、取得共识的交通一体化、生态环境保护、产业升级转移等重点领域率先取得突破"。[①] 虽然其中没有提及教育领域，但由于《京津冀纲要》要求"到 2020 年，北京'大城市病'等突出问题得到缓解；公共服务共建共享取得积极成效，协同发展机制有效运转，区域内发展差距趋于缩小，初步形成京津冀协同发展、互利共赢新局面"[②]，这就意味着教育领域的非首都功能疏解在 2020 年也应有突出进展，推及 2017 年，教育的非首都功能疏解应有比较明显的进展。

2.《北京市"十三五"时期教育改革和发展规划（2016～2020年）》中的相关内容

为了落实京津冀协同发展战略，《北京市"十三五"时期教育改革和发展规划（2016～2020 年）》（以下简称《"十三五"教育规划》）按国家和北京市政府对有序疏解北京市部分教育功能的基本思路作了部署。总体而言，要紧密围绕服务首都城市战略定位，坚持控总量、限增量、优存量，借疏解之机不断优化教育资源布局，整体提升教育发展水平。其一，在控总量和限增量方面，主要是控制在京高等学校办学规模，较大幅度压缩中等职业

---

① 邓琦、金煜、饶沛：《京津冀协同发展规划纲要获通过》，http：//politics. people. com. cn/n/ 2015/0501/c1001－26935006. html，2015－05－01/2017－12－14。

② 邓琦、金煜、饶沛：《京津冀协同发展规划纲要获通过》，http：//politics. people. com. cn/n/ 2015/0501/c1001－26935006. html，2015－05－01/2017－12－14。

教育和成人教育规模。其二，在优存量方面，推动在京部分普通高等学校本科教育有序迁出，原有的城中心校区要向研究生培养基地、科技成果研发创新基地和重要智库转型。支持有条件的北京普通高等学校、中等职业学校通过部分院系搬迁、办分校、联合办学等方式由中心城区向外疏解。引导东城区、西城区中等职业学校向郊区疏解。①

3.《北京市新增产业的禁止和限制目录》中的相关内容

为了疏解非首都功能，北京市发改委从 2014 年开始制定实施《北京市新增产业的禁止和限制目录》（以下简称《禁限目录》），并于 2015 年对其进行了修订。《禁限目录》2015 年版和 2014 年版中关于教育的规定相同，主要集中在中等职业教育、高等教育、成人高等教育、技能培训、教育辅助及其他教育等领域。《禁限目录》是北京市疏解部分教育功能时在控总量和限增量方面要坚守的底线（具体内容详见表 1）。与之相比，《"十三五"教育规划》等教育领域的相关政策文本的内容更为丰富而具体。

表 1　《北京市新增产业的禁止和限制目录（2015 年版）》中关于教育的规定

1. 中等职业学校教育	1.1 不再新设立中等职业学校 1.2 不再扩大中等职业学校教育办学规模 1.3 中等职业学校不再新增占地面积
2. 高等教育	2.1 不再新设或新升格普通高等学校 2.2 不再扩大高等教育办学规模 2.3 高等教育学校不再新增占地面积
3. 成人高等教育	3.1 不再扩大普通高等学校成人教育、网络教育、自考助学的面授教育规模 3.2 不再新增招收京外生源的成人教育机构和办学功能
4. 技能培训、教育辅助及其他教育	4.1 禁止新设面向全国招生的一般性培训机构

资料来源：《北京市新增产业的禁止和限制目录（2015 年版）》，http://www.bjdch.gov.cn/n3952/n3970/n381754/c982275/part/982284.pdf，2014 - 08 - 15。

---

① 北京市教育委员会：《北京市"十三五"时期教育改革和发展规划（2016~2020 年）》，http://zhengwu.beijing.gov.cn/gh/dt/t1457650.htm，2016 - 11 - 02。

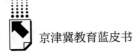

4.《北京市贯彻落实〈国务院关于加快发展现代职业教育的决定〉实施意见》中的相关内容

北京市人民政府 2015 年 11 月 24 日发布的《北京市贯彻落实〈国务院关于加快发展现代职业教育的决定〉实施意见》（以下简称《职教实施意见》）结合疏解非首都功能的战略要求，对中等职业教育的规模和资源布局提出了相应的意见，主要包括三方面内容：其一，压缩办学规模，到 2020 年，中职教育的学校数调整到 60 所左右，在校生规模压缩到 6 万人左右；其二，引导东城区、西城区中等职业学校向郊区疏解，支持其他有条件的职业院校通过搬迁、办分校、联合办学等方式向外疏解；其三，鼓励优质学校通过兼并、托管、合作办学等形式整合优化职业教育资源，引导不符合首都功能定位、办学特色不突出的学校转型、调整或退出。①

（二）监测指标体系构建

由上述分析来看，北京教育领域的部分功能疏解工作的预期目标可理解为：2020 年应取得突出进展，2017 年应有较为明显的进展。

监测指标体系的一级指标由首都教育功能疏解的主要领域构成。《禁限目录》中划定的四类领域包括中等职业教育、高等教育、成人高等教育和技能培训、教育辅助及其他教育（以下简称教育培训），而《"十三五"教育规划》涉及的疏解领域为中等职业教育、高等教育、成人教育、教育培训。经过分析，本报告选取中等职业教育、高等教育、成人教育三个领域进行监测，教育培训领域因数据难以获得暂不监测，其中高等教育和中等职业教育是重点疏解领域。二级指标由各领域的主要疏解路径构成。目前的主要疏解路径可归结为两大类：规模控制和布局调整。三级指标由各领域每一类疏解路径中更为具体的监测要点构成，受信息可获得性和政策制定精细化水

---

① 北京市政府：《北京市人民政府关于加快发展现代职业教育的实施意见》，https：//www. tech. net. cn/web/articleview. aspx？id＝20151210220751512&cata_ id＝N408，2014－08－15。

平的影响，此处的监测要点并未包含现有政策文本中提及的所有方面。在目标值的设定方面，暂以2020年为目标参照值的时间节点，某些指标由于目前尚未找到公开的、明确的参照值依据，在此采用底线标准或定性判断两种处理方式，例如，对高等教育的规模限制采用了"不增加"和"下降"的底线标准，对高等教育的结构调整以"有突出进展"的定性判断为标准。（监测指标体系具体内容见表2）

表2 首都教育功能疏解任务监测指标体系主要框架

一级指标	二级指标	三级指标	指标来源	目标值（2020年）
中等职业教育	规模控制	学校数	《职教实施意见》	60所左右
		招生数	《"十三五"教育规划》	下降
		在校生数	《职教实施意见》	6万人左右
	布局调整	东城区、西城区中等职业学校向郊区疏解状况	《"十三五"教育规划》《职教实施意见》	基本完成
		其他中心城区职业院校通过搬迁、办分校、联合办学等方式向外疏解状况	《"十三五"教育规划》《职教实施意见》	基本完成
高等教育	规模控制	学校数	《"十三五"教育规划》《禁限目录》	不增加
		招生数	《"十三五"教育规划》《禁限目录》	下降
		在校生数	《"十三五"教育规划》《禁限目录》	下降
	布局调整	推动在京部分普通高等学校本科教育有序迁出	《"十三五"教育规划》	有突出进展
		推动原校区向研究生培养基地、研发创新基地和重要智库转型	《"十三五"教育规划》	有积极进展
成人教育	规模控制	学校数	《"十三五"教育规划》	不增加
		招生数	《"十三五"教育规划》	下降
		在校生数	《"十三五"教育规划》	下降

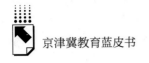

二 首都教育功能疏解任务进展监测分析

（一）中等职业教育领域进展监测分析

从中等职业教育领域的疏解工作进展来看，总体办学规模控制已完成预期任务量的一半，空间布局调整通过多方式稳步推进，作为疏解重点区域的东城和西城两区的职业教育资源外迁任务实现难度大。

1. 办学规模控制状况

2014～2016年北京市中等职业教育办学规模情况如下。

（1）学校数从2014年的123所下降到2016年的121所，共减少2所，均发生在职业高中，其他中职学校的数量不变（见表3）。与到2020年缩减到60所左右的目标相比，还需在2017～2020年的四年时间里减少60所左右中职学校，平均每年要减少15所左右。

（2）招生规模从2014年的4.46万人下降到2016年的3.55万人，共缩减了0.91万人，降幅为20.4%。其中，普通中专缩减了833人，成人中专缩减了3311人，职业高中缩减了2212人，技工学校缩减了2718人；降幅最大的是职业高中（39.6%），其次是成人中专（27.9%），降幅最小的是普通中专（6.8%）（见表4）。

（3）在校生规模从2014年的16.71万人下降到2016年的12.11万人，共缩减了4.60万人，降幅达27.5%。其中，普通中专缩减了7401人，成人中专缩减了13526人，职业高中缩减了19312人，技工学校缩减了5796人；降幅最大的是职业高中（56.5%），其次是成人中专（33.3%），普通中专（14.4%）和技工学校（14.1%）降幅较小（见表4）。与2020年在校生规模缩减到6万人的目标相比，还需在2017～2020年的四年时间里减少6万人左右，平均每年要减少1.5万人。

表3　2014～2016年北京市中等职业教育学校数

单位：所

类别	2014年	2015年	2016年	2016年比2014年增加
中等职业教育	123	122	121	-2
其中：普通中专	31	31	31	0
成人中专	11	11	11	0
职业高中	52	51	50	-2
技工学校	29	29	29	0

资料来源：《北京市教育事业统计资料》（2014～2015、2015～2016、2016～2017）。

表4　2014～2016年北京市中等职业教育招生和在校生规模

单位：人

类别	招生数				在校生数			
	2014年	2015年	2016年	2016年比2014年增加	2014年	2015年	2016年	2016年比2014年增加
中等职业教育	44557	40622	35483	-9074（-20.4%）	167100	134334	121065	-46035（-27.5%）
其中：普通中专	12319	12129	11486	-833（-6.8%）	51296	47465	43895	-7401（-14.4%）
成人中专	11861	9948	8550	-3311（-27.9%）	40568	30412	27042	-13526（-33.3%）
职业高中	5585	5031	3373	-2212（-39.6%）	34155	18400	14843	-19312（-56.5%）
技工学校	14792	13514	12074	-2718（-18.4%）	41081	38057	35285	-5796（-14.1%）

注：括号内数据为增加的百分比。
资料来源：《北京市教育事业统计资料》（2014～2015、2015～2016、2016～2017）。

2. 空间布局调整状况

《"十三五"教育规划》和《职教实施意见》中均提出：要支持职业学校向外疏解，而东城和西城两区的中职学校是疏解的重点。就目前状况来看，东城区和西城区作为首都功能核心区，中等职业教育资源疏解均有较为明显的进展，但采取的策略截然不同，西城区是资源整合并拟外迁，东城区则是原区整合转型；其他区也普遍有所行动，进度不尽相同，且以资源原地

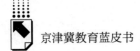

重组、拓展服务功能和服务内容为主；市级层面也积极推动若干中职学校并入高等学校，实现资源整合与优化。

（1）西城区整合资源并拟外迁，推进难度大

西城区作为中等职业教育疏解重点区域，原定策略分为两步：其一，精简专业、压缩规模。拟将原有40个专业减少至10个精品专业，并将在校生规模由4500人左右减到2700人左右。其二，整合职业高中并前往郊区。拟将北京市外事学校、北京市实美职业学校、北京市财会学校和北京市实验职业学校4所职业学校合并为"西城职业学院"并迁往昌平区。这4所学校在西城拥有12处校址，总占地面积10.2万平方米。该校址土地腾退后除3~4处留作职业教育实习基地外，其余校址将重点用于基础教育的资源补充。[1] 原计划2017年全面完成职业学校校址腾退任务，并实现4所职业学校彻底合并。[2]

2015年西城区共腾退北京市实验职业学校西便门小区等5所校址，共计4.4万平方米；将40个专业调整为16个，均为各校特色专业；办学规模由过去的8000人调整为2700人[3]。2016年继续推进校址腾退工作，原定工作也基本完成，腾退出的校址也陆续用来补充和改善义务教育办学条件。但2017年的预期目标却难以完成，主要原因来自两个方面：一是昌平区作为承接地，也面临着人口控制等政策约束，此外西城区和昌平区双方的具体利益诉求尚需进一步协调；二是西城区职教资源整合后大量教职工亟须重新安置，也大大增加了外迁的难度。

（2）东城区资源原区整合并转型，进展较明显

同样作为中心城区，东城区的中等职业教育资源疏解暂没采取大规模外迁模式，而是引导区域内6所中等职业学校全部向中小学校外教育基地和市

① 西城区委书记卢映川：《全面落实疏解任务》，http：//beijing. qianlong. com/2016/0518/615990. shtml，2016 – 05 – 18。

② 《北京西城年内腾退4处职业学校》，http：//china. huanqiu. com/hot/2017 – 01/10031873. html，2017 – 01 – 27。

③ 《西城今年将完成2个学校腾退 加快育荣教育园区改造》，http：//bj. people. com. cn/n2/2016/0123/c82837 – 27609659. html，2016 – 01 – 23。

民教育基地转型。目前，东城区已经在职业学校挂牌成立了"东城区中小学职业体验中心"和"东城区市民职业体验中心"，开发了一系列职业体验课程，并在 8 个学区开展试点。2015 年底，北京国际职业学校、北京现代职业学校、179 中学 3 所职业学校和 2 所成人学校面向中小学生开发的核心课程已达 114 门；市民职业体验课程达 99 门。由于上述学校有些为一校多址办学，东城区利用这种分散性布局实现了职业教育服务的广覆盖。未来，东城区拟将职业体验课程覆盖到东城区每一个学生。①

（3）海淀和朝阳均区内整合资源，取得初步进展

在海淀、朝阳、丰台、石景山四个中心城区中，海淀和朝阳是职业教育资源调整的相对重点区域。目前，两个区采取的主要举措均为区属资源原区整合而不迁往外区，整合思路以合并学校、减少专业和招生数等方式为主。例如，海淀区 2015 年已将区属 3 所职业高中合并为 1 所，校区减少 3 个，在校生人数减少 16%。②

（4）平原地区新城策略各有特点，进展各不同

平原地区新城主要包括顺义、大兴、亦庄、昌平、房山新城，是承接中心城区适宜功能和人口疏解的重点地区。各区域根据本地情况，采取的举措各有特点，进展也各不相同。

其一，顺义区完成资源合并，划转北京城市学院。

围绕京津冀一体化、疏解非首都核心功能的任务，北京城市学院将海淀区中关村校区的师生迁至顺义新校区，并将顺义原现代职业技术学院、顺义一职、汽职三所学校合并及划转北京城市学院，全面承接顺义地区的中职、高职的教育任务。两所中职学校转为北京城市学院的中专部后，城市学院率先创建了全国第一个中职、高职专科、应用型本科、专业硕士一体化贯通教

---

① 《职业体验课将覆盖东城中小学　东城区职业学校暂不外迁》，http：//bj. people. com. cn/
n2/2016/0118/c82840 - 27569464. html，2016 - 01 - 18。

② 《我区非首都功能疏解工作成效显著》，http：//hdqw. bjhd. gov. cn/qwyw/xwjj/201511/
t20151130_ 1201050. htm，2015 - 11 - 30。

育模式①，顺义区的职业教育也顺势实现了自身向高端化、精品化的初步转型。

其二，大兴、亦庄和房山积极推进职普融通，服务基础教育。

大兴区利用职业学校资源推进职普融通，积极利用大兴一职和二职作为市、区级中小学生社会大课堂资源单位的基础，为中小学生创设校外实践项目。利用区内各镇成人学校的现有资源，建立一批乡村少年宫或校外基地，依托"一校一品一特色"项目的建设成果，开发中小学生手工实践项目。②

房山区职业学校依照"统筹、整合、合作、贯通、共享"十字方针，整合学校专业、师资、场地等多种资源，推进职普融通，服务教育综合改革。初步构建起"传统文化＋职业体验"的中小学综合实践活动课程体系。

（5）市级层面积极推进若干中职学校并入高等院校

为推进非首都功能的疏解，北京市也积极尝试利用高等教育资源来整合提升中职教育资源。例如，2016 年 11 月北京城市建设学校并入北京财贸职业学院，2017 年 4 月北京市环境与艺术学校并入北京服装学院。

（二）高等教育领域进展监测分析

从高等教育领域的疏解工作进展来看，总体办学规模持续处于下降通道，在京部分普通高等学校本科教育有序迁往远郊区的工作进展较为明显。

1. 办学规模控制状况

2014～2016 年北京市高等教育办学规模情况如下。

（1）学校数从 2014 年的 177 所减少到 2016 年的 175 所，共减少 2 所。在各类高等教育机构中，市属公办高校减少了 1 所，其他民办高等教育机构减少了 4 所；中央部委属高校增加了 2 所，市属民办高校增加了 1 所；成人高校学校数量没变（见表 5）。

---

① 《顺义这 3 所学校合并划入北京城市学院》，http：//www. shunyiqu. com/thread－245769－1－1. html，2016－01－24。
② 《北京市大兴区和北京经济技术开发区"十三五"时期教育改革和发展规划发布》，http：//bj. zhongkao. com/e/20161017/58049e669aef6. shtml，2016－10－17。

（2）总体招生规模从 2014 年的 62.26 万人增长到 2016 年的 63.54 万人，增幅为 1.28 万人（2.06%）；如果不算网络本专科招生规模，总体招生规模从 2014 年的 36.31 万人下降到 2016 年的 33.07 万人，降幅为 3.23 万人（8.91%）。具体而言，研究生招生规模从 9.28 万人增长到 9.74 万人，增幅为 0.47 万人（5.04%）；普通本专科生招生规模从 16.01 万人下降到 15.47 万人，降幅为 0.53 万人（3.34%），但其中中央部委属高校增加了 666 人（0.84%），市属高校减少了 0.60 万人（7.42%），市属公办高校减少了 0.41 万人（6.61%），市属民办高校减少了 0.19 万人（10.08%）；成人本专科招生规模从 8.83 万人减少到 6.11 万人，降幅为 2.72 万人（30.84%）；在职人员攻读硕士学位招生规模从 2.20 万人下降到 1.75 万人，降幅为 0.45 万人（20.26%）（见表6）。

（3）总体在校生规模从 2014 年的 192.90 万人下降到 2016 年的 188.81 万人，降幅为 4.09 万人（2.12%）；如果不算网络本专科生在校生规模，总体在校生规模从 2014 年的 119.39 万人下降到 2016 年 113.01 万人，降幅为 6.38 万人（5.34%）。具体而言，研究生在校生规模从 27.44 万人增长到 29.18 万人，增幅为 1.73 万人（6.32%）；普通本专科在校生规模从 59.46 万人下降到 58.84 万人，降幅为 0.62 万人（1.05%），其中中央部委属高校增加了 0.56 万人（1.83%），市属高校减少了 1.18 万人（4.13%），市属公办高校减少了 0.69 万人（3.14%），市属民办高校减少了 0.50 万人（7.30%）；成人本专科在校生规模从 23.76 万人下降到 17.18 万人，降幅为 6.59 万人（27.71%）；在职人员攻读硕士学位在校生规模从 8.72 万人下降到 7.81 万人，降幅为 0.90 万人（10.37%）（见表6）。

表5　2015～2016 年北京市高等教育学校数

单位：所

类别	年份	学校数	2016 年比 2014 年增加
高等教育	2014	177	-2
	2015	175	
	2016	175	

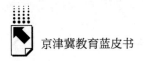
续表

类别	年份	学校数	2016 年比 2014 年增加
一、普通高等学校	2014	89	
	2015	90	2
	2016	91	
1. 中央部委属高校	2014	35	
	2015	37	2
	2016	37	
2. 市属高校	2014	54	
	2015	53	0
	2016	54	
其中:公办高校	2014	39	
	2015	38	−1
	2016	38	
民办高校	2014	15	
	2015	15	1
	2016	16	
二、成人高等学校	2014	19	
	2015	19	0
	2016	19	
三、民办其他高等教育机构	2014	69	
	2015	66	−4
	2016	65	

资料来源:《北京市教育事业统计资料》(2014~2015、2015~2016、2016~2017)。

表6 2014~2016 年北京市高等教育招生和在校生规模

单位:人

类别	招生数				在校生数			
	2014 年	2015 年	2016 年	2016 年比 2014 年增加	2014 年	2015 年	2016 年	2016 年比 2014 年增加
总计	622602	609060	635415	12813 (2.06%)	1928977	1894894	1888112	−40865 (−2.12%)
(一)研究生	92776	95087	97449	4673 (5.04%)	274443	283831	291778	17335 (6.32%)
1. 高等学校	87040	89545	91426	4386 (5.04%)	257231	265888	273066	15835 (6.16%)

续表

类别	招生数				在校生数			
	2014年	2015年	2016年	2016年比2014年增加	2014年	2015年	2016年	2016年比2014年增加
2. 科研机构	5736	5542	6023	287（5.00%）	17212	17943	18712	1500（8.71%）
（二）普通本专科	160056	158873	154715	-5341（-3.34%）	594614	593448	588389	-6225（-1.05%）
1. 中央部委属高校	79067	78780	79733	666（0.84%）	307689	310399	313313	5624（1.83%）
2. 市属高校	80989	79093	74982	-6007（-7.42%）	286925	283049	275076	-11849（-4.13%）
其中:公办高校	62109	61410	58006	-4103（-6.61%）	218608	215939	211743	-6865（-3.14%）
民办高校	18880	17683	16976	-1904（-10.08%）	68317	67110	63333	-4984（-7.30%）
（三）成人本专科	88282	74980	61052	-27230（-30.84%）	237644	204311	171790	-65854（-27.71%）
1. 成人高等学校	7923	7287	5192	-2731（-34.47%）	20412	18413	14379	-6033（-29.56%）
2. 普通高等学校	80359	67693	55860	-24499（-30.49%）	217232	185898	157411	-59821（-27.54%）
（四）在职人员攻读硕士学位	21974	14794	17523	-4451（-20.26%）	87157	83022	78117	-9040（-10.37%）
（五）网络本专科生	259514	271458	304676	45162（17.40%）	735119	730282	758038	22919（3.12%）

注：括号内数据为增加的百分比。

资料来源:《北京市教育事业统计资料》（2014～2015、2015～2016、2016～2017）。

2. 空间布局调整状况

北京市将高等教育作为疏解部分教育功能的重点领域，目前的疏解在空间上主要是向京郊转移，在方式上以转移部分或全部本科生至新校区，旧校区逐渐向研究生培养基地、留学生培养基地、科技成果研发创新基地、重要智库等转型为主，整体搬迁、不保留老校区的学校很少。

目前来看，已经实施或正在筹划的高等教育疏解项目主要进展如下。

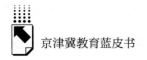

（1）市属高校疏解项目

其一，已入驻启用和尚余部分工程类。主要包括以下几项。

①北京建筑大学大兴新校区建设项目，新校区已经入驻约6800人。

②北京城市学院顺义新校区建设项目，已经入驻约11000人，其中2016年入驻约6000人。目前尚余部分教学楼、学生宿舍楼在建和待建。

③北京工商大学良乡校区建设项目，已经入驻约7600人，二期工程待建。

④首都师范大学良乡校区建设项目，拟在良乡校区建设的院系有生命科学与技术学院、软件学院、资源环境与旅游学院、经贸管理学院、应用外语学院、影视传媒学院、继续教育学院以及文学院、历史系的应用类专业等，并建科技园区。

其二，进入开工建设流程类。主要包括：北京电影学院怀柔新校区建设项目，首期工程预计将于2019年投入使用；北京信息科技大学昌平新校区建设项目。

其三，研究论证类。主要包括：北京第二外国语学院平谷新校区建设、北京联合大学和首都医科大学疏解建设方案的研究论证。

（2）央属高校疏解项目

其一，以北京市良乡和沙河高教园区为承接地。

目前，北京市房山区的良乡高教园区和昌平区的沙河高教园区是中央在京部属高校的主要疏解承接地。昌平区沙河高教园区的央属高校主要有北京化工大学昌平校区，将新建南口校区；中国政法大学昌平校区；中国石油大学北京校区；中央财经大学沙河校区；北京师范大学沙河校区；北京邮电大学昌平校区；外交学院沙河校区；北京航空航天大学沙河校区。"十三五"以来，沙河高教园区内中央财经大学沙河校区和北京师范大学沙河校区均有新建项目。房山区良乡高教园区的央属高校主要有中国社会科学院研究生院良乡校区；北京中医药大学良乡校区，学校拟到2020年完成科研与教学主体搬迁，良乡校区未来将作为北京中医药大学的主校区；北京理工大学良乡校区，已经初步形成配套齐全、能够满足10000名学生学习生活的建设格局。

其二，以北京市其他区为承接地。

中国人民大学通州校区。该校区位于北京市通州区潞城镇，占地总面积128公顷，近期规划招生2万人，远期最大学生规模可达3万人，与西校区共同构成中国人民大学在北京双主校区，校区建筑规模为110万平方米。2017年10月2日，位于通州的中国人民大学新校区正式奠基，新校区工程正式启动。全项目计划至2025年建设完成。

中央民族大学丰台王佐校区。该校区位于丰台区王佐镇青龙湖地区，申请用地面积为80.4万平方米，总建筑面积约38万平方米。新校区主要以安排本科生、预科生为主，同时适当安排一定数量的研究生。新校区规划安置全日制在校生12900人，其中本科生11600人、研究生800人、预科生500人。

（3）原校区转型状况

当前，北京市高等教育资源的疏解还处于加紧建设外迁校的新校区阶段，对于原有校区的转型发展问题，外迁的院校通常会加以规划设计，但真正全面推进无疑要受新校区建设和学生与教职员工入驻进度的影响。目前，搬迁进度较快的部分院校已根据自身情况在如何促进原校区功能转型方面开展了有益的探索，其中整体迁入顺义区的北京城市学院的尝试颇具典型性。北京城市学院将中关村校区改建为研发基地和创业孵化基地，3D打印研究院、国家第三代半导体研究院、亚洲文化设计中心等项目将陆续入驻，而这些园区的研发成果和孵化成果将落户顺义区，从而实现不增加人口规模、又提高综合效益的转型初衷。

（三）成人教育领域进展监测分析

目前政策文本中对成人教育的疏解要求集中体现为压缩办学规模。成人教育领域疏解工作的进展较为明显，除了学校数没有变化外，成人中专和成人高等教育的招生规模和在校生规模均压缩了30%左右。

1. 成人中专办学规模控制状况

就2014~2016年成人中专的办学规模而言，学校数没变；招生规模

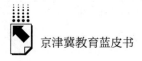

从 1.19 万人缩减到 0.86 万人，降幅为 0.33 万人（27.9%）；在校生规模从 4.06 万人缩减到 2.70 万人，降幅为 1.35 万人（33.3%）（见表3、表4）。

2.成人高等教育办学规模控制状况

就 2014～2016 年成人高等教育的办学规模而言，学校数没变；成人本专科招生规模从 8.83 万人减少到 6.11 万人，降幅为 2.72 万人（30.84%），其中，成人高等学校本专科招生规模从 0.79 万人下降到 0.52 万人，降幅为 0.27 万人（34.47%）；普通高等学校的成人本专科招生规模从 8.04 万人下降到 5.59 万人，降幅为 2.45 万人（30.49%）。成人本专科在校生规模从 23.76 万人下降到 17.18 万人，降幅为 6.59 万人（27.71%），其中成人高等学校本专科在校生规模从 2.04 万人下降到 1.44 万人，降幅为 0.60 万人（29.56%）；普通高等学校的成人本专科在校生规模从 21.72 万人下降到 15.74 万人，降幅为 5.98 万人（27.54%）（见表5、表6）。

三　当前疏解工作的主要特征、问题与政策建议

（一）主要特征

1.总体处于疏解初期阶段，三大领域均取得较明显的实质性进展

北京市以 2014 年出台《禁限目录》为主要标志，非首都功能疏解工作正式进入启动期。对于教育领域的疏解重点——高等教育和中等职业教育领域，北京市早在几年前就已开始逐步引导过于集中在中心城区的高等教育资源向沙河和良乡两个高教园区疏解，结合北京市情研判中等职业教育需求，持续压缩中等职业教育规模和推动其资源整合，应该说京津冀协同发展背景下的北京市教育领域功能疏解已具有较好基础，因此很快就由启动期进入了疏解初期，近三年来在高等教育、中等职业教育、成人教育领域均取得了较为明显的实质性进展，主要特征表现为：各领域的办学规模均处于下降通道；疏解主要在北京市域内进行；高等教育疏解的京内空间路径已基本铺

就，除沙河、良乡高教园区的快速建设外，还在大兴、顺义、怀柔等原来没有高等教育资源的郊区多点落地，首都高等教育新地图初见雏形；中等职业教育主要在原区域内整合、优化资源，积极探索转型为基础教育和市民学习提供服务并已初见成效。

2. 借疏解之机促进首都教育内涵发展

其一，以疏解促布局合理。北京市高等教育超过70%的资源集中在中心城区，不少高等院校都受困于发展空间不足。北京市疏解高等教育资源，在服务于缓解"大城市病"目的的同时，还要谋求适应首都城市战略定位需求，重新布局高等教育资源：第一，给予高等学校更大的发展空间，改善办学条件；第二，构建新的高等教育集群发展高地；第三，借机将高等教育资源适度向各区县布点，以更好地发挥其服务首都经济社会发展的功能。北京市中等职业教育生源近年来持续萎缩，以此次疏解为契机，北京市将保留和打造一批专业特色鲜明、规模效益较好、办学水平高的职业教育资源，促进了资源布局的集约化和精品化。

其二，以疏解促质量提升。由疏解带来的布局优化、空间拓展和办学条件改善为北京市高等教育和职业教育的质量提升奠定了良好基础，更重要的是借疏解还重新谋划了各个学校的发展定位、基于新形势新需求的优势学科与专业建设，乃至育人模式的改革与创新，从而多维度促进高等教育和职业教育提质增效。

其三，以疏解促功能转型。在疏解的过程中，北京市高等教育和中等职业教育的功能转型也逐步显现。从宏观上看，高等教育和职业教育比以往更加主动地去适应首都城市功能定位、适应所在区域的经济社会发展需求。东城区中等职业教育转型服务于基础教育、市民教育就是以疏解促进教育功能转型的典型案例之一。

其四，以疏解促综合改革。高等教育和中等职业教育在本轮疏解中，一方面致力于整体促进自身发展问题的解决，另一方面还将触角延伸到校外乃至自身学段和类别之外，融入首都教育综合改革中，突出表现为对基础教育资源优化和育人模式的创新、学习型城市的建设提供了更大的支持。例如，

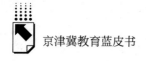

北京城市学院将建设成北京市东北部地区中小学师资培养基地,并支持学校建设 30 个左右科技实验室,面向顺义、平谷、密云三个郊区中小学开放,改变本市中小学科技教育资源分布不均衡状况;一些区县的中等职业学校纷纷谋求利用自身优势更多地提供基础教育综合实践课程资源和成人培训课程资源。

(二)主要问题

1. 政策设计的精细度亟待增强

教育公共服务的疏解是非常复杂的互动过程,高度需要相关行政主体细致、周详的顶层设计,并在利益相关者多方参与的基础上,以科学的决策和稳健的推进来落实。首都教育功能疏解的相关政策设计目前仍以粗线条的宏观政策为主,对疏解的内涵、总体目标、阶段性目标、完整路径及相应举措尚未有非常明晰的政策表述,不同政策文本中不乏表述不完全一致之处。因此,在实践中,人们对于到底哪些结果和举措属于疏解范畴、中等职业教育的学校数和在校生规模缩减是否包括对成人中专的调控、高等教育的疏解目标值是否有明确的设定等问题,不免有多种理解。政策设计的精细度不够,一方面不利于及时开展对疏解工作进展的深入监测研究;另一方面也不利于各个具体实施机构准确、有序地推进相关疏解工作。

2. 各级政府之间以及相关行政部门之间的沟通协作亟待增强

首都教育功能的疏解,总体上还存在市属高等教育资源疏解快于央属高等教育资源疏解、区属中等职业教育资源疏解快于市属中等职业教育资源疏解的状况。当前,在市属高等教育办学规模不断压缩的情况下,央属高等院校的办学规模仍呈缓慢增长之势,可能会加大高等教育资源整体疏解调控的难度。中等职业教育办学规模的缩减主要发生在区属职业高中,不少区的职业高中下一阶段继续压缩的空间已不大,而非区属中等职业教育资源调整力度还不够大。此外,教育资源疏解过程中,跨区域和跨部门合作还存在利益诉求不易协调一致以及受制于一些体制机制障碍的困境。

3. 首都教育功能疏解政策导向与教育发展规律的结合亟待增强

首都域内的高等教育、职业教育和成人教育等均有自身发展的历史轨迹与规律。疏解无疑是对以往发展路径的一种巨大的调整乃至重构，必须高度警惕不科学的疏解可能带来的严重问题，其中一些问题源于对教育疏解规律和教育发展规律认识不充分。当前的首都教育功能疏解政策虽已明确了以疏解促提升、促发展的思路，但对于如何既达到有效疏解的目标，又有利于高等教育、职业教育和成人教育乃至首都教育的整体可持续健康发展，尚缺乏非常系统而深入的研究。

（三）相关政策建议

1. 强化研究，尽快形成首都教育功能疏解工作系统实施方案

京津冀协同发展背景下的首都教育功能疏解，必须有深入、坚实的理论研究和周密、合理的操作程序做支撑才能顺利推进。当前必须密切结合党的十九大精神、京津冀协同发展规划纲要、北京最新城市总体规划和首都教育现代化 2035 的战略构想，强化相关理论研究，进一步明确首都教育功能疏解的准确内涵，确定合理的实施周期、各阶段的具体目标及其相关目标值、各教育领域的合理目标、疏解路线图及具体举措等，尽快出台首都教育功能疏解工作的系统实施方案；与此同时，与实施方案相配套的一系列支撑性政策文件、各个项目的具体方案等也应及时出台，并坚持在疏解实践中不断及时完善此方案。

2. 适时转换工作重心，稳健推进首都教育功能疏解工作

与医疗和交通领域疏解相比，公共教育服务功能疏解牵涉的问题更为复杂，完成疏解所需时间和成效显现期也更长。首都教育功能疏解由于有以往教育资源布局调整的基础，且主要依靠行政推动力，因此实施初期进展较快。下一阶段，要注意避免过快、过粗推进，准确把握工作节奏，处理好一个环节再进行下一个环节，稳健推进疏解工作。对于当前疏解实践中产生的一系列问题，如在疏解的同时如何实现被疏解对象原有功能的替代；怎样的高等教育布局更有利于发挥综合效应，是否有必要区区有高等教育资源，特

别是像门头沟、延庆等以山区地形为主的远郊区县迁入何种高等教育资源才能实现双赢；首都职业教育资源到底应如何定位，东城区和西城区的中等职业教育资源是否必须全面撤出，目前东城区职业教育资源不外迁、全部原地转型发展的模式是否可行等，应马上开展深入研究并形成结论。此外，应结合工作进度适时将工作重心转换到当前进展相对滞后领域和已具备条件推进的后续工作环节，如对央属高等教育资源的疏解、市属中等职业教育资源的调整、成人中专和成人高等学校办学机构数量的调整，以及新校区功能完善环节、老校区的功能转型建设等方面。

3. 完善首都教育功能疏解沟通协调机制，促进政策与实践的同向联动

首先，由教育部牵头，应切实构建服务于首都教育功能疏解的沟通协作机制，帮助北京市解决疏解工作中的各种问题与困难，促进央属教育资源与市属教育资源的合作共赢，以实现首都地区的央属教育资源与市属教育资源就疏解问题的统筹规划和同向联动。其次，北京市应加强对教育功能疏解的市级统筹力度，加快推动市级管理的教育资源的疏解和优化，同时为区属资源的疏解与调整提供土地规划、经费、人事等方面的保障，特别是为疏解创设突破体制机制障碍的空间，更好地推动教育功能疏解不断向纵深方向发展。最后，通州区北京城市副中心和河北雄安新区分别为北京市域内、市域外集中承接疏解的区域，作为兼具承接集中疏解任务以及优化首都空间布局的"两翼"，是疏解工作的重中之重。"两翼"作为疏解的重要承接地，对于北京中心城区优质教育资源的需求具有较高的同质性，下阶段在推进"两翼"教育资源疏解规划和相关建设的同时，必须处理好"两翼"之间以及这"两翼"与"一核"（中心城区）之间的协同互动。

4. 建立并完善京津冀教育协同发展基础数据库，为决策和实施提供支撑

教育部应牵头组织京津冀三地尽快建立京津冀教育协同发展数据采集和监测平台，既要将现有的各种教育数据进行汇总和三地共享，还要配合京津冀教育协同发展的主要任务和一系列重大项目建立相关实施数据信息的及时上报机制，从而为科学、顺利地推进包括首都教育功能疏解在内的京津冀教育协同发展各项重大决策及其具体实施提供重要的参考依据。

B.6

北京市普通中小学教育功能疏解分析

李 政[*]

摘　要： 疏解部分教育功能是疏解北京非首都功能、推进京津冀协同发展的基本要求之一。普通中小学教育作为直接服务于常住人口适龄儿童少年的最基本的公共教育，其疏解主要是根据常住人口疏解及其分布情况来进行适应性的功能疏解和布局调整，以确保适龄儿童少年能够及时地获得优质公平的教育服务。北京市常住人口总量控制及疏解分布的规划安排对北京市普通中小学教育功能疏解提出了新要求，需要进一步加强中小学教育功能疏解与常住人口疏解的匹配程度，更好地推进中小学教育功能疏解，在疏解中实现优化教育功能布局、提升教育质量的目标。

关键词： 普通中小学　教育功能　疏解

北京市普通中小学教育功能疏解作为疏解北京非首都功能、推进京津冀协同发展的基本要求之一，需要按照北京市常住人口疏解与分布的规划目标要求，主动适应和配合人口疏解进展，加强教育功能疏解工作的前瞻性、系统性，统筹推进各区教育功能疏解与承接工作，在功能疏解中实现全市普通中小学教育功能布局优化，全面提升全市普通中小学教育优质均衡发展水平，服务京津冀教育协同发展，助推国际一流的和谐宜居之都建设。

＊ 李政，北京教育科学研究院教育发展研究中心副研究员，主要从事教育政策研究。

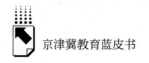

一 北京市普通中小学教育功能疏解的形势要求

北京市普通中小学教育功能疏解是适应《京津冀协同发展规划纲要》相关要求而提出的新命题，也是贯彻落实《北京市国民经济和社会发展第十三个五年规划纲要》《北京城市总体规划（2016～2035年)》相关要求的重要工作之一，对于优化提升全市普通中小学教育功能布局和教育质量水平，为首都城市建设和京津冀协同发展做出应有贡献具有重要意义。

（一）有助于实现《京津冀协同发展规划纲要》规定的发展目标

《京津冀协同发展规划纲要》提出京津冀协同发展目标，"到2020年，北京市常住人口力争控制在2300万人以内，其中城六区常住人口在2014年基础上每年降低2～3个百分点，争取到2020年下降15个百分点左右……公共服务共建共享取得积极成效，协同发展机制有效运转，区域内发展差距趋于缩小，初步形成京津冀协同发展、互利共赢新局面""到2030年，首都核心功能更加优化，京津冀区域一体化格局基本形成……公共服务水平趋于均衡，成为具有较强国际竞争力和影响力的重要区域，在引领和支撑全国经济社会发展中发挥更大作用"。① 北京市普通中小学教育是以常住人口为服务对象的基本公共服务，其功能疏解有利于推进京津冀三地普通中小学教育服务的共建共享、差距缩小和均衡发展，有利于降低北京市特别是城六区人口密度，有利于有序疏解北京非首都功能，推进京津冀协同发展。《京津冀协同发展规划纲要》将部分教育功能作为优先重点疏解的四类非首都功能的内容之一，明确提出"推动在京部分普通高等学校本科教育有序迁出，老校区向研究生培养基地、研发创新基地和重要智库转型，支持有条件的北京普通高等学校、中等职业学校通过部分院系搬迁、办分校、联合办学等方式向外疏解"，虽然普通中小学教育功能没有直接明确作为疏解对象，但要

---

① 《京津冀协同发展规划纲要（全文)》，http://www.hebqhdsgt.gov.cn/gtzyj/front/6048.htm。

推动职业教育、高等教育功能疏解，就迫切需要优先解决职业学校、高等学校教职工的孩子就近接受优质公平中小学教育的问题，就需要前瞻性地推动普通中小学教育功能向外疏解。进一步来说，优先推动普通中小学教育功能疏解也是疏解北京非首都功能的迫切要求，毕竟满足那些随着非首都功能疏解而疏解出去的人口对于基本公共教育服务的需求可以引领或推动非首都功能疏解工作。

（二）有助于实现北京市"十三五"规划目标要求

《北京市国民经济和社会发展第十三个五年规划纲要》在发展目标中提出："疏解非首都功能取得明显成效。四环路以内的区域性物流基地和专业市场调整退出，部分教育医疗等公共服务机构、行政企事业性机构有序疏解迁出。全市常住人口总量控制在 2300 万人以内，城六区常住人口比 2014 年下降 15% 左右，'大城市病'等突出问题得到有效缓解，首都核心功能显著增强""公共服务体系更加完善，基本公共服务均等化程度进一步提高"，明确要求城六区"疏解非首都功能，降低人口密度""推动城六区以外的平原地区有序承接疏解功能和人口""保持山区人口基本稳定"。① 由此可见，北京市常住人口总量及其分布有了明确的规划目标与要求，城六区人口疏解与非首都功能疏解、城六区以外人口承接和功能承接都需要北京市普通中小学教育功能进行相应的疏解和布局调整，特别是作为普通中小学优质教育资源和教育功能高度聚集的城六区需要加强功能疏解工作，通过疏解来扩大城六区以外地区的优质教育规模，进一步推动全市基本公共教育服务的均等化。

（三）有助于落实《北京城市总体规划（2016~2035年）》相关要求

中共中央国务院在对《北京城市总体规划（2016~2035 年)》的批复

---

① 《北京市国民经济和社会发展第十三个五年规划纲要》，http：//zhengwu. beijing. gov. cn/ghxx/sswgh/t1429796. htm。

中指出，"北京是中华人民共和国的首都，是全国政治中心、文化中心、国际交往中心、科技创新中心。北京城市的规划发展建设，要深刻把握好'都'与'城'、'舍'与'得'、疏解与提升、'一核'与'两翼'的关系，履行为中央党政军领导机关工作服务，为国家国际交往服务，为科技和教育发展服务，为改善人民群众生活服务的基本职责。要在《总体规划》的指导下，明确首都发展要义，坚持首善标准，着力优化提升首都功能，有序疏解非首都功能，做到服务保障能力与城市战略定位相适应，人口资源环境与城市战略定位相协调，城市布局与城市战略定位相一致，建设伟大社会主义祖国的首都、迈向中华民族伟大复兴的大国首都、国际一流的和谐宜居之都""加强'四个中心'功能建设""优化城市功能和空间布局。坚定不移疏解非首都功能，为提升首都功能、提升发展水平腾出空间""严格控制城市规模。以资源环境承载能力为硬约束，切实减重、减负、减量发展，实施人口规模、建设规模双控，倒逼发展方式转变、产业结构转型升级、城市功能优化调整。到 2020 年，常住人口规模控制在 2300 万人以内，2020 年以后长期稳定在这一水平""推进教育、文化、体育、医疗、养老等公共服务均衡布局，提高生活性服务业品质，实现城乡'一刻钟社区服务圈'全覆盖""高水平规划建设北京城市副中心""深入推进京津冀协同发展。发挥北京的辐射带动作用，打造以首都为核心的世界级城市群"。① 由此可见，首都城市战略定位要求加强"四个中心"功能建设，要求做好"四个服务"，要求进一步疏解非首都功能，要求推进教育等公共服务均衡化，要求加强城市副中心建设，要求推进京津冀协同发展。这些要求都涉及北京市普通中小学教育功能的疏解和布局调整工作。根据城市总体规划相关安排，进一步推进北京市普通中小学教育功能疏解有利于落实相关要求，为首都城市发展和京津冀协同发展做出新的贡献。

---

① 《中共中央 国务院关于对〈北京城市总体规划（2016～2035 年）〉的批复》，http://www. gov. cn/zhengce/2017－09/27/content_ 5227992. htm。

二 北京市普通中小学教育功能疏解的目标要求

北京市普通中小学教育功能疏解主要是配合北京市常住人口总量控制与人口疏解分布的目标要求，其疏解的目标就是与首都城市战略定位相适应，满足未来北京市常住人口就近接受优质公平普通中小学教育服务的需求，促进普通中小学教育均衡发展，进一步提升基本公共教育服务均等化程度。北京市普通中小学教育功能疏解目标主要表现为学校数量与在校生规模的总量变化及其分布变化，具体体现在学校和在校生的疏解上。为此，分析和把握未来北京市常住人口变化趋势是分析和把握北京市普通中小学教育功能疏解目标的前提。

（一）北京市人口总量目标及分布变化目标

按照《北京市国民经济和社会发展第十三个五年规划纲要》《北京城市总体规划（2016～2035年）》规划要求，到2020年，北京市常住人口总体规模按2300万人计算，将比2015年的2170.5万人增加129.5万人，城六区人口将比2014年下降15%左右。分功能区来看人口变化，中心城六区（包括东城区、西城区、朝阳区、海淀区、丰台区和石景山区）人口将由2015年的1282.8万人减少到2020年的1084.9万人，共减少197.9万人，占全市总人口比例由59%减少到47%。其中，首都功能核心区（包括东城区、西城区）由220.3万人减少到188.1万人（按下降15%比例计，下同），城市功能拓展区（包括朝阳区、海淀区、丰台区和石景山区）由1062.5万人减少到896.8万人；城市发展新区（相当于中心城外平原地区，包括通州区、顺义区、大兴区、房山区和昌平区）由696.9万人增加到1024.3万人，共增加327.4万人，占全市人口比例由32%增加到45%；生态涵养发展区（相当于山区，包括门头沟区、平谷区、怀柔区、密云区、延庆区）人口保持稳定，共190.8万人，占全市人口比例由9%减少到8%（见表1）。

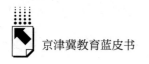

表1 2015 年、2020 年北京市常住人口分布情况（分功能区）

单位：万人

地区	2015 年	2020 年	变化
全市	2170.5（100%）	2300.0（100%）	增加 129.5
中心城六区	1282.8（59%）	1084.9（47%）	减少 197.9
其中:首都功能核心区	220.3（10%）	188.1（8%）	减少 32.2
城市功能拓展区	1062.5（49%）	896.8（39%）	减少 165.7
城市发展新区（相当于中心城外平原区）	696.9（32%）	1024.3（45%）	增加 327.4
生态涵养发展区（相当于山区）	190.8（9%）	190.8（8%）	稳定

注：括号内数据为占全市总人口的比例。

资料来源：2015 年数据来自《北京统计年鉴 2016》，2020 年数据为推算得出（下同）。

分区来看人口变化，东城区将减少 13.1 万人到 77.4 万人，西城区减少 19.1 万人到 110.7 万人，朝阳区减少 62.1 万人到 333.4 万人，丰台区减少 36.9 万人到 195.5 万人，石景山区减少 9.9 万人到 55.3 万人，海淀区减少 56.8 万人到 312.6 万人，房山区、通州区、顺义区、昌平区、大兴区按照平均各增加 66.9 万人计分别达到 171.5 万人、204.7 万人、168.9 万人、263.2 万人、223.1 万人，门头沟区、怀柔区、平谷区、密云区、延庆区人口保持稳定分别为 30.8 万人、38.4 万人、42.3 万人、47.9 万人、31.4 万人（见表2）。

表2 2015 年、2020 年北京市常住人口分布情况（分区）

单位：万人

地区	2015 年	2020 年	变化
东 城 区	90.5	77.4	减少 13.1
西 城 区	129.8	110.7	减少 19.1
朝 阳 区	395.5	333.4	减少 62.1
丰 台 区	232.4	195.5	减少 36.9
石 景 山 区	65.2	55.3	减少 9.9
海 淀 区	369.4	312.6	减少 56.8
房 山 区	104.6	171.5	增加 66.9
通 州 区	137.8	204.7	增加 66.9
顺 义 区	102.0	168.9	增加 66.9
昌 平 区	196.3	263.2	增加 66.9
大 兴 区	156.2	223.1	增加 66.9

地区	2015 年	2020 年	变化
门头沟区	30.8	30.8	稳定
怀 柔 区	38.4	38.4	稳定
平 谷 区	42.3	42.3	稳定
密 云 区	47.9	47.9	稳定
延 庆 区	31.4	31.4	稳定

（二）北京市普通中小学教育功能疏解目标

1. 北京市小学教育功能疏解目标

2015 年北京市共有小学 996 所，小学在校生 850321 人，每十万人小学数为 5 所，每十万人小学在校生数为 3918 人。其中，首都功能核心区有 123 所、122224 人，占全市的比例分别为 12%、14%，城市功能拓展区有 290 所、381344 人，分别占 29%、45%，城市发展新区有 427 所、266297 人，分别占 43%、31%，生态涵养发展区有 156 所、80456 人，分别占 16%、9%。从每十万人小学数来看，生态涵养发展区最多，为 8 所，城市功能拓展区最少，为 3 所；从每十万人小学在校生数来看，首都功能核心区最多，为 5548 人，城市功能拓展区最少，为 3589 人（见表 3）。

表 3 2015 年北京市小学分布情况（按功能区分）

地区	常住人口（万人）	小学（所）及占比	小学在校生（人）及占比	每十万人小学数（所）	每十万人小学在校生数（人）
全市	2170.5	996(100%)	850321(100%)	5	3918
首都功能核心区	220.3	123(12%)	122224(14%)	6	5548
城市功能拓展区	1062.5	290(29%)	381344(45%)	3	3589
城市发展新区	696.9	427(43%)	266297(31%)	6	3821
生态涵养发展区	190.8	156(16%)	80456(9%)	8	4217

按照各功能区每十万人小学数、小学在校生数不变来推算，2020 年北京市将有小学 1128 所，小学在校生 898092 人（各功能区加总）。其中，首都功能核心区有 105 所、104360 人，占全市的比例分别为 9%、12%；城市

功能拓展区有 242 所、321870 人，分别占 22%、36%；城市发展新区有 625 所、391406 人，分别占 55%、43%；生态涵养发展区有 156 所、80456 人，分别占 14%、9%（见表 4）。

表 4   2020 年北京市小学分布情况预测（按功能区分）

地区	常住人口（万人）	小学（所）及占比	小学在校生（人）及占比	每十万人小学数（所）	每十万人小学在校生数（人）
全市	2300.0	1128(100%)	898092(100%)	—	—
首都功能核心区	188.1	105(9%)	104360(12%)	6	5548
城市功能拓展区	896.8	242(22%)	321870(36%)	3	3589
城市发展新区	1024.3	625(55%)	391406(43%)	6	3821
生态涵养发展区	190.8	156(14%)	80456(9%)	8	4217

2020 年全市小学数量将比 2015 年增加 132 所，其中，首都功能核心区、城市功能拓展区分别减少 18 所、48 所，城市发展新区增加 198 所，生态涵养发展区保持稳定。2020 年全市小学在校生数将比 2015 年增加 47771 人，其中首都功能核心区、城市功能拓展区分别减少 17864 人、59474 人，城市发展新区增加 125109 人，生态涵养发展区保持稳定。由此，我们可以看到北京市普通小学教育功能疏解主要是指城六区小学教育功能向城市发展新区疏解，城市发展新区应当成为城六区小学教育功能疏解的主要承载地（见表 5）。

表 5   2020 年北京市小学教育功能疏解目标预测（按功能区分）

地区	2015 年小学（所）及占比	2015 年小学在校生（人）及占比	2020 年小学（所）及占比	2020 年小学在校生（人）及占比	2020 年比 2015 年小学数（所）变化情况	2020 年比 2015 年小学在校生数（人）变化情况
全市	996(100%)	850321(100%)	1128(100%)	898092(100%)	132	47771
首都功能核心区	123(12%)	122224(14%)	105(9%)	104360(12%)	-18	-17864
城市功能拓展区	290(29%)	381344(45%)	242(22%)	321870(36%)	-48	-59474

地区	2015 年小学（所）及占比	2015 年小学在校生(人)及占比	2020 年小学(所)及占比	2020 年小学在校生(人)及占比	2020 年比2015 年小学数（所）变化情况	2020 年比2015 年小学在校生数(人)变化情况
城市发展新区	427（43%）	266297（31%）	625（55%）	391406（43%）	198	125109
生态涵养发展区	156（16%）	80456（9%）	156（14%）	80456（9%）	0	0

分区来看，2015 年小学数最多的区为房山区，有 108 所，最少的区为门头沟区，有 22 所；小学在校生数最多的区为海淀区，有 155573 人，最少的区为门头沟区，有 11747 人；每十万人小学数最多的区为房山区和平谷区，均有 10 所，每十万人在校小学生数最多的区为东城区，有 5853 人，最少的区为昌平区，有 2746 人（见表6）。

表6 2015 年北京市小学分布情况（按区分）

地区	常住人口（万人）	小学（所）	小学在校生（人）	每十万人小学数（所）	每十万人小学在校生数（人）
东 城 区	90.5	63	52972	7	5853
西 城 区	129.8	60	69252	5	5335
朝 阳 区	395.5	86	132877	2	3360
丰 台 区	232.4	77	69114	3	2974
石景山区	65.2	30	23780	5	3647
海 淀 区	369.4	97	155573	3	4212
房 山 区	104.6	108	48192	10	4607
通 州 区	137.8	84	62141	6	4510
顺 义 区	102.0	46	42784	5	4195
昌 平 区	196.3	91	53910	5	2746
大 兴 区	156.2	98	59270	6	3794
门头沟区	30.8	22	11747	7	3814
怀 柔 区	38.4	24	16983	6	4423
平 谷 区	42.3	42	17330	10	4097
密 云 区	47.9	40	22145	8	4623
延 庆 区	31.4	28	12251	9	3902

按照各区每十万人小学数、小学在校生数保持稳定来推算，2020 年各区小学数、小学在校生数见表7。其中，小学数最多的是房山区，为 177 所，小学在校生数最多的是海淀区，为 131651 人。从小学数量变化来看，2020 年与 2015 年相比，东城区小学数减少 9 所、西城区减少 9 所、朝阳区减少 13 所、丰台区减少 12 所、石景山区减少 5 所、海淀区减少 16 所、房山区增加 69 所、通州区增加 40 所、顺义区增加 30 所、昌平区增加 28 所、大兴区增加 42 所，其他五区保持不变。从小学在校生数量变化来看，2020 年与 2015 年相比，海淀区减少人数最多，减少 23922 人，房山区增加人数最多，增加 30823 人。由此，我们可以看到中心城六区小学教育功能疏解的任务各不相同，其他各区承载小学教育功能疏解的任务也不相同，需要根据不同的区情特别是人口规划的总体安排来统筹协调小学教育功能的疏解与承载工作。

表7 2020 年北京市小学教育功能疏解目标预测（按区分）

地区	小学(所)	小学在校生 （人）	2020 年比 2015 年 小学数(所)变化情况	2020 年比 2015 年小学 在校生数(所)变化情况
东 城 区	54	45305	−9	−7667
西 城 区	51	59062	−9	−10190
朝 阳 区	73	112012	−13	−20865
丰 台 区	65	58140	−12	−10974
石景山区	25	20169	−5	−3611
海 淀 区	81	131651	−16	−23922
房 山 区	177	79015	69	30823
通 州 区	124	91768	40	29627
顺 义 区	76	70593	30	27809
昌 平 区	119	71047	28	17137
大 兴 区	140	84390	42	25120
门头沟区	22	11747	0	0
怀 柔 区	24	16983	0	0
平 谷 区	42	17330	0	0
密 云 区	40	22145	0	0
延 庆 区	28	12251	0	0

2. 北京市普通中学教育功能疏解目标

2015 年北京市共有普通中学 646 所，在校生 452778 人，每十万人普通中学数为 3 所，每十万人普通中学在校生数为 2086 人。从各功能区的普通中学数和普通中学在校生数来看，首都功能核心区 86 所、84583 人，占全市的比例分别为 13%、19%；城市功能拓展区 242 所、190409 人，分别占 38%、42%；城市发展新区 215 所、125816 人，分别占 33%、28%；生态涵养发展区 103 所、51970 人，分别占 16%、11%。从每十万人普通中学数来看，生态涵养发展区最多，约为 5 所；城市功能拓展区最少，约为 2 所。从每十万人普通中学在校生数来看，首都功能核心区最多，约为 3839 人；城市功能拓展区最少，约为 1792 人（见表 8）。

表 8　2015 年北京市普通中学分布情况（按功能区分）

地区	常住人口（万人）	普通中学（所）及占比	普通中学在校生（人）及占比	每十万人普通中学数（所）	每十万人普通中学在校生数（人）
全市	2170.5	646（100%）	452778（100%）	3	2086
首都功能核心区	220.3	86（13%）	84583（19%）	4	3839
城市功能拓展区	1062.5	242（38%）	190409（42%）	2	1792
城市发展新区	696.9	215（33%）	125816（28%）	3	1805
生态涵养发展区	190.8	103（16%）	51970（11%）	5	2724

按照各功能区每十万人普通中学数、普通中学在校生数不变来推算，2020 年北京市将有普通中学 664 所，普通中学在校生 469775 人。其中，首都功能核心区有 75 所、72212 人，占全市的比例分别为 11%、15%；城市功能拓展区 179 所、160707 人，分别占 27%、34%；城市发展新区 307 所、184886 人，分别占 46%、40%；生态涵养发展区 103 所、51970 人，分别占 16%、11%（见表 9）。

2020 年全市普通中学数量将比 2015 年增加 18 所，其中，首都功能核心区、城市功能拓展区分别减少 11 所、63 所，城市发展新区增加 92 所，生

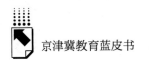

表9　2020年北京市普通中学分布情况预测（按功能区分）

地区	常住人口（万人）	普通中学（所）及占比	普通中学在校生（人）及占比	每十万人普通中学数（所）	每十万人普通中学在校生数（人）
全市	2300.0	664（100%）	469775（100%）	—	—
首都功能核心区	188.1	75（11%）	72212（15%）	4	3839
城市功能拓展区	896.8	179（27%）	160707（34%）	2	1792
城市发展新区	1024.3	307（46%）	184886（40%）	3	1805
生态涵养发展区	190.8	103（16%）	51970（11%）	5	2724

态涵养发展区保持稳定。2020年全市普通中学在校生数将比2015年增加16997人，其中首都功能核心区、城市功能拓展区分别减少12371人、29702人，城市发展新区增加59070人，生态涵养发展区保持稳定（见表10）。由此，我们可以看到北京市普通中学教育功能疏解主要指的是中心城六区教育功能向城市发展新区疏解，城市发展新区作为普通中学教育功能疏解的主要承载地，需要提前做好承载的相关准备工作。

表10　2015年、2020年北京市普通中学分布变化情况（按功能区分）

地区	2015年普通中学（所）及占比	2015年普通中学在校生（人）及占比	2020年普通中学（所）及占比	2020年普通中学在校生（人）及占比	2020年比2015年普通中学数变化（所）	2020年比2015年普通中学在校生数变化（人）
全市	646（100%）	452778（100%）	664（100%）	469775（100%）	18	16997
首都功能核心区	86（13%）	84583（19%）	75（11%）	72212（15%）	−11	−12371
城市功能拓展区	242（38%）	190409（42%）	179（27%）	160707（34%）	−63	−29702
城市发展新区	215（33%）	125816（28%）	307（46%）	184886（40%）	92	59070
生态涵养发展区	103（16%）	51970（11%）	103（16%）	51970（11%）	0	0

分区来看，2015 年普通中学数最多的区为朝阳区，有 91 所，最少的区为门头沟区，有 16 所；普通中学在校生数最多的区为海淀区，有 97831 人，最少的区为门头沟区，有 6916 人；每十万人普通中学数最多的区为延庆区，有 7 所，每十万人在校普通中学生数最多的区为东城区，有 4212 人，最少的区为昌平区，有 1144 人（见表 11）。

表 11　2015 年北京市普通中学分布情况（按区分）

地区	常住人口（万人）	普通中学（所）	普通中学在校生（人）	每十万人普通中学数（所）	每万人普通中学在校生数（人）
东 城 区	90.5	43	38122	5	4212
西 城 区	129.8	43	46461	3	3579
朝 阳 区	395.5	91	51542	2	1303
丰 台 区	232.4	46	28000	2	1205
石景山区	65.2	27	13036	4	1999
海 淀 区	369.4	78	97831	2	2648
房 山 区	104.6	47	25818	4	2468
通 州 区	137.8	41	25541	3	1853
顺 义 区	102.0	32	26785	3	2626
昌 平 区	196.3	51	22450	3	1144
大 兴 区	156.2	44	25222	3	1615
门头沟区	30.8	16	6916	5	2245
怀 柔 区	38.4	23	10294	6	2681
平 谷 区	42.3	20	10942	5	2587
密 云 区	47.9	23	14113	5	2946
延 庆 区	31.4	21	9705	7	3091

按照各区每十万人普通中学数、普通中学在校生数保持稳定来推算，2020 年各区普通中学数、普通中学在校生数见表 15。其中，普通中学数最多的是昌平区，为 78 所，普通中学在校生数最多的是海淀区，为 82777 人。从普通中学数量变化来看，2020 年与 2015 年相比，东城区普通中学数减少 4 所、西城区减少 10 所、朝阳区减少 24 所、丰台区减少 7 所、石景山区减

少 5 所、海淀区减少 15 所、房山区增加 22 所、通州区增加 20 所、顺义区增加 18 所、昌平区增加 27 所、大兴区增加 23 所，其他五区保持不变。从普通中学在校生数量变化来看，2020 年与 2015 年相比，海淀区减少人数最多，减少 15054 人，顺义区增加人数最多，增加 17411 人（见表 12）。由此，我们可以看到中心城六区各区普通中学教育功能疏解的任务是各不相同的，相应的城市发展新区各区作为承接地的任务也是各不相同，需要各区结合人口规划和非首都功能疏解的总体安排采取针对性的措施来推进普通中学教育功能的疏解与承接工作。

表 12　2020 年北京市普通中学分布情况预测（按区分）

地　区	普通中学 （所）	普通中学在 校生（人）	2020 年比 2015 年普通 中学数（所）变化情况	2020 年比 2015 年普通中学 在校生数（所）变化情况
东 城 区	39	32601	−4	−5521
西 城 区	33	39620	−10	−6841
朝 阳 区	67	43442	−24	−8100
丰 台 区	39	23558	−7	−4442
石景山区	22	11054	−5	−1982
海 淀 区	63	82777	−15	−15054
房 山 区	69	42326	22	16508
通 州 区	61	37709	20	12168
顺 义 区	50	44196	18	17411
昌 平 区	78	29595	27	7145
大 兴 区	67	35918	23	10696
门头沟区	16	6916	0	0
怀 柔 区	23	10294	0	0
平 谷 区	20	10942	0	0
密 云 区	23	14113	0	0
延 庆 区	21	9705	0	0

三　北京市普通中小学教育功能疏解的进展

从实践来看，北京市教育功能疏解首先是从高等教育、职业教育功能疏解入手的，推动城六区部分高校向其他区疏解，推动东西城职业教育向其他区疏解，而北京市普通中小学教育功能还未作为疏解的重要对象开展针对性的疏解，更多的是从促进全市中小学教育优质均衡发展的角度来推动中心城六区优质普通中小学教育资源向其他各区疏解，特别是向城市副中心疏解，通过办分校、集团化办学、委托管理等方式来带动其他各区的教育提升质量。随着全市人口调控规划的落实，北京市普通中小学教育功能疏解工作需要切实加以重视，采取有效措施主动推动中心城六区普通中小学教育功能，从而改变教育功能仍然集聚的趋势，提升全市普通中小学教育优质均衡发展水平，并推动京津冀基本公共教育服务的均等化。

1. 北京市小学功能疏解情况

2016 年北京市共有小学 984 所，小学在校生 868417 人。其中，首都功能核心区有 123 所、128388 人，占全市的比例分别为 13%、15%，城市功能拓展区有 278 所、387968 人，分别占 28%、45%，城市发展新区有 427 所、270637 人，分别占 43%、31%，生态涵养发展区有 156 所、81424 人，分别占 16%、9%。从分布情况来看，中心城六区小学校数占全市的比例达到 41%，小学在校生数占全市的比例达到 60%，表明超过一半的小学生集聚在中心城六区，中心城六区的小学教育规模仍然大于其他十区。

与前面所分析的 2015 年北京市小学分布情况相比较，2016 年全市小学校数比 2015 年减少 12 所，减少了 1%，其中，首都功能核心区、城市发展新区、生态涵养发展区的学校数没有变化，仅城市功能拓展区减少了12 所。2016 年全市小学在校生数比 2015 年增加 18096 人，增加 2%，其中，首都功能核心区、城市功能拓展区、城市发展新区、生态涵养发展区分别增加 6164 人、6624 人、4340 人、968 人（见表 13）。由此来看，北京市小学教育功能集聚在中心城六区的整体局面还未发生变化，从在校生数的变化来看，疏解小学教育功能的工作还未见到实际进展，但是从学校数的变化来看，城市功能拓展区已开始了小学教育功能的疏解工作，学校数开始减少。

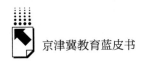

表13　2015年、2016年北京市小学教育功能疏解进展情况（按功能区分）

地区	2015年小学(所)及占比	2015年小学在校生(人)及占比	2016年小学(所)及占比	2016年小学在校生(人)及占比	2016年比2015年小学数增减(所)及占比变化情况(百分点)	2016年比2015年小学在校生数增减(人)及占比变化情况(百分点)
全市	996（100%）	850321（100%）	984（100%）	868417（100%）	-12（—）	18096（—）
首都功能核心区	123（12%）	122224（14%）	123（13%）	128388（15%）	0（+1）	6164（+1）
城市功能拓展区	290（29%）	381344（45%）	278（28%）	387968（45%）	-12（-1）	6624（0）
城市发展新区	427（43%）	266297（31%）	427（43%）	270637（31%）	0（0）	4340（0）
生态涵养发展区	156（16%）	80456（9%）	156（16%）	81424（9%）	0（0）	968（0）

资料来源：2015年数据来自《北京统计年鉴（2016）》，2016年数据来自《北京市教育事业统计资料（2016～2017）》。

2. 北京市普通中学功能疏解情况

2016年北京市共有普通中学646所，普通中学在校生431403人。其中，首都功能核心区有86所、80292人，占全市的比例分别为13%、19%，城市功能拓展区有242所、181353人，分别占37%、42%，城市发展新区有216所、120209人，分别占34%、28%，生态涵养发展区有102所、49549人，分别占16%、11%。从分布情况来看，中心城六区普通中学校数占全市的比例达到50%，普通中学在校生数占全市的比例达到61%，表明普通中学教育资源仍明显集聚在中心城六区，中心城六区的普通中学教育规模明显大于其他十区。

与前面所分析的2015年北京市中学分布情况相比较，2016年全市普通中学校数保持不变，其中，首都功能核心区、城市功能拓展区保持不变，城市发展新区、生态涵养发展区分别增加1所、减少1所。2016年全市普通中学在校生数比2015年减少21375人，减少5%，其中首都功能核心区、城市功能拓展区、城市发展新区、生态涵养发展区分别减少4291人、9056人、5607人、2421人（见表14）。由此来看，北京市普通中学教育功能集聚在中心城六区的局面还未发生变化，中心城六区还在增加普通中学教育资源，还在集聚教育人口，疏解普通中学教育功能的工作还未见到实际进展。

表14　2015年、2016年北京市普通中学分布变化情况（按功能区分）

地区	2015年普通中学（所）及占比	2015年普通中学在校生（人）及占比	2016年普通中学（所）及占比	2016年普通中学在校生（人）及占比	2016年比2015年普通中学数增减（所）及占比变化情况（百分点）	2016年比2015年普通中学在校生数增减（人）及占比变化情况（百分点）
全市	646（100%）	452778（100%）	646（100%）	431403（100%）	0（—）	−21375（—）
首都功能核心区	86（13%）	84583（19%）	86（13%）	80292（19%）	0（0）	−4291（0）
城市功能拓展区	242（38%）	190409（42%）	242（38%）	181353（42%）	0（0）	−9056（0）
城市发展新区	215（33%）	125816（28%）	216（34%）	120209（28%）	+1（+1）	−5607（0）
生态涵养发展区	103（16%）	51970（11%）	102（15%）	49549（11%）	−1（−1）	−2421（0）

资料来源：2015年数据来自《北京统计年鉴2016》，2016年数据来自《北京市教育事业统计资料2016～2017》。

四　推进北京市普通中小学教育功能疏解的建议

按照《京津冀协同发展规划纲要》和《北京市国民经济和社会发展第十三个五年规划纲要》对北京市人口调控、非首都功能疏解的相关规定，中心城六区人口疏解和非首都功能疏解工作将会进一步加大力度。从目前来看，北京市常住人口总量控制已取得初步进展，2016年末，北京市常住人口达到2172.9万人，同比增加2.4万人，增长0.1%，增量同比减少16.5万人，增速同比回落0.8个百分点。[①] 与之密切相关的中心城六区人口疏解

---

① 《2016年北京常住人口增长0.1%》，http：//www.bj.xinhuanet.com/bjyw/2017－02/26/c_1120530361.htm。

工作更是取得了积极进展，2015 年核心区常住人口规模实现了由增到减的拐点，2016 年城六区常住人口也出现拐点，比 2015 年下降了 3%，2017 年将进一步下降 3%。① 由人口疏解进展反观普通中小学教育功能疏解，我们可以发现普通中小学教育资源不仅没有减少，还略有增加，与人口疏解工作还未匹配起来。虽然普通中小学教育资源增减的主要影响因素是学龄人口的增减，但是随着常住人口规模和空间的变化，学龄人口的规模和空间必然受到影响，进而会要求普通中小学教育资源进行适应性调整。为此，北京市应采取以下措施，进一步推进中心城六区普通中小学教育功能疏解工作。

（1）加强其他十区普通中小学教育建设工作，以优质教育资源增量引导学龄人口和常住人口由中心城六区向其他十区有序疏解。北京市要改变城市发展新区和生态涵养发展区小学校数减少的情况，要逐步增建新学校，增加小学教育资源供给，提高小学教育质量，尽可能地将新增学龄人口的教育需求大部分引导到城市发展新区，少部分引导到生态涵养发展区。要推进城市发展新区普通中小学教育"双增量"改革发展，在优先将通州作为城市副中心开展全面规划和建设的同时，也要将顺义区、大兴区、房山区和昌平区的教育发展作为"十三五"时期全市教育重点工作予以高度重视，加大普通中小学校的新增新建工作力度，提前做好新增学校用地规划与安排，适度超前建设好学校，加强新增教育资源和存量教育资源的统一布局调整和合理配置工作，推进"双增量"改革发展，在扩大教育资源总量的同时大幅提升教育质量，一定程度上发挥对人口与功能疏解的引导与服务作用，同时也确保适龄儿童能够及时接受有质量保障的教育，满足新增人口和各区经济社会发展对普通中小学教育资源的需求。在人口保持基本稳定的要求下，生态涵养发展区普通中小学教育的规模将保持基本稳定（可能会有小幅增加），要将提升教育质量、增加教育效益、促进内涵发展作为该区域的基本原则，将工作重心放在扩大优质教育资源、充分利用教育资源上，特别是大幅提升农村教师队伍素质，提高农村教育质量，快速补齐全市教育发展的短

---

① 《今年城六区常住人口规模拟再降3%》，http://bj.jjj.qq.com/a/20170124/002365.htm。

板。

（2）加强中心城六区普通中小学教育规模和布局的调控工作，通过中心城六区和其他十区的内外联动，推动中心城六区学龄人口和常住人口向其他十区疏解。全市应将中心城六区部分普通中小学教育资源的合理疏解纳入全市非首都功能的疏解工作之中，加大中心城六区普通中小学教育资源配置与人口减量及空间分布变化的匹配程度，明确各区教育规模调控目标和阶段性进程，以疏解东城、西城两区教育资源为重点，逐步减少城六区资源存量，合理调整学校布局和服务范围，大幅提升优质教育资源覆盖面，为该区域人民提供便利优质公平的教育服务，在全市率先满足人民群众"在家门口上好学"的愿望。各区应根据人口与非首都功能疏解要求，对适龄儿童数量与分布做出科学判断，在保障就近入学的前提下，合理确定被撤销、合并的学校，对学校用地、建筑设施、教师等教育资源做好再利用的方案，要考虑中心城六区未来人口大幅减少的趋势，严格控制普通中小学教育规模和资源总量，加大名校办分校、合作办学、集团化办学、集群办学等力度，将优质教育资源向其他十区输出、疏解、扩散，调整招生入学制度安排，严格义务教育就近入学政策，在保障户籍儿童就近入学权利的基础上，推动非户籍儿童选择其他十区学校接受教育。

（3）加强人口疏解工作的统计和分类整理工作，将学龄人口与常住人口的疏解变化情况予以及时的分析梳理，为中心城六区普通中小学教育功能疏解和全市教育资源布局调整工作提供科学翔实的人口数据支撑。同时，加强人口调控相关部门与教育部门的工作沟通，协调人口疏解、非首都功能疏解与教育功能疏解的进展，为统筹推进普通中小学教育功能疏解与承接工作奠定有效的实施基础，从而实现以疏解整治促提升的目标，更好地实现全市普通中小学教育的优质均衡发展，为全面实现首都教育现代化做出新的贡献。

B.7
立足"三个示范":服务北京城市
副中心建设的教育资源配置研究

杨小敏 李彦青 高 兵*

摘 要: 在北京城市副中心规划建设中,作为基本公共服务的教育是整个城市高标准规划建设中的重要一环。本报告立足副中心建设的"三个示范"要求,在供求关系的分析框架内,就如何进行教育资源的配置做了基础性的分析和呈现。一方面,基于整个通州区人口总量、年龄结构、分布及密度等基本现状的分析,本报告提出了副中心建设的教育需求初步研判。另一方面,基于现有总体学位供给、质量、结构等方面的总体分析,本报告对副中心建设的教育资源供给总体情况做了评估。初步意见认为,符合"三个示范"要求的北京城市副中心教育资源供需矛盾还较为突出,特别是优质教育资源地域分布不均衡,教育在服务城市人口疏解和结构优化等方面的作用有待加强。针对一些问题本报告认为:一是根据城市总体规划调控人口规模与结构,面向未来的划时代性副中心教育公共服务体系有待进行系统设计,适当引导教育需求;二是要进一步强化副中心优质教育资源的有效供给和均衡配置,防止产生教育公共服务因素引致的首都"次生城市病"问题;三是要调整优化教育资源结构,根据城市副中心建设

---

* 杨小敏,北京师范大学中国教育与社会发展研究院助理研究员,管理学博士,教育学博士后,主要研究领域为宏观教育战略与政策、教育财政政策;李彦青,北京师范大学中国教育与社会发展研究院科研助理;高兵,北京教育科学研究院教育发展研究中心副主任、副研究员,主要从事区域教育战略研究。

既有教育资源禀赋和功能定位，明确适合副中心规划建设要求的各级各类教育布局和资源配置机制。

关键词： 北京城市副中心　规划建设　供需矛盾　教育资源配置

习近平总书记于 2014 年和 2017 年两次视察北京，强调"要集中力量打造城市副中心""站在当前这个时间节点建设北京城市副中心，要有 21 世纪的眼光。规划、建设、管理都要坚持高起点、高标准、高水平"。国际经验也表明，基本公共服务的配套建设是高标准打造优质城市副中心的必要条件，从而确保城市副中心真正成为基础设施健全、优质公共资源充足的具备吸引力的现代化城区，特别是基本公共教育服务的系统化配置对于特定功能定位的城市副中心建设发挥着举足轻重的作用。那么，基于通州区规划建设的北京城市副中心，如何进行教育服务体系的配套规划与建设是一个极其重要的系统工程，是北京城市副中心未来建设成为国际一流和谐宜居之都的示范区、新型城镇化示范区和京津冀区域协同发展示范区的内在要求与关键环节。本研究正是立足于北京城市副中心建设的"三个示范"，结合城市副中心建设的国际经验，基于通州教育的基本现状，瞄准高水平城市副中心功能定位和人口结构所潜在的教育规划建设与资源需求，对教育资源配置面临的主要问题进行初步分析，并在应对策略层面提出一些想法、意见和建议。

一　由行政副中心到城市副中心的政策背景与规划定位

北京城市副中心的建设与北京市未来发展和首都城市深度转型息息相关，是行政力量推动首都城市规划布局中的重要环节。近年来，北京城市副中心正在紧锣密鼓的建设之中，其配套基础设施建设、公共服务建设、城乡一体化发展和优质资源共享等方面都需要一系列的改革和发展，旨在以最先

进的理念和国际一流的规划定位打造示范级的新城。但从规划定位的发展历程看，总体上经历了由行政副中心向城市副中心的逐渐明确。

（一）北京城市副中心的政策背景

北京城市副中心的政策提议从2004年开始，建设思路也在不断地清晰和明确。2004年，《北京城市总体规划（2004～2020年）》提出，通州是东部发展带的重要节点和重要新城，引导发展行政办公、商务金融、文化、会展等功能，是中心城行政办公、金融贸易等职能的补充配套区。2005年制定的《通州新城规划（2005～2020年）》中，潞城和张家湾地区均已划出相关"发展备用地"。五大功能区规划图示中，此区域被标注为"国家行政办公预留地"。2012年，北京市第十一次党代会的报告在"加快城市化进程"中指出，"进一步创新体制机制政策，落实聚焦通州战略，分类推进重点新城建设，打造功能完备的北京城市副中心，尽快发挥新城对区域经济社会发展的带动作用"。2015年7月，《中共北京市委北京市人民政府关于贯彻（纲要）的意见》提出，未来北京市将聚焦通州，加快推进市行政副中心建设。

2016年5月，中央政治局召开会议，研究部署规划建设北京城市副中心和进一步推动京津冀协同发展有关工作。会议指出，建设北京城市副中心，不仅是调整北京空间格局、治理大城市病、拓展发展新空间的需要，也是推动京津冀协同发展、探索人口经济密集地区优化开发模式的需要。2017年9月，北京市人民政府正式发布《北京城市总体规划（2016～2035年）》（以下简称《总体规划》），提出城市空间结构优化是指中心区和北京城市副中心的空间结构调整。在北京市域范围内形成"一核一主一副、两轴多点一区"的城市空间结构，着力改变单中心集聚的发展模式，构建北京新的城市发展格局。

总体而言，在政策背景的意义上，城市副中心在内涵和外延上都是一个不断明确和丰富的过程。自2004年最开始提出发展"通州新城"，到提出建设"行政副中心"，再到建设"北京城市副中心"；从以建设"国家行政办公预留地"为主要功能,到推动经济及协调发展、探索人口经济密集地区优化开发模式;从以高起点、高标准、高水平的建设要求,到"一主、一副、两轴、多点"的城市空间结构,名称的改变体现了区域化发展、功能的改变,更体现了副中心建设的迫切需要,从布局定位更体现出京津冀一体化协同发展中北京城市副中心承担的重任。

(二)建设北京城市副中心"三个示范"的规划定位

北京城市副中心的规划范围约 155 平方公里,外围控制区即通州全区约 906 平方公里,辐射带动廊坊北三县(三河、大厂、香河)协同发展。北京城市副中心是政府发展规划建设的首要区域,也是未来市委、市人大、市政府、市政协四大机关单位率先搬迁之地,区域范围是北至潞苑北大街,南到京哈高速,西接北京朝阳区,东至潞城镇,占地面积约 155 平方公里,占通州区土地面积的六分之一,它并不等同于通州区全境 906 平方公里(见图 1)。

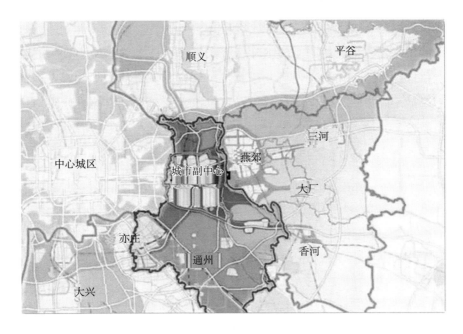

图1 北京城市副中心地理位置

159

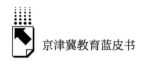

中共中央国务院在对《总体规划》批复的第九条指出，以创造历史、追求艺术的精神，以最先进的理念、最高的标准、最好的质量，推进北京城市副中心规划建设，着力打造国际一流的和谐宜居之都示范区、新型城镇化示范区和京津冀区域协同发展示范区，有序推进北京城市副中心规划建设，带动中心城区功能和人口疏解。[①]"三个最"和"三个示范"体现了对北京城市副中心的高定位、高标准的要求，承载了示范带动的历史重任。

1. 国际一流的和谐宜居之都示范区

2014 年，习近平总书记视察北京工作时发表重要讲话，第一次提出建设"国际一流的和谐宜居之都"的目标。2017 年，《总体规划》正式提出将北京城市副中心打造成为"国际一流的和谐宜居之都示范区"。"和谐宜居"，简要来说就是适宜人类居住和生活的城市，应具有适宜的自然和生态环境条件以及人文环境条件，同时也要注重城市各领域各要素之间的协调。[②]从教育事业发展的角度来说，构建"和谐宜居"城市的基本条件就是"学有所教"，居民子女都依法享有教育公共服务的权利，有一定的受教育年限保障和充足的优质教育资源。

综观世界，具有副中心的国际一流大都市也可为北京城市副中心的发展提供国际经验。纽约、伦敦、巴黎、东京作为著名的国际大都市，都建有多个城市副中心，其义务教育年限和免费教育年限可以综合反映出这些城市教育公共服务的基本状况。由表 1 可见，北京城市副中心的各项教育指标虽然与东京持平，但是与纽约、伦敦、巴黎的各项教育指标还有一定差距。

法国巴黎大区总面积约 1.2 万平方公里，总人口约 1100 万，巴黎市面积约 105.4 平方公里，人口约 230 万。[③]巴黎的拉德芳斯"副中心"是城市

---

① 《中共中央　国务院关于对〈北京城市总体规划（2016～2035 年）〉的批复》，http：//www. gov. cn/zhengce/2017－09/27/content_ 5227992. htm。

② 张文忠、湛东升：《"国际一流的和谐宜居之都"的内涵及评价指标》，《城市发展研究》2017 年第 6 期。

③ 肖亦卓：《国际城市空间扩展模式——以东京和巴黎为例》，《城市问题》2003 年第 3 期。

表1　北京城市副中心与国际一流大都市义务教育年限和年龄比较

项目	北京城市副中心	纽约	伦敦	巴黎	东京
义务教育年限(年)	9	12	11	11	9
实施义务教育的年龄(岁)	6~14	6~19	5~15	6~16	6~14
免费教育年限(年)	9	12	15	15	9
实施免费教育的年龄(岁)	6~14	6~19	3~17	3~17	6~14

注：北京城市副中心数据参考北京市区标准。

资料来源：陆璟、李丽桦、马珍珍、钟智《国际大都市基础教育发展指标比较研究》，《上海教育科研》2007年第1期。

副中心发展的典范。1958年巴黎市政府和相关部门开始建设巴黎西部的拉德芳斯区为城市副中心，经过数十年的发展，其成为以商务、商业为主，集金融、旅游、办公、娱乐、居住、会展等功能于一身的现代化城区。现如今，拉德芳斯副中心已作为"欧洲最高效的商务商业办公区"而享誉世界。

日本东京总面积为2162平方公里，人口约1350万，而东京与周围千叶县、神奈川县等地区共同组成了东京都市圈，总人口达4000万，是目前全球最大的都市区和都会区。目前东京都市区由单核心逐步演变形成完善的多核心格局，共建立了新宿、池袋、涩谷、上野—浅草、大崎、锦系町—龟户、临海副中心。七个副中心环绕在中心城区的周围（见图2），不仅担负着疏解中心城区人口、交通、住房等压力的重任，同时各个副中心在旅游、文化、娱乐、居住、医疗等方面发挥着越发齐全的城市功能，其综合服务水平高，均能实现本地区良好的职住平衡状态（见表2）。

巴黎拉德芳斯副中心和东京新宿副中心的规划建设可为北京城市副中心提供国际经验参考和借鉴。这些国家大都市在规划建设城市副中心时，都非常注重高标准、功能完备的配套设施建设和健全的公共服务建设，在规划设计之初就要考虑包括教育、医疗、工作、住房、商业在内的所有城市功能，保证实现副中心的"职住平衡"，因为只有这样才能真正缓解中心城区的人口与资源压力，吸引和留住人口在城市副中心安居乐业。

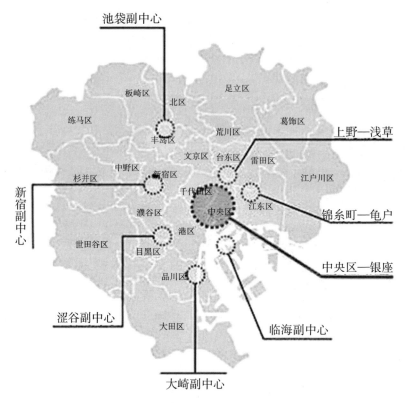

图 2 东京副中心地理位置

资料来源：中国指数研究院《读懂北京城市总体规划，六大变化值得期待》，
https：//m.fang.com/news/bj/03_ 26961724.html。

表 2 东京中心城区、副中心功能地位

名称	主要功能定位
中央区	政治经济中心、国际金融中心
新宿	第一大副中心，带动东京发展商务办公、娱乐中心
池袋	第二大副中心，商业购物、娱乐中心
涩谷	交通枢纽、信息中心、商务办公、文化娱乐中心
上野—浅草	传统文化旅游中心
大崎	高新技术研发中心
锦糸町—龟户	商务、文化娱乐中心
临海	面向未来的国际文化、技术、信息交流中心

资料来源：Tokyo's Plan, 2000。

2. 新型城镇化示范区

2014 年 9 月，中共中央国务院印发的《国家新型城镇化规划（2014 ～ 2020 年）》中指出，将农民工随迁子女义务教育纳入各级政府教育发展规划和财政保障范畴，合理规划学校布局，保障农民工随迁子女以公办学校为主接受义务教育。同时，加快消除城乡二元结构的体制机制障碍，推进城乡要素平等交换和公共资源均衡配置。"保障随迁子女平等享有受教育权利"和"推动城乡发展一体化"成为我国新型城镇化建设的重要标准和要求。

以北京城市副中心为核心，向外围辐射 906 平方公里的通州全区，其中围绕副中心周边不乏多个乡镇，紧邻的台湖镇、张家湾镇、宋庄镇，外接的于家务乡、永乐店镇、漷县镇等都有大量需要改造和发展的村庄，亟须着力推进产业、居住、教育均衡发展。在城乡学校一体化发展的过程中，北京城市副中心要推动优质教育资源均衡发展，以示范区的高标准预先做好学校布局规划，缩小城乡差距，谨防出现类似中心城区优质资源过度集中的情况。

3. 京津冀区域协同发展示范区

《总体规划》的第 33 条"实现北京城市副中心与廊坊北三县地区统筹发展"中指出，北京城市副中心承担着示范带动非首都功能疏解和推进区域协同发展的历史责任。北京城市副中心与廊坊北三县地区地域相接、互动性强，需要建立统筹协调机制，加强重点领域合作，做到统一规划、统一政策、统一管控，实现统筹融合发展。发挥北京科技创新引领作用，支持廊坊北三县地区产业转型升级，发展高新产业。促进跨区域交通基础设施互联互通、市政基础设施共建共享。促进廊坊北三县地区公共服务配套，缩小区域差距。

北京城市副中心与天津武清、河北廊坊北三县地区相连接，为武清、廊坊搭建京津冀协同发展的高端产业平台，要做到优势资源共享、优势互补、互利共赢，发挥科技创新引领作用，协调统一筹划管理，促进周边地区产业转型升级，引领京津冀区域协同发展。

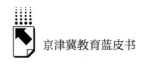
二　服务于北京城市副中心建设的人口与教育需求分析

北京城市副中心地处通州区核心地带，与通州区整体的发展紧密相连、相辅相成。北京城市副中心的发展带动通州区的整体发展，同时，通州区的人口和教育需求关系到北京城市副中心区域优质教育资源的供求问题，也时刻影响着北京城市副中心的示范发展。所以，本研究将从整个通州区的人口现状和教育资源现状入手，分析包含北京城市副中心在内的通州区目前的人口与教育需求情况。

（一）人口现状

北京城市副中心"三个示范"的高标准建设要满足实际需要和长远谋划，对人口基本结构的分析是首要前提，具体包括北京城市副中心及通州全区常住人口的数量、年龄结构、区域人口分布和人口密度等各方面。

1. 人口总量

《北京市通州区"十三五"规划纲要》（简称《规划纲要》）中指出，通州区到 2020 年，常住人口规模控制在 160 万人以内。统计数据显示，截止到 2016 年 12 月，通州全区常住人口 142.8 万人，其中户籍人口 74.7 万人，比上年增长 4.1%，非户籍人口 68.1 万人，整体呈现出逐年增长的趋势（见图 3）。2017 年通州区市属行政事业单位整体或部分迁入工作取得实质性进展，远期将带动约 40 万人疏解至副中心。预计2020 年通州区常住人口总数将达到约 190 万人。这个数据比《规划纲要》中指出的 2020 年人口规模要控制在 160 万人的预期目标多出近 30 万人。

北京城市副中心到 2020 年，常住人口规模调控在 100 万人左右，到2035 年控制在 130 万人以内，将承接中心城区 40 万～50 万常住人口疏解。根据通州区 2020 年实际可能达到的常住人口总数，以及北京城市副中心与通州区 2020 年规划调控目标人口数的比例估算，北京城市副中心常住人口总数在 2020 年预计达到 119 万人左右①，比规模调控目标至少多出近 20 万人。从目前看来，户籍人口占常住人口比重较大且增速较快，增加了未来人口疏解难度，导致北京城市副中心未来人口调控压力较大。

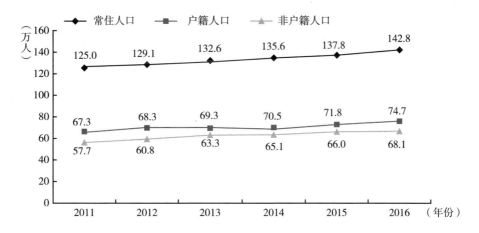

图 3　2011～2016 年通州区常住人口、户籍人口和非户籍人口变化趋势

在人口总量中，城镇人口的占比不断加大，通州区的城市化水平也在不断提高。根据 2016 年北京区域统计年鉴的数据，与 2015 年相比，通州区2016 年城镇人口有明显增长。同时，2016 年城镇人口占通州区人口的比重为 65.1%，并仍有继续增长趋势（见表 3）。而北京城市副中心作为重点发展的区域，即"一核五区"中的核心区域，区位优势明显，是新城建设的先行启动区和窗口，也是高端商务功能主要承载地和京津冀协同发展的战

表 3　通州区城乡常住人口结构

单位：万人，%

项目	2016 年		2015 年		增减变动	
	人口数	比重	人口数	比重	人口数	幅度
城镇人口	93.0	65.1	88.2	64	4.8	5.4
乡村人口	49.8	34.9	49.6	36	0.2	0.4

---

① 具体的计算方法：100/160 = x/190，x 为北京城市副中心 2020 年实际人口总数。由于数据和方法等客观因素，只是作为一个趋势性的大体估算数据。

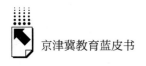
略引擎区，必将是城镇化进程最快的区域，要谨防城镇化带来的一系列环境、人口、公共服务等民生问题。

2. 人口年龄结构

《通州区2016年国民经济和社会发展统计公报》（以下简称《统计公报》）的数据显示，通州区的常住人口年龄结构中15～64岁的居民占比最大，说明通州区正处在劳动力极为丰富的阶段。2015年，通州区常住人口中，0～14岁的少儿人口为13.3万人，15～64岁劳动年龄人口为113.0万人，65岁及以上老年人口为11.5万人。2016年，通州区常住人口中，上述相应人口数分别为14万人、116.4万人、12.4万人。在人口增减变动部分，15～64岁的劳动人口规模仍为最大，但其所占比重比2015年降低0.5个百分点，而老年人口所占比重有所上升（见表4）。

表4　通州区常住人口年龄结构

单位：万人，%

年龄段	2016		2015		增减变动	
	人口数	比重	人口数	比重	人口数	幅度
合计	142.8	100.0	137.8	100.0	5	3.6
0～14岁	14.0	9.8	13.3	9.6	0.7	5.3
15～64岁	116.4	81.5	113.0	82.0	3.4	3
65岁及以上	12.4	8.7	11.5	8.3	0.9	7.8

整体看来，通州区可借助这段时期推进人力资源的开发和培养。但同时，如何将大量的劳动力资源转化为大量的人力资源，以更加符合副中心承接中心城的行政、商务、商贸、文化创意等行业的区域发展定位，最重要的是为大量有教育需求的学龄人口提供充足的教育资源供给，这也是副中心在发展过程中需要实时关注的问题。

3. 人口分布和密度

北京城市副中心建设规划的首要功能是疏解中心城区人口，面临着承载40万～50万人口的压力，同时还要承载持续增长的迁入人口，未来完成人口调控任务的压力不言而喻。所以，北京城市副中心在承接人口的同时，也需要适当调控人口增量，避免产生区域性的"再生城市病"。

本研究中的人口密度采用每平方公里常住人口数量予以度量。具体情况如表 5 所示，通州区的中仓街道、北苑街道、新华街道和玉桥街道地处北京城市副中心的核心区域，这 4 个街道仅户籍人口密度平均达到 6708 人/平方公里。按常住人口算，4 个街道总的人口密度为 25625 人/平方公里，远远高于副中心区域覆盖或部分覆盖的乡镇，如永顺镇、梨园镇、潞城镇、宋庄镇、台湖镇等。而通州全区的人口密度也不过 1576 人/平方公里，北京城市副中心核心区域人口密度远超通州区人口密度，目前已经处于超载状态。另外，紧邻北京城市副中心周边的乡镇人口密度也较大，说明未来北京城市副中心区域极可能出现人口过度集中的状况。

而通州区其他距核心区域较偏远且不与北京中心城区临界的乡镇，如漷县镇、西集镇、于家务乡、永乐店镇，其人口密度在 500 人/平方公里左右，人口分布明显较为稀疏。

表5　2016 年通州区各乡镇和主要街道人口情况

乡镇、街道	常住人口 （人）	户籍人口 （人）	土地面积 （平方公里）	人口密度 （人/平方公里）
中仓街道	—	46664	4.81	9701
北苑街道	—	44306	6.29	7044
新华街道	—	13622	2.36	5772
玉桥街道	—	43896	10.17	4316
永 顺 镇	113092	69442	27.4	4127
梨 园 镇	52458	61923	19.37	2708
潞 城 镇	59375	52110	71.33	832
宋 庄 镇	119473	71549	115.2	1037
台 湖 镇	82348	53581	81.3	1013
张家湾镇	103491	64659	105.43	982
马驹桥镇	106632	52541	87.94	1213
漷 县 镇	64056	57785	113.21	566

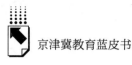

续表

乡镇、街道	常住人口 （人）	户籍人口 （人）	土地面积 （平方公里）	人口密度 （人/平方公里）
西集镇	45189	45394	91.4	494
于家务乡	30946	25895	65.36	473
永乐店镇	45422	43474	104.38	435
通州全区	1428000	74700	906.28	1576

注："—"表示数据缺失。

资料来源：《北京市通州区统计年鉴（2017）》；中仓街道、北苑街道、新华街道、玉桥街道的常住人口数缺失，其人口密度根据户籍人口数计算。其余的街道和镇以常住人口计算人口密度。通州全区的人口密度采用常住人口与土地总面积的比值进行计算。

（二）教育需求总体研判

根据《北京市居住公共服务设施配置指标》和《北京市居住公共服务设施配置标准实施意见》（京政发〔2015〕7号），每1.44万人口至少需要配置1所12个班的幼儿园，每2.29万人口至少需要配置1所24个班的小学，每5.71万人口至少需要配置1所30个班的初中，每8.1万人口至少需要配置1所36个班的高中。这是该文件规定的北京市居住公共服务设施配置的最低标准。根据此标准计算出通州区应有的学校数量，与实际学校数相对比，由此分析，通州区在幼儿园和小学数量方面已超出标准较多，初高中学校数较标准少1所，整体看来，通州区学校在数量上是基本符合最低标准的（见表6）。

表6　通州区幼儿园、中小学实际数量与标准数量的比较

单位：所

学校	标准数量	实际数量	差值
幼儿园	99	141	+42
小学	62	82	+20
初高中	42	41	-1

但是，远期北京城市副中心还将增加40万～50万人口，按照未来增加40万人口保守估计，仅北京城市副中心区域还需要增设幼儿园28所、小学17所、初中7所、高中5所。并且，从通州区的人口年龄结构来看，0～14岁和15～60岁人口数量之和占人口总量的91.3%，学龄人口多且年龄跨度大，教育需求量大且类型多样。为满足各个年龄阶段的教育需求，通州区应不断扩建和新建中高职、成人教育学校和老年大学，丰富北京城市副中心所在区域的教育类型，提高教育综合水平。

三 服务于北京城市副中心建设的教育资源与供给分析

北京城市副中心的定位是以最高的理念、标准、质量推进规划建设，着力打造国际一流的和谐宜居之都示范区、新型城镇化示范区和京津冀区域协同发展示范区。在此定位下，不仅是满足基本的教育需求，优质教育资源成为北京城市副中心未来目标能否达成的重要因素。教育资源的数量、质量、分布、结构等方面影响了整个北京城市副中心所在区域的人口分布、交通运行、"职住平衡"各个方面，同时也关系着范围更广泛的京津冀区域的未来发展。

由于北京城市副中心近两年仍在快速发展中，且为通州区的一部分，难以从政府网站和统计年鉴中获得北京城市副中心的详细数据，所以本研究从通州区整体的教育资源入手，试图分析北京城市副中心的教育资源概况。

（一）总体学位供给

2016年的数据显示，北京市通州区各学段在校生数为119310人（见表7）。在保持现有班级规模和学校数量的条件下，在校生人数约等于可提供的实际学位数。因而，目前通州全区可提供的存量学位数约12万人，而2016年北京市通州区0～60岁的学龄人口达130.4万人，学前教育与小学学校数量较多，但初中、中高职、高等教育学校数量偏少。随着未来城市副中心建设中人口结构的变化，和以小班化为特色的示范性优质教育的发展与资源配置，学位数量还需要进行系统评估，但从预见性的判断而言，服务于副中心"三个示范"要求的优质学位及相关资源的供给必定要在数量和结构上予以补充和优化。

表7　通州区各学段基本情况

单位：人，所

各学段	学生数	教职工数	学校数
幼儿园	30371	4582	141
小　学	63568	4162	82
初　中	16639	4795	41
高　中	8377		
职业高中	355	119	3
成人教育	—	40	12

资料来源：北京市通州区教委。

（二）北京城市副中心优质教育资源情况

北京城市副中心大力引进幼儿园和中小学阶段的优质教育资源。根据2017年通州区教委的示范园公示，通州区大方居幼儿园、通州区东里幼儿园、通州区七零九零幼儿园3所幼儿园为北京城市副中心区域验收的示范幼儿园。小学有北京小学通州分校、人大附小东校区、北京史家小学通州分校、北京实验二小通州分校4所；中学有北京五中通州校区、首师大附中通州校区、北京二中通州校区、人大附中东校区、北京育才学校通州分校5所；大学阶段目前有5所高校助力北京城市副中心建设，分别与中央美术学院、北京林业大学和北京建筑大学的三个高精尖创新中心签订了合作协议。

但是，目前优质教育资源高度集中在北京城市副中心区域（见图4），已建成的6所中小学分布在新华街道、北苑街道、中仓街道、玉桥街道、永顺地区、潞城镇、梨园镇等地，其他乡镇特别是通州区南部、东南部的永乐店镇、潞县镇、于家务乡、马驹桥镇、西集镇基本未受到优质教育资源的辐射。

根据通州区优质资源校区建设进度规划，在均衡优质教育资源方面，通州区政府已经开始实施措施（见表8）。虽然未来通州区将会增建北京四中、北京五中、景山学校等优质学校，但这些学校仍集中在潞城镇、副中心办公区、台湖镇等地，即运河核心区，如张家湾、宋庄镇等紧邻副中心区域也有涉及，但相对较少，其他地区如生活配套区和发展备用区的优质教育资源建设未在规划之中。

图4 通州区引进市级优质资源分布图

资料来源：《通州区引进市级优质资源分布图》，http：//edu. people. com. cn/n/2014/0420/C1053-24918658. html。

171

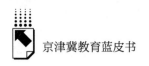

表8　通州区优质资源校区建设进度规划

类型	校名	位置	备注
已建成	北京二中	通州潞城镇三元村	2006 年 8 月建校,2012 年 8 月起成为一所完全中学
	首师大附中	通州区新华大街	2015 年秋季已投用;容纳 2700 名学生的全新现代化校园将于 2019 年建成投入使用
	史家小学	通州玉桥东小区 A1 区	位于玉桥东小区的校区已于 2009 年 9 月 1 日正式开学
	北京小学	通州区芙蓉园	—
	实验二小	通州区土桥中街	—
	育才学校	通州梨园群芳中二街 3 号	2007 年 9 月 2 日落成投用,九年一贯制
未建成	北京四中	副中心办公区	—
	北京五中	潞城与宋庄交界处	2017 年 9 月主体完工,同时设立初中部和高中部
	景山学校小学、中学部	台湖	建成后将是一所 12 年制的学校
	人大附中、附小	潞城	—
	北理工附中	宋庄	—
	14 中	张家湾	—
	13 中分校	张家湾	—
	黄城根小学	副中心办公区	—

四　服务于北京城市副中心建设的教育资源配置的主要问题

通过对相关数据资料的分析,本研究发现在服务于北京城市副中心建设中,存在一些与人口密切相关的教育服务和资源供给与配置的问题。特别是从现有可查阅的信息资料来看,服务于"三个示范"的目标要求、面向未来的划时代性的城市副中心教育公共服务体系的总体战略谋划与前瞻性设计力度还不够,特色还不明显。具体而言,有如下几个方面的问题。

（一）教育资源的供需矛盾仍然突出

从总体的学位供给来看，学龄人口在职业教育学校和老年大学方面拥有较少的受教育渠道选择，这将导致现有教育资源难以满足各年龄段学龄人口的教育需求，人口主体的综合素质无法得到均衡提高。北京城市副中心是作为国际一流示范区发展的，其所在通州区的整体教育水平有待提高，各级各类学校还有待进一步扩张和建设。同时，北京城市副中心致力于打造高精尖的产业创新区，如果没有充足的优质教育资源供给，人口难以转化为充足的人力资源，这可能导致着力打造高新产业区和国际商务区所需人才资源难以跟进和补充。

北京城市副中心承担着疏解中心城区人口的功能，未来增加的40万~50万人亟须扩建或新建各级各类学校，以满足疏解人口的教育需求并且对其构成吸引力，使他们能够安居乐业，实现"职住平衡"。就目前状况而言，虽然通州区学校数量总体符合公共服务设施的最低标准，北京城市副中心也大力引入了多所优质中小学，但是作为以"最先进的理念、最高的标准、最好的质量"为发展目标，以"推进北京城市副中心规划建设"为发展定位的区域，与中心城区比较而言，其优质教育资源数量仍显不足。据统计，同样担任政治中心职能的北京市西城区占地面积50.53平方公里，平均每2.8平方公里有1所市级示范幼儿园，而未来的行政区划副中心占地面积155平方公里，平均每51.7平方公里才有1所市级示范幼儿园（见表9）。

表9　北京城市副中心与中心城区优质教育资源对比

单位：所，%

教育资源	东城区	西城区	海淀区	北京城市副中心
市级示范幼儿园	22	18	38	3
市级示范小学	34	42	60	4
市级示范高中	12	15	11	3
高级教师占中小学专任教师的比例	7.04	—	18.39	9.23

资料来源：根据北京市教委、各区教委网站等资料汇总整理。

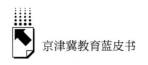
另外，北京城市副中心目前的优质教育资源大多是通过中心城区集团化办学的形式引入的分校，作为合作校在短期内迅速成长起来，能否获得家长群体的认可度也有待考证。吸取国际上的经验教训，韩国首尔的副中心世宗市由于缺乏优质教育资源，导致很多公务员虽然在世宗工作，但子女仍在首尔接受教育，家也仍安在首尔，每天往返数小时奔波于两地之间。

（二）优质教育资源的地域分布不均衡

在北京城市副中心规划建设中，教育服务和资源的供给，作为一项重要的基本公共服务，重要作用之一在于服务于缓解由于优质教育资源过于集中而可能带来的城市人口聚集、交通堵塞等城市病问题，发挥教育资源对人的选择行为的引导作用。现在北京城市副中心要建设新型城镇化示范区，打造人口经济密集地区优化开发模式的范本，在规划和设计伊始，更应该避免出现中心城区的老问题，避免优质公共资源再度集中。

然而，就目前北京城市副中心优质教育资源的分布情况来看，无论是幼儿园、小学、初中、高中、大学，优质教育资源多分布在以北京城市副中心行政区为中心的周围乡镇范围，即集中在运河核心区。而作为新城建设中"一核五区"的另外五区——文化创意产业集聚区、文化旅游区、环渤海高端总部基地集聚区、医疗服务区、国际组织集聚区，未来的优质校规划建设在这些地区尚无体现，势必会导致这些区域的居民因子女上学的问题逐渐往运城核心区聚集，优质教育资源再次趋于集中。如果在规划设计环节不做前瞻性的通盘考虑和系统设计，就极有可能成为北京"再生城市病"的高发区，甚至会引发一些新的社会问题和矛盾，这是需要高度重视和警惕的。

（三）教育引导人口疏解面临巨大挑战

2016年6月，国土资源部发布了《全国土地利用总体规划纲要（2006～2020年）调整方案》，调整原则的第三条指出"节约集约、优化结构。遏制建设用地过度扩张，有效控制建设用地总量。统筹建设用地增量与存量，合理调整优化建设用地结构和布局"。在"关于建设用地调整"部分明确指出，"按照严守底线、调整结构、深化改革的思路，严控增量，盘活存量，优化结构，提升效率，切实提高城镇建设用地集约化程度"。在"关于土地利用结构和布局优化"部分强调，"京津冀、长三角、珠三角等区域逐年减少建设用地增量，推动产业结构向高端高效发展，防治'城市病'"。

由此可见，我国在土地用地方面的思路已转变为严控规模，从控制增量向盘活存量发展，京津冀协同发展要逐步减少建设用地向优化结构后的高端高效发展。北京城市副中心承担了疏解中心城区 40 万人口的重任。与此同时，人口调控压力也空前加大，目前已形成以北京城市副中心核心区域为圆点的人口密度集中区，越接近圆心处人口密度越大，位于北京城市副中心的中仓街道户籍人口密度已达到 9701 人／平方公里。如何平衡经济社会发展与人口合理适度增长，如何解决副中心人口的增量与存量的结构优化，如何防止北京城市副中心出现"再生城市病"。在这种情况下，如何通过方式方法和制度创新，加强各级各类教育资源的供给与配置，特别是新建学校的科学合理布局和原有学校的资源优化，发挥不同类型教育对不同人口群体的服务作用，支撑人口副中心建设中人口的疏解与结构优化极为重要，但显然也面临巨大的挑战。

五 服务于城市副中心建设教育资源配置的
意见和建议

为将北京城市副中心打造成让人眼前一亮的精品力作，要立足于副中心规划建设的"三个示范"目标要求，总体而言要进一步强化城市副中心教育公共服务体系的战略谋划与前瞻设计，打造亮眼的、独特的城市副中心教育公共服务精品力作和卓越的教育资源配置系统。基于对相关数据资料的分析和阐述，针对一些主要问题，本研究提出如下一些方面的初步思考和建议。

（一）进一步扩大优质教育资源辐射面，立足于实现教育资源的高位均衡，推动京津冀一体化协同发展

首先，北京城市副中心的教育资源还需进一步优化，无论是幼儿园还是中小学，目前的优质教育资源总量仍旧不足。除了实施"内升外引"策略，北京城市副中心引入更多的优质教育资源之后，也要注意有"量"也有"质"。保证名校办分校、集团化办学等办学方式能够切实提升副中心的教育教学质量，避免合作形式浮于表面。其次，作为"新型城镇化示范区"，北京城市副中心在引入优质教育资源时要兼顾建设通州区其他区域的优质学校，合理规划学校布局，扩大优质教育资源辐射面并有意识地向通州区中部和南部倾斜，避免未来新一轮资源不均衡和资源过度集中化的出现。通州区政府也要提高除北京城市副中心之外的其他乡镇的基础设施配套建设，确保优质资源均衡分配，推动城乡一体化发展。最后，作为"协同发展示范区"，北京城市副中心要发挥京津冀协同发展的带动作用，推动落实"通武廊"教育协同发展合作协议，协调制定"通武廊"地区基础教育学校布局规划，统一新建居住区基础教育学校配件标准，建立健全通武廊学籍互认制度，落实京津冀教育对口帮扶项目，特别是助力河北 10 个深度贫困县精准扶贫。

（二）用好增量，盘活存量，通过方式方法和体制机制的创新，调整优化教育资源结构

结合上文分析，北京城市副中心目前整体优质教育资源不足，但是职业教育、高等教育、成人教育和老年大学教育资源更显短缺，为建设符合北京城市副中心国际一流和谐宜居示范区的定位，在职业教育和高等教育阶段要引入更多的优质资源，将丰富的劳动力资源转化为创新人才资源，助力北京城市副中心的经济建设、城市规划和发展。

北京城市副中心在新增初高中优质校的同时，也要根据不同区域的特色定位，有针对性地建设各级各类优质教育资源，比如在行政区、文化创意产

业集聚区和商务区着重规划建设优质普通初中和高中，而在文化旅游区和环球影城区域可增设优质的中职和高职学校。优质的中高职学校能够给予学生多种类型的升学渠道，培养符合区域产业发展的高级技术人员和专业人员，凭借未来劳动力资源丰富的优势，培养不同类型的专门人才，创造更多的就业机会。

同时，也要注重高等教育和成人教育的建设与发展，积极促进产教融合，创办应用型高校。例如，在日本，新宿作为日本城市副中心，其不同类型的高等教育也极为发达，拥有工学院大学、东京医科大学、东京女子医科大学、东京理科大学、早稻田大学、法政大学等多所高等院校，为其发展提供了充足的技术及人才支持。[1] 同时，政府要适当开放教育市场，鼓励社会力量兴办教育，激发市场活力；具体措施方面，可积极探索运用政府补贴、购买服务、捐资激励等制度，推动北京城市副中心企业资本进入教育领域。

（三）综合考虑多种资源要素构成的城市承载能力，科学调控北京城市副中心人口数量

人口是教育公共服务体系建设的出发点，也是落脚点，是硬性的而且极为复杂的制约因素。作为城市副中心规划建设的内在系统，教育资源和土地、水、资产等因素一起构成了整个城市规划建设的承载能力。2017 年 9月 29 日，《北京城市总体规划（2016～2035 年）》正式发布，总体规划以资源环境为硬约束，确定了人口总量上限、生态控制线、城市开发边界"三条红线"。因而，在考虑城市空间布局和建设规划的过程中，要结合教育资源的供给，科学合理地调控副中心的人口规模与结构。

北京城市副中心人口调控要注意系统性和整体性，在调控之初、调控中期以及调控末期要把握不同时期的阶段性特征，出台有针对性的政策建议区

---

① 马海涛、罗奎、孙威、王昱：《东京新宿建设城市副中心的经验与启示》，《世界地理研究》2014 年第 1 期。

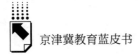

别治理，在进行合理规划的同时，引导产业转移、促进就业、完善公共服务和基础设施建设，建立健全考核评价的治理机制，实现北京城市副中心人口规模合理、结构优化、多元有序、和谐共处的符合未来城市规划建设的人口发展格局。同时，要注重城区产业搬迁和劳动力疏解工作不宜操之过急，要循序渐进，避免因为人口疏解而伤害到大城市自身的活力。建议政府有关部门组织相关领域的专家学者，对中心城区和副中心未来几年的劳动力需求进行深入研究，将未来的劳动力供求预测应用到人口疏解和产业搬迁的规划中，防止截断部分行业对劳动力的刚性需求，以及合理补充和培养副中心丰富的劳动力资源。

（四）建立健全多元主体参与、科学有效的教育资源配置机制，完善北京城市副中心学校治理结构

就目前看来，北京城市副中心区域集中的优质教育资源学校较多，其他区域分布较少，很容易造成新一轮的副中心资源过度集中。由于通州区各乡镇间、城乡间仍存在资源差异，应建立公众广泛参与的学校布局调整决策机制，让家长、教师、社区等各界人士共同参与布局调整决策，给予家长、社会知情权和选择权，共同监督和评估学校的建设与发展。如此，北京城市副中心学校布局调整政策才能吸纳民意、造福民众，真正让人民满意。

同时，也要在建设中适应和结合所在区域的特征和本地文化价值理念，完善北京城市副中心学校自主管理，作为中心城区的分校要办出本地区域特色，将行政力量驱动办学转化为内在发展驱动办学，转而进入学校创新发展的有序轨道，将北京城市副中心真正建设成为优质教育资源的汇集地。

地 区 篇

Regional Reports

B.8

北京市推动京津冀职业教育
资源优化配置实践与策略研究

侯兴蜀*

摘　要：　通过调查分析、文献研究、案例研究和统计资料分析，本报告认为京津冀协同发展战略的实施已经对北京市职业教育产生了很大的影响，而且这种影响将持续而深远。为了适应北京"四个中心"战略定位、"疏非控人"政策、现代产业发展和外迁企业对技术技能人才的需求，北京市职业教育的规模和结构正在进行较大幅度的调整，自身转型升级压力很大，资源分散的问题凸显出来，优化配置的任务十分艰巨。近三年来，北京市一方面采取相关措施提升本市职业教育品质，

---

* 侯兴蜀，北京教育科学研究院职业教育研究所副研究员，京津冀职业教育协同发展研究中心（北京）副主任，主要研究领域为职业教育政策与战略。

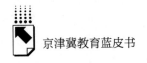

另一方面将优质职业教育资源以多种形式辐射到河北省，均取得了积极的进展。在京津冀协同发展背景下，未来北京市职业教育资源优化配置要解决三个问题：一是自身转型升级问题；二是面向京津冀的资源输出布局问题；三是如何淘汰过剩和无效的资源。为进一步促进北京市职业教育融入京津冀协同发展，本报告还建议重点完成产教深度融合、开展联合培养试点、建立统筹协作平台三项任务。

关键词： 京津冀协同发展　职业教育　资源配置

京津冀协同发展战略的持续实施已经对北京市职业教育产生了很大的影响，而且这种影响将是深远的。为了适应北京"四个中心"战略定位、"疏非控人"政策和高精尖经济结构对技术技能人才的需求，北京市职业教育的规模和结构正在进行较大幅度的调整，资源分散的问题凸显出来，优化配置的任务十分艰巨。近三年来，北京市一方面采取相关措施提升本市职业教育品质，另一方面将优质职业教育资源以多种形式辐射到河北省，均取得了积极的进展。与此同时，北京市参与京津冀职业教育协同发展还存在一些政策瓶颈需要突破。为进一步促进北京市职业教育融入京津冀协同发展，建议重点完成产教深度融合、开展联合培养试点、建立统筹协作平台三项任务。

一　背景

（一）国家提出了北京市职业教育调整的任务要求

2015 年京津冀协同发展领导小组制定的《京津冀协同发展规划纲要分工方案》明确提出："有序疏解北京非首都功能""支持有条件的北京普通

高等学校、中等职业学校通过部分院系搬迁、办分校、联合办学等方式向外疏解""严控在京高等学校招生人数和办学规模，严禁在北京审批或升格新的高等教育单位，严禁增加现有在京高等学校占地面积，不再扩大并逐步减少在京高等学校招生规模，大幅压缩中等职业教育和成人教育规模""推动京津冀职业教育统筹发展，优化学校、专业布局，推进对口合作、集团化办学等，加快建设与产业发展相适应的现代职业教育体系"。

（二）北京市提出了优化职业教育资源配置的目标和路径

2015 年 11 月 24 日印发的《北京市人民政府关于加快发展现代职业教育的实施意见》（京政发〔2015〕57 号）提出："结合疏解北京非首都功能要求，逐步压缩中等职业教育规模，全市中等职业院校调整到 60 所左右""整合优化职业教育资源。鼓励优质学校通过兼并、托管、合作办学等形式整合优化职业教育资源，引导不符合首都功能定位、办学特色不突出的学校转型、调整或退出。引导一批普通本科高校转型发展为应用技术类型高校，探索高职院校与本科高校合作培养高端技术技能人才的模式""推动京津冀职业教育协同发展。引导东城区、西城区中等职业学校向郊区疏解；支持其他有条件的职业院校通过搬迁、办分校、联合办学等方式向外疏解。探索建立京津冀职业教育集团，适应产业链分工合作的需要，支持职业院校跨区域合作培养人才、合作开发课程、共享数字化教学资源、共享实习实训基地、共享教学科研成果。加强与河北省张家口市职业院校的对接协作，为 2022 年冬奥会培养培训更多的技术技能人才"。

（三）北京市现代产业发展和外迁企业提出了人才的新需求

《北京市"十三五"时期现代产业发展和重点功能区建设规划》提出："更加突出高端化、服务化、集聚化、融合化、低碳化""坚持以提高质量效益为中心，优化发展服务经济、知识经济、绿色经济""坚持以推进供给侧结构性改革为主线，促进首都现代产业发展，加快发展生产性服务业，大力发展战略性新兴产业，促进制造业智能精细发展，提高生活性服务业品质，推动文化创新繁荣发展，集约发展都市型现代农业。优化调整产业空间布局，引导高端产业功能区集约高效发展，积极推进京津冀产业协作，形成具有北京特色的现代产业体系和布局，加快构建高精尖经济结构，为建设国际一流的和谐宜居之都提供重要支撑""加快形成创新引领、技术密集、价值高端的产业结构"。现代产业的发展对技术技能人才提出了新要求。而在京津冀协同发展背景下，部分行业技术技能人才无法依靠劳动力市场机制从外省市调配，本市职业教育层次和专业结构必须要适应这部分产业对人才的需求。

北京市外迁至河北的企业在技术技能人才方面也存在部分供给不足的问题，影响了外迁企业生产力在当地的迅速形成。调研发现，造成外迁企业技术技能人才流失和短缺的原因主要有三个方面：一是部分老职工不愿随企业外迁，在一定程度上造成技术技能人才流失；二是外迁企业对本市技术技能人才缺乏吸引力，在同工同酬的情况下，岗位无法满额招聘所需技术技能人才，新员工不能及时补充；三是当地技术技能人才培养能力不足、水平不高，不能对外迁企业形成有效的技术技能人才供给。

二　实践

为应对京津冀协同发展对职业教育提出的要求和产生的影响，近三年来，北京市一方面采取相关改革发展措施提升本市职业教育品质，另一方面将优质职业教育资源以多种形式辐射到河北省，均取得了积极的进展。

（一）全面推进转型升级，提升职业教育品质

1. 开展高端技术技能人才贯通培养试验

开展系统化人才培养模式改革，为学生成长成才搭建更加便捷的立交桥。2014年，首都医科大学与首都铁路卫生学校联合举办"3＋3＋2"护理专门人才一体化培养改革试点，实验班完成招生70人。2015年和2016年，贯通培养试验范围进一步扩大，参与院校增加至6所和12所，试验专业扩

展到 40 多个——包括护理、智能工程与信息技术类、食品与生物等，招生人数分别为 2048 人和 4319 人。贯通培养试验受到社会广泛关注，各试验校积极开展实践，积极探索与合作院校、合作企业和国外合作单位共建具有专业特色的一体化培养机制，为构架区域特色的现代职业教育体系提供了全新思路。

2. 扩大"3+2"中高职衔接试点规模

2012～2016 年，北京市连续五年开展"3+2"中高等职业教育衔接办学工作试点，项目规模不断扩大，累计已经达到 153 个。2016 年新增的 71 个"3+2"试点项目紧扣首都产业转型升级、城市建设与管理、生活服务业品质提升和京津冀协同发展对技术技能人才的需求，聚焦新业态、新技术和特色产业人才培养，更加侧重课程重构、衔接创新、一体化人才培养方案的实践与探索，努力打造具有首都特色的"3+2"中高职衔接品牌专业。

3. 调整职业院校专业设置布局

按照"五个一批"专业调整要求，北京市大力调整职业院校专业设置，促进专业布局更加契合首都产业转型升级和社会快速发展对高精尖及紧缺技术技能人才的需求，增强职业院校的生命力和可持续发展能力。2015～2017 年，北京市中等职业学校共新增 111 个专业，涉及 60 所学校；撤销 28 个专业，涉及 12 所学校。对应第三产业的专业大类在校生规模占绝对优势。参与高端技术技能人才贯通培养试验的北京市高职院校试点专业对接高精尖经济结构对高端技术技能人才的需求，涵盖电子与信息、机电工程等 10 多个大类 50 多个高精尖专业方向，包括工业机器人技术、新能源汽车技术、飞机机电设备维修、社区康复、视觉传播设计与制作等新开设的专业或专业方向，服务面向呈现出高精尖、京津冀、"互联网+"、创新创业的新特点。

4. 优化职业教育设施空间布局

2015 年以来，北京市职业教育进入全面转型升级期。为配合疏解非首都功能工作，北京市鼓励优质学校通过兼并、托管、合作办学等形式整合优化职业教育资源。首都铁路卫生学校并入首都医科大学，北京城市建设学校并入北京财贸职业学院，北京市环境与艺术学校并入北京服装学院，顺义区将区属公办职业高中和北京现代职业技术学院并入北京城市学院，北京市商务科技学校并入北京物资学院。

5. 推进集团化办学与产教融合

集团化办学是北京市承担的国家职业教育体制改革试点项目。2016 年以来北京市又新成立了城市建设与管理、外事服务、中关村战略新兴产业 3个职业教育集团，至此已先后组建了 10 家市级职业教育集团，覆盖了市内30 余所本科高校、30 余所高等职业学校、100 余所中等职业学校、230 余家企业、约 17 个行业协会、10 余个技能鉴定机构和 35 家科研院所，基本形成了具有首都特色的"行业穿成线""区域捏成团"的集团化办学运行模式。各职教集团依据自身特点和优势，积极开展高峰论坛、技能大赛等各类交流合作，在促进中高职衔接、产教融合、研究制定行业标准、京津冀协同发展等方面发挥了重要作用。

6. 引进德国先进理念开展教学改革

2015 年 9 月，按照北京市教育委员会与德国巴登 – 符腾堡州教育部签署的《职业教育合作备忘录》有关要求，北京市以汽车维修专业为首批试点专业，在北京电子科技职业学院、北京市昌平职业学校、北京市工业技师学院等七所院校开展胡格教育模式改革试验，借鉴德国胡格教育模式，探索将人文素养、科学素养、职业素养与职业技能培养高度融合的新型职业教育模式，强化思想道德、职业道德教育，强化精益求精的工匠精神培育。2017年，将现代物流专业纳入胡格教育模式改革试验范围。

7. 开放和高端：中心城区学校转型发展

中心城区职业学校开始转型发展，面向中小学生和市民研发课程，为广大中小学生和市民提供职业体验、职业培训等学习服务。处于首都功能核心区的东城区通过拓展社会服务功能、举办高端专业等方式，形成了职业教育资源优化配置、转型升级初见成效、积极服务全国文化中心建设的东城模式。

东城区积极盘活职业教育存量，挖掘增量，开放师资、课程、教学等资源。该区以 5 所职业院校为基础，以学区为单位，成立了 8 个市民职业体验中心，提供 99 门课程菜单供市民体验，进一步丰富了区域市民的学习生活，为市民终身学习增添了更加新颖和鲜活的元素。东城区开放中等职业教育资源，为全区中小学生建立职业体验选课制度，并以社会大课堂为抓手，开展职业体验培训，开发初中社会实践活动综合课程，完善初中科学实践开放性活动课程。

北京国际职业教育学校与故宫博物院合作成立故宫学院，面向社会大众开展中华传统文化培训，助推北京皇家艺术文化传承。2015 年 9 月，北京国际职业教育学校新开设文物保护专业，这是文物保护专业首次落户本市中职学校。该专业招生 20 人，他们成为故宫博物院专家的首批中职"徒弟"。北京国际职业教育学校与故宫合作设计了 12 门符合学生年龄特点的专业课。被该专业录取的学生除学习语文、数学、政治等公共基础课外，还将学习文物保护专业的核心课程，包括文物基础知识、中国美术简史、文物保护方法基础、古建筑保护、文物保护修复原则与典型案例、中国陶瓷发展史与鉴赏、科技方法在文物保护中的应用、文物修复传统技艺、古书画修复与装裱技艺、官式古建筑营造与修缮技艺等。由故宫博物院相关专家组成的团队为学生讲授专业课程，手把手指导实践教学，传授技艺。此外，该校烹饪专业姜波老师拥有制作 378 种老北京小吃的精湛技艺、何亮老师在央视《中国名俗》栏目开讲北京饮食文化，促进北京饮食文化创新与传承。

8. 承接与升级：城市副中心职业教育转型发展

通州区承接中心城区优质职业教育资源转移，提升北京城市副中心中等职业教育水平。根据北京城市副中心建设的总体要求，为提升通州区中等职业学校专业建设水平，按照《关于促进通州区教师素质提升支持计划（2017~2020 年）》（京教人〔2017〕13 号）中关于"支持通州区学校的校本教研"的要求，东城、西城区部分中等职业学校与通州区北京新城职业学校"手拉手"，对口支持北京新城职业学校开展校本教研。

2017 年 7 月，北京市教育委员会职业教育与成人教育处组织北京国际职业学校、北京市 179 中学、北京市实美职业学校、北京市外事学校在通州区新城职业学校校区与通州区教委、北京新城职业学校共同研究开展校本教研支持工作。会上明确了烹饪、国际化培养、中小学学生核心素养培训、学前教育、数字媒体、旅游服务与管理6个首批对接专业,主要采用外派跟岗培训、聘请专业建设指导和优质师资的方式进行。按照《关于促进通州区教师素质提升支持计划(2017~2020年)》任务分解条目,此项校本教研支持工作由通州区教委牵头,各有关单位给予配合和支持,目前项目正在实施过程中。

此外,北京新城职业学校建立了以区域实际需求为导向的专业动态调整机制,强化优势专业,停招了两个不能完全适应区域产业发展需要的专业,拟开设中西餐等服务类导向专业,力求以专业新布局更好地满足京津冀产业发展对人才的需求。

(二)开展立体化交流合作,推进京津冀协同发展

2014年以来,北京市职业教育坚持服务京津冀协同发展的战略导向,全方位立体推进三地交流合作,使京津冀职业教育协同发展进入全面活跃期。相对于基础教育和高等教育领域内的有限动作,职业教育已经成为当前京津冀教育协同发展的"先锋"兼"主力"。

1. 开展政府间合作

在行政层面上,2014年8月22日,经过两轮磋商,北京市教育委员会、天津市教育委员会和河北省教育厅共同签署了职业教育协同发展框架协议。2016年5月12日,北京市教育委员会与河北省教育厅签署包括职业教育在内的合作协议,为广泛深入推进两地职业教育交流合作奠定了基础。

2016年7月19日和28日,北京市朝阳区教育委员会分别与唐山市教育局和承德市教育局签署了职业教育战略合作协议。北京市劲松职业高中、北京市电气工程学校、北京市求实职业学校已分别与唐山市第一职业中专、曹妃甸区职教中心、迁安职教中心达成具体合作意向并启动实施。丰宁县职教中心、承德工业学校、双滦区职教中心、宽城县职教中心就依托朝阳区职教资源和办学渠道开展轨道交通、制冷、家政服务、健康养老专业建设和人才联合培养进行了交流研讨并达成了合作意向。

2. 组建跨区域集团（联盟）

2015年，河北省6所交通类的职业学校已经加入了北京交通职业教育集团，京津冀卫生职业教育协同发展联盟和京津冀艺术职业教育联盟也相继成立。同年，北京商贸职业教育集团吸收了天津商务职业学院、河北商贸学校为集团新成员，成为一个跨京津冀的职业教育集团。

2016年1月，京津冀"互联网+"职业教育集团成立，成员包括北京市丰台区职业教育中心、天津市东丽区职业教育中心学校、河北省阜平县职教中心等多家京津冀地区的学校和企业。为更好地服务2022年冬奥会，同年4月成立的北京外事服务职业教育集团由京津冀地区5家中等职业学校和北京饭店等4家高等级饭店构成。同年5月，京津冀鲁汽车职业教育联盟成立。同年6月成立的北京城市建设与管理职业教育集团吸纳了100余家企事业单位、行业协会、职业院校、高等学校、科研院所加盟，北京工业职业技术学院、天津现代职业技术学院、天津轻工职业技术学院、张家口职业技术学院、河北工业职业技术学院和唐山工业职业技术学院均属其中。

2017年6月，京保石邯职业教育联盟成立暨第一届理事会在保定市雄县召开。京保石邯职业教育联盟是在北京市教育委员会职业教育与成人教育处、河北省教育厅职成处和北京金隅集团领导下，由北京金隅科技学校牵头，联合京西南方向北京及河北部分职业院校、相关企业、科研单位、协会、服务机构等自愿组成的具有跨区域性和非营利性的组织。现有加盟单位35家，其中职业学校26所，行业、企业9家。作为一种新型跨区域合作平台，京保石邯职业教育联盟的成立是京津冀职业教育有序协同发展的重要标志，也是职业教育服务京保石发展轴的重要战略。

3. 开展院校间合作

2015年全年北京市共有18所中等职业学校与河北省和天津市的57所职业院校开展了合作，涉及电子商务、高级家政服务与管理、汽车运用与维修、物流服务与管理、工艺美术、轨道交通、数控技术应用等14个专业，合作形式多种多样——包括联合办学、专业共建、技能同台比赛、管理人员

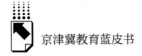

和师资培训交流等。

2016 年，超过 20 对京冀职业院校签署合作意向书或合作办学（框架）协议，在技能人才培养、教师队伍建设、学生互访、共享实训基地等方面开展交流与合作。合作两方地理空间相近，大体沿着京张（海淀、昌平、延庆、密云—张家口）、京承（怀柔—承德）、京唐秦（朝阳—唐山）、京津塘（通州—廊坊）、京保石（大兴、房山—保定、石家庄、邯郸）方向展开。合作专业涉及楼宇智能、客户信息服务、旅游服务与管理等。合作内容包括技能人才培养、教师队伍建设、科教研合作等。

2016 年下半年以来，北京市昌平职业学校唐山分校、北京金隅科技学校保定分校、北京市丰台区职业教育中心学校沽源分校相继成立。这些北京市的国家中等职业教育改革发展示范学校输出师资、管理、课程、合作企业等资源到河北相关地市的职业学校，扎实推进分校建设，取得了明显成效。

专栏1　北京市昌平职业学校与唐山市第一职业中专
"同频共振"协同发展

初探：专业共建

根据《北京昌平职业学校与唐山市第一职业中专协同发展合作框架协议》，两校就电子物流、计算机网络、新能源汽车三个方向进行专业共建，助推唐山市第一职业中专专业提档升级与特色化发展。2016 年，唐山市第一职业中专参加了在北京市昌平职业学校召开的新能源电动汽车检测与维修专业研讨论证会，并参观了北京市昌平职业学校 IT 产业人才实训基地。北京市昌平职业学校接收了唐山市第一职业中专新能源汽车运用与维修、IT 两个专业 6 名教师进行挂职培养，35 名学生到校进行技能强化培训，效果突出。

升级：分校成立

2016 年，经政府同意，北京市昌平职业学校唐山分校成立，同时京唐 IT 产教中心落成。分校成立后，北京市昌平职业学校选派了专业主任到唐山一职挂职担任 IT 产教中心负责人（副校长），同时唐山第一职业中专派教师到昌平职业学校挂职锻炼。双方在学校管理理念与文化、教育教学标准与经验等方面进行交流共享，逐步实现两校在理念、标准、行动上的"协同一体"。

北京市昌平职业学校还帮助唐山第一职业中专规划设计京唐 IT 产教中心，利用自身资源优势搭桥引进京东、中盈创信、康邦科技等知名企业带技术项目和技术人员进驻，实现企业生产与人才培养同步进行。京东电商运营中心内，京东培训讲师与唐山一职专的师生共同开发专业课程，开展电商培训和电商人才的孵化；多功能厅内，唐山一职专昌职汽修班的学生正在通过远程视频传送，与昌职学生同步学习，信息化教学在校际合作中得到充分运用。

深入：互动频繁

2017 年，双方互动频繁。唐山市第一职业中专参加了在北京市昌平职业学校召开的北京昌平教育集团发展研讨会。唐山市第一职业中专同唐山市路北区政府领导一行人专程赴北京市昌平职业学校学习考察。北京昌平职业教育集团赴唐山市第一职业中专交流指导。

4. 开展教科研合作

2016 年 2 月 24 日，北京教育科学研究院职业教育与成人教育研究所、天津市教育科学研究院职业教育与成人教育研究所、河北省职业技术教育研究所正式联合成立了京津冀职业教育协同发展研究中心，协同开展政策、理论和实践研究院校合作动态、理论研究成果、成功实践经验及时报送给教育部和京津冀三地教育行政部门。截至 2018 年 3 月 31 日，京津冀职业教育协同发展研究中心共编辑完成了 11 期《京津冀职业教育协同发展简报》。2016 年 10 月 26 日，北京教育科学研究院职业教育与成人教育教学研究中心、天津市教育委员会职业技术教育中心、河北省职业技术教育研究所共同发起的京津冀职业教育教学协同发展联盟在京成立，致力于开展京津冀职业教育教学协同创新。

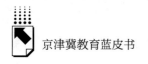

专栏 2　北京电子科技职业学院与河北同行开展教科研合作

2017 年，北京电子科技职业学院艺术设计学院联合唐山工业职业技术学院进行教育部国家级中国传统金属工艺与泥塑工艺美术资源库升级改进项目建设，重点内容包括收集唐山皮影、唐山陶瓷相关素材，对素材分类整理，并开发相应教学资源，进行创新再设计及衍生品开发。

北京电子科技职业学院机电工程学院教师开展新常态下职业教育对京津冀地区建筑等行业过剩劳动力的调整问题的调研。学院教师和河北省建筑设计研究院建筑师一起在石家庄市平山温塘地区调研，实地调查在京津冀区域一体化特别是首都经济圈防止雾霾等政策导向下，大量转型发展的企业中，建筑业劳动力转岗就业情况。通过调研发现，河北省现有城市及建筑管理服务水平与党中央对雄安新区高标准建设管理的要求存在很大的差距。尤其是河北省长期存在第三产业比重过小，钢铁、化工、农业等比重过高等问题，在新的形势下亟须调整，尤其是在职业教育培养社会应用型人才方面亟须转变。

5. 组织师资培训和干部挂职

作为人的交流，京津冀职业教育师资培训和干部挂职做得很实。在教育行政部门组织下，2015 年 22 名邯郸市中等职业学校校长在北京市相关职业院校担任"影子校长"。2015 年以来，石家庄、唐山、张家口、邯郸等地不断组织职业院校干部教师赴天津市学习培训，比如唐山市连续两年依托天津职业大学举办了中职校长、教师研修班，截至 2016 年 3 月参训学员达 160 人。

专栏 3　京津冀职业院校校长"领导力内涵建设"
高级研修班成功举办

2017 年 9 月 21～23 日，北京市教育委员会联合天津市教育委员会、河北省教育厅在河北省张家口市成功举办了京津冀职业院校校长"领导力内涵建设"高级研修班。本次研修班得到了校长们的高度认可。

一是提升了职业院校领导管理能力，强化了领导力内涵建设。全面培养校领导改革创新意识，提高依法办学、治校能力，有助于培养一批具有较高知名度、精通现代学校治理的京津冀职业教育领军人才。

二是提供了京津冀职业院校沟通平台，促进了三地职业教育的交流与合作。此次培训在组织方式上实现创新，由北京职业院校一对一邀请河北职业院校，在培训过程中实行三地院校领导混合编组，为学校提供了面对面的熟悉与交流机会。

三是聚焦职业院校办学中的实际问题，广泛探讨合作破解难题的办法。围绕三地职业教育在社会经济发展和产业转型升级时期如何适应与调整，探讨了职业院校在京津冀职业教育协同发展中的办学思路与方法。

四是开展了学校与企业的跨界体验，鼓励职业院校从市场的视角思考如何提升办学竞争力。变行政主导式培训为企业主导式培训，强调借鉴先进企业的成功经验、管理模式和独特文化，突出培养了职业院校领导高度思考、系统思考的能力，从市场需求、学生需求的视角去思考办学模式、课堂设计，努力提升职业院校办学核心竞争力。

在为期三天的培训过程中，三地职业院校领导努力学习现代管理理论、借鉴先进企业的经营理念、加强课程的课上实际体验和课下交流互动，有效提高了自身的创新思维和管理水平。培训期间，研修班专门组织校领导们参观了张家口职教中心学校。参训的校领导普遍反映此次培训组织严密、内容充实、方式新颖、效果扎实。

研修班由河北省张家口市教育局、联想集团具体承办。来自京津冀三地，包括部分国家示范性高职院校、骨干高职院校、中职改革发展示范校在内共49所职业院校52名校领导参加了此次培训。北京市教委职成处、河北省教育厅职成处、张家口市教育局的负责领导以及联想职教集团高管出席了开班仪式。

6. 开放共享型实训基地

在北京市教育委员会安排下，2016年北京市职业院校物流专业共享型实训基地面向津冀地区开设同类专业的中高等职业院校免费开放。3月21日，作为实训基地面向津冀地区免费开放后的第一批学员，河北省保定市职

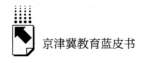

业技术教育中心的 34 名物流专业学生进入共享型实训基地，在两周时间里进行"物流中心作业"和"运输作业"两个项目的实训。

7.广泛搭建交流平台

2015 年以来，在京津冀教育行政部门的组织或指导下，京津冀职业教育协同发展研讨会、协同发展工作推进会、产教对接会等不同形式的交流活动多次举行，行政部门、职业院校、高等学校、行业企业、科教研机构代表广泛参与其中，合作共识逐渐达成。"京津冀职教圈"微信交流平台吸引了157 名来自教育行政部门、科研机构和职业院校的群成员，大家"随时随地"地参与三地职业教育交流合作与信息共享。

专栏4 京津冀交通职业教育协同发展研讨会在京举行

2015 年 11 月 17 日，北京教育科学研究院职业教育与成人教育研究所联合天津市教育科学研究院职业教育与成人教育研究所、河北省职业技术教育研究所和北京交通职业教育集团在京举办了"京津冀交通职业教育协同发展研讨会"。研讨会围绕"京津冀交通职业教育协同发展"主题，就京津冀交通行业人才需求、职业院校交通类专业发展形势和交通职业教育协同发展对策进行了交流与讨论。来自北京市、天津市、河北省教育行政部门工作人员，职业教育科研机构研究人员，34 所中等和高等职业学校的校长、中层干部和教师共 130 人参加研讨会。

研讨会上，河北省职业院校对北京表达了强烈的合作愿望与较高的期待，主要内容包括：一是尽快开展跨地师资培训、管理干部挂职等工作；二是大力合作开展专业开发和专业建设；三是联合开展招生与就业工作；四是探索中高职异地衔接；五是加快推进集团化办学。

三 问题

在京津冀协同发展背景下，北京市职业教育面临着行业总量限制、资源配置分散、跨区域协作不力等问题，亟须有针对性地尽快加以解决。

（一）行业总量限制

京津冀协同发展战略的实施使得职业教育在北京市成为限制发展的行业。北京市新增产业的禁止和限制目录（2014年版）和（2015年版）规定全市范围内"不再扩大中等职业学校教育办学规模""不再新设立中等职业学校""中等职业学校不再新增占地面积""不再扩大高等教育办学规模""不再新设立普通高等学校""高等教育学校不再新增占地面积""不再新设立或新升格普通高等学校""禁止新设立面向全国招生的一般性培训机构"。这项政策影响了相关部门对职业教育发展的认识和决策，在发展方针上亟待建立职业教育"总量实行减法、局部有增有减、区域分工协作"的统一认识。

（二）资源配置分散

北京市职业教育资源配置存在的主要问题：一是中等职业教育资源相对过剩，学校数量偏多，一校多址，办学成本较高；二是职业教育资源与四类功能区域的匹配程度不均衡，城市中心区学校总量及优质职业教育资源远高于远郊区县，城市副中心优质职业教育资源不足，为高端功能区配套服务的职业教育资源亟须加强；三是职业教育专业结构不够合理，一些学校办学特色不够突出，与北京市产业结构、就业结构不相适应，服务首都经济社会发展的能力有待进一步加强；四是受条块分割管理体制的影响，资源统筹和优化配置困难较大。

（三）跨区域协作不力

职业教育跨区域协作不力主要体现在两个方面：一是北京市各区之间职业教育发展协作不力，资源配置过于分散，未发挥出"投入高、产出也高"的整体效应；二是京津冀区域内的协作不力。协作不力的根本原因在于存在政策限制的"墙"，而且缺乏统筹协调机制。就京津冀职业教育协同发展而言，除了职业教育设施和专业（群）需要合理布局之外，财税政策和人事政策是资源配置很难突破的"墙"。比如，优秀教师跨区域流动的编制、户

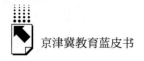

籍以及与此挂钩的各种待遇。这其中有认识上的问题，也有体制机制的问题。京津冀三地职业教育主管部门和职业院校在京津冀协同发展中的利益诉求有区别，加之跨区域的体制障碍，《京津冀协同发展规划纲要》出台三年来，国务院和京津冀三省市两级政府尚未建立起京津冀（职业）教育协同发展统筹协调机制，组织领导体系也未健全——教育部职业教育与成人教育司未介入，京津冀职业教育联席会议或定期协商机制也未建立。

四　建议

在京津冀协同发展进程中，北京市职业教育资源优化配置的总体目标是形成职业教育新格局。主要任务有三项，即提升职业教育服务首都"四个中心"建设的能力、淘汰无效和低效职业教育资源、向河北输出优质资源。

（一）转型升级，提升服务首都"四个中心"能力

1. 提升职业教育布局结构与城市空间结构特别是产业布局的匹配度

北京职业院校空间布局总体上匹配当前城市空间结构，但存在职业设施资源在城市副中心投放过少和在中心城区投放过多的"一少一多"现象，尚未完全契合《北京城市总体规划（2016年—2035年）》中的市域空间规划和京津冀区域空间格局，也未完全符合《北京市"十三五"时期现代产业发展和重点功能区建设规划》，有待于优化调整。

目前，北京市职业院校主要分布在城市中北部（昌平区、顺义区、海淀区）、中心城区（东城区、西城区）和南部（大兴区、丰台区、房山区）。高职主要分布在西北和东南方向的昌平区、海淀区、石景山区、朝阳区、房山区、大兴区。普通中专主要分布在昌平、海淀、朝阳、房山、大兴、丰台六个区。技校主要分布在丰台、大兴、房山、海淀、朝阳、顺义六个区。大部分区的职业高中是"一区一所"（公办），东城、西城、朝阳、大兴、房山还存在两所或两所以上的公办职业高中。

从现实来看，北京市产业布局集约高效，协同发展扎实起步。六大高端

产业功能区引领全市产业集约高效发展，中关村、金融街、商务中心区等带动示范作用显著。京津冀产业协作有序展开，曹妃甸协同发展示范区、北京新机场临空经济区、天津滨海—中关村科技园区、张承生态功能区等重点区域建设稳步推进。根据《北京市"十三五"时期现代产业发展和重点功能区建设规划》，未来北京市产业空间布局也基本清晰，如表1所示。

表1　北京市"十三五"时期重点功能区建设规划要点

功能区发展战略	功能区组成
优化调整高端产业功能区	中关村国家自主创新示范区、北京经济技术开发区、金融街、商务中心区（CBD）、奥林匹克中心区、临空经济区
有序推动四大高端产业新区发展	通州高端商务服务区、新首钢高端产业综合服务区、丽泽金融商务区、怀柔文化科技高端产业新区
强化特色功能区的产业承接能力	北京新机场临空经济区、北京科技商务区（TBD）、海淀北部生态科技新区、环球主题公园、中关村软件园、北京保险产业园、北京高端制造业（房山）基地、北京基金小镇、北京通用航空产业基地、密云生态商务区、延庆现代园艺产业园

资料来源：《北京市"十三五"时期现代产业发展和重点功能区建设规划》。

重点建设10所左右高水平职业院校。以专业群建设与首都现代产业发展契合度高为原则，主要从现有的示范性中等和高等职业院校中遴选，并结合城市空间结构和重点功能区分布形成合理的空间布局，加快形成对首都现代产业发展和重点功能区建设的技术技能人才主力支撑。

积极调整优化空间布局。引导东城区、西城区、朝阳区、丰台区等城区中等职业学校向城市副中心、高端产业功能区、产业发展新区和特色功能区疏解。支持其他有条件的职业院校通过搬迁、办分校、联合办学等方式向五环外疏解。充分开发利用北京财贸职业学院（涿州校区）、北京经济管理职业学院（固安校区）等现有六环外职业院校办学资源，建设10个京津冀职业教育人才培养基地，向其重点投放招生计划和经费，引导五环内职业院校向外疏解，推进京冀职业教育合作发展。

2.实施职业教育服务"四个中心"行动

实施职业教育服务"政治中心"行动。以高水平服务人才培养为核心，提升职业教育服务国家政务活动的能力。以东城区和西城区职业教育为核心，加强高星级饭店运营与管理、中餐烹饪与营养膳食、西餐烹饪、航空服务、旅游外语、旅游服务与管理、会展服务与管理、景区服务与管理、导游服务等专业建设，重点提高学生外语能力、国际理解能力和形象气质，提升职业教育对生活性服务业的保障能力；加强智能楼宇管理、安保管理等专业建设，提升职业教育服务政治场所安全运营的能力。引导东城区、西城区职业教育转型发展，原校址可作为区域内中小学生及广大市民的综合实践基地、职业体验中心，开展中小学生素质教育和社区教育服务。制定相关政策，引导和支持有条件的城区职业院校到位于城市副中心和郊区的京津冀职业教育人才培养基地办学。

实施职业教育服务"文化中心"行动。以高水平文化艺术人才培养为核心，提升职业教育服务国家优秀传统文化传承、文化创意产业发展的能力。加强古建筑修缮与仿建、古建筑工程技术、珠宝玉石加工与营销、文物修复与保护、工艺美术、民族服装与服饰、戏曲、音乐、舞蹈、杂技、文化市场经营管理等文化艺术类专业设置与建设。

实施职业教育服务"国际交往中心"行动。配合中国企业"走出去"和国际产能合作，加强与"一带一路"沿线国家的职业教育合作，围绕北京市重点产业建立若干个职业教育国际合作基地，借鉴天津"鲁班工坊"经验，输出优质职业教育资源，与承载地教育部门和企业联合制定人才培养方案，培养具有国际视野、通晓国际规则的技术技能人才。实施"引进来"战略。加强同国外职业教育机构、行业协会的交流合作，将国际先进的工艺流程、产品标准、技术标准、服务标准等融入教学，推广胡格教育模式等先进育人方法，提升北京市职业教育整体教学水平。引进一批国际知名的职业资格证书，继续做好中德、中英等职业资格证书或职业教育证书合作项目。加强与在京跨国公司（总部）合作。做好贯通培养外培试验，为北京市企业走向世界培养具有国际竞争力的高端技能人才。实施"北京市职业学校学生留学奖励计划"，每年资助若干名优秀学生赴境外交流学习。扩大国外职业学校教师和学生来京进修、交流规模。重点建设一批国际化职业院校，鼓励示范性职业学校利用学校品牌和专业优势，开展境外合作办学和对发展中国家的职业培训，吸引境外学生来京学习。

实施职业教育服务"科技创新中心"行动。适应科技创新对技术技能支撑的高要求，构建拔尖创新技术技能人才系统化培养体系。整合资源，开展中职、高职、本科、研究生教育贯通培养、联合培养改革试点，探索系统化培养技术技能拔尖创新人才和现代工匠机制。制定相关政策法规推进产教融合、校企合作。推动政府、学校、行业、企业、科研机构、职业技能鉴定机构联动，合作共建研发中心，共享实习实训基地和技术技能大师工作室。

3. 组建一批职业教育集团或联盟

针对首都紧缺人才行业的需求，提高行业职业教育资源配置效率，论证组建卫生、体育、文化创意等一批行业性职业教育集团。以北京卫生职业学院为龙头，联合北京市海淀区卫生学校、北京市昌平卫生学校、首都医科大学附属卫生学校及卫生行业组织，组建北京卫生职业教育集团；以北京戏曲艺术职业学院为龙头，联合北京市国际艺术学校、中国戏曲学院附属中等戏曲学校、北京舞蹈学院附属中等舞蹈学校、中国音乐学院附属中等音乐专科学校、北京市爱莲舞蹈学校、中央音乐学院附属中等音乐学校、中央美术学院附属中等美术学校、北京市工艺美术高级技工学校及文化行业组织，组建北京文化艺术职业教育集团；以北京体育职业学院为龙头，联合北京市什刹海体育运动学校、北京市第三体育运动学校、首都体育学院附属竞技体育学校、北京体育大学附属竞技体育学校及体育行业组织，组建北京体育职业教育集团。此外，组建北京市学前教育职业教育集团。

探索建立京津冀职业教育联盟，联合行业、企业、科研部门，共同推进行业间和区域间的职教合作，重点在冰雪项目、轨道交通、酒店管理、场馆运营等方面为2022年冬奥会培养、培训更多的技术技能人才。

（二）淘汰低效资源，整合同质化学校和专业

优化中等职业教育资源配置。引导有条件、同质化的职业学校合并重

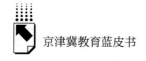
组。整合一批专业设置相近的工科类中专学校，或分别整建制并入有一定历史渊源和相近可衔接专业的高职学院或市属本科高校，优先选择并入高职学院，合并初期暂时保留中等职业教育办学层次。如有条件，整合一批专业设置相近的经济管理类中专学校。严格控制新设立中等职业学校。适应社会需求和生源减少变化，利用3~5年时间，将市、区县财政核拨经费的独立设置的中等职业学校由2016年实际招生的74所调整为60所左右。引导成人中专转制为职业培训机构。

根据北京市新增产业的禁止和限制目录，淘汰或撤并一批不符合北京城市战略定位和发展方向的职业教育专业及专业布点。比如，石油化工类的石油炼制、高分子材料加工工艺专业，土木水利类的铁道施工与养护专业，轻纺食品类的塑料成型专业，加工制造类的电子电器应用与维修专业。适当压缩传统专业，减少文科类和管理类学校、专业及办学规模。

（三）输出优质资源，服务产业转移和精准脱贫

1. 组建产教融合的职业教育集团（联盟）

鼓励与支持由与外迁企业相关度高的北京市职业院校牵头，联合外迁企业以及当地有关职业院校组建职业教育集团或职业教育联盟。发挥北京市职业院校教育理念先进、教学资源丰富、师资水平较高的优势，带动当地职业院校改善办学条件、提高师资水平、提升管理能力，增强当地职业院校技能人才供给能力。建立干部教师挂职和互派制度，并加大开放办学力度，实现优质课程互通、互联、共享，支持在校生"2+1"跨院校学习。

2. 开展现代学徒制试点

支持北京市有关职业院校与外迁企业开展现代学徒制试点，面向北京市生源招生。试点职业院校与合作企业共同制定、实施招生招工方案；通过先招生再招工、招工招生同步、先招工再招生等多种形式，推进校企双方完善招生录取和企业用工一体化的招生招工制度。规范职业院校招生录取和企业用工程序，明确学徒的企业员工和职业院校学生双重身份，按照双向选择原则，学徒、学校和企业签订三方协议，对于年满16周岁未达到18周岁的学

徒，须由学徒、监护人、学校和企业四方签订协议，明确各方权益及学徒在岗培养的具体岗位、教学内容、权益保障等，从根本上解决外迁企业招聘难的问题。

3. 在外迁企业所在地办分校或校区

一部分有条件的职业院校通过搬迁、办分校、联合办学等方式向北京市郊区和河北省疏解。支持北京市有条件的职业院校到外迁企业所在地办分校或设立校区，招生专业主要针对外迁企业所需，招生主要面向当地学生，由北京市职业院校输出管理、师资、设备等优质资源，直接为外迁企业提供技术技能人才支撑。

4. 开展京冀职业技术技能人才联合培养试点

为推动北京城区优质职业教育资源向郊区转移、服务首都产业疏解转型升级和2022年冬奥会冰雪运动，探索开展京冀职业技术技能人才招生联合培养新模式。一是面向北京市产业疏解转移地，开展京冀职业院校联合培养试点，为疏解产业提前开展技能员工培养。二是开展校企订单式人才培养试点，培养首都社会公共服务紧缺人才，重点面向"张、承、保"地区，及"北三县"进行试点。联合培养试点要以专业协作组为主体，协商制定人才培养标准、课程标准、教学大纲和评价标准。

"联合培养"的主体是河北省的职业院校，实行河北计划、河北招生、河北学籍、河北毕业就业。"联合培养"模式将采取"试点班"的形式举办，实行京冀职业院校联合招生、结对培养。北京市参与联合培养试点工作院校的主要任务是，发挥专业优势和实习实训基地条件好的优势，为联合培养试点班的学生提供为期不超过一年的专业核心课程的学习或实习实训。北京参与联合培养试点工作的职业院校不在北京市核心区选择。河北省参与首批联合培养试点工作院校的主要任务是，完成专业教学计划规定的其他教育环节。具体学段可划分为"2+1""1+1+1""1.5+1+0.5"等多种模式，人才培养方案和教学计划由结对院校共同制订并组织实施。

"订单培养"是重点针对首都社会公共服务中存在的部分岗位本地从业人员不足（比如养老）、产业疏解转移中存在的部分岗位高素质专业人才紧

缺等问题，通过校企签订培养订单，采取招工招生计划一体化模式，面向北京市与河北省两地投放招生计划。招工单位与招生院校联合实施招工招生测试，毕业后招工单位安排就业。

5. 建立职业教育协同发展试验区

设立新机场职业教育协同发展试验区。为适应新机场配套建设和未来运转需要开展专业技能人才培养，统筹规划整合地处河北省固安县永定河畔的北京经济管理职业学院南校区（原河北远东职业技术学院）、北京电子科技职业学院、大兴区属职业高中和河北省固安县职教资源。

6. 建立京津冀职业教育统筹协作平台

面对协同发展的新要求，传统区域服务下的管理制度政策需要改革。建立由教育部参加的京津冀职业教育联席会议制度，制定职业教育协同发展规划，在人才培养层次和规格定位、专业布局、资源共享、招生就业政策等方面探索建立分工协作机制和试点项目。

组建北京市推进京津冀职业教育协同发展领导小组，市教委、市发改委、市国资委、市工信委、市财政局、市支援合作办等相关部门参加，由一名市委常委或主管副市长任组长，为京津冀职业教育协同发展提供组织保障，研究、协调、统筹解决重大问题，做好规划、经费、人事等方面的保障，加快推进京津冀职业教育综合改革，根据三地不同学校实力，在招生政策（跨地单招等）、院校合作、财政支持等方面提供更多的政策支持，为京津冀协同发展国家战略提供技术技能人才支撑。对于职业院校开展的各种形式的京津冀协同发展项目，亟待建立这样一种政策保护体系，即隶属关系不变、业务管理不变、计划投资不变，促进京津冀职业教育错位发展、实现合理分工。

参考文献

［1］柳燕君、吕良燕：《京津冀协同发展背景下北京市高职学院专业设置结构分

析》.《中国职业技术教育》2015 年第 25 期。

［2］徐建秋：《布局调整、转型升级、合作共赢——东城区职成社教育工作 2015 年总结暨 2016 年思路》，2015 年 12 月。

［3］北京市中等职业教育质量年度报告编委会：《北京市中等职业教育质量年度报告（2015）》，2016 年 12 月。

［4］北京市教育委员会职业教育与成人教育处：《2016 年工作总结》，2017 年 1 月。

［5］侯兴蜀：《北京市职业教育布局结构调整方案研究》，2017 年 1 月。

［6］侯兴蜀：《京津冀职业教育协同发展探索与实践》，2017 年 1 月。

［7］北京教育科学研究院职业教育与成人教育教学研究中心：《北京市中等职业学校专业设置优化调整建议报告》，2017 年 3 月。

［8］北京市教育委员会职业教育与成人教育处：《职业技术技能人才招生培养创新模式》，2017 年 3 月。

［9］方中雄主编《京津冀教育发展研究报告（2016～2017）：协同发展平台体系建设》，社会科学文献出版社，2017。

［10］吉利、林世员、侯兴蜀：《北京职业教育专业布局结构与产业发展契合度研究》，2017 年 11 月。

［11］刘莹、王怡然：《北京新城职业学校京津冀职业教育合作 2017 年总结和 2018 年计划》，2017 年 12 月。

B.9
天津市推动京津冀教育协同发展的
基础与策略研究

李捷 薄云*

摘　要： 京津冀协同发展的国家战略为天津的教育带来了新的机遇，天津既要提供服务支撑又要借势深化发展。在协同发展中，天津教育具有明显的特色和优势，近年来在推动京津冀各级各类教育协同发展中取得了很大成就。但目前推动京津冀教育协同纵深发展还存在许多阻力，借鉴国内外区域教育协同发展的经验，天津市应采取加强顶层设计、创新体制机制的总体策略，找准各级各类教育协同发展的突破口，制定科学合理的实施路径，全方位拓宽京津冀教育协同发展的广度和深度。

关键词： 天津市　京津冀协同发展　策略

2015年4月我国颁布的《京津冀协同发展规划纲要》强调，京津冀协同发展的动力支撑是创新驱动，既包括科技创新，也包括体制、机制、政策和市场等方面的创新，其中科技创新是核心。这对于作为区域创新体系主体之一的教育而言，既是机遇也是挑战。教育作为基本社会公共服务，在集聚创新人才、提升自主创新能力、完善创新体系中发挥着重要的作用。如何充

---

* 李捷，天津市教育科学研究院副研究员；薄云，天津市教育科学研究院助理研究员。

分发挥京津冀教育特别是高等教育、职业教育的服务功能，有效提高和增强服务区域发展的活力与能力，既是实现教育与区域良性互动发展的现实诉求，更是实现国家经济又好又快发展和社会全面进步的有益尝试。天津作为京津冀协同发展的主体之一，如何推动教育协同发展，直接影响着国家战略的实施进程与质量。天津市应充分发挥教育资源优势，采取科学有效的策略，推动京津冀协同发展。

一 天津市推动京津冀教育协同发展的战略意义

（一）京津冀协同发展给天津教育带来的机遇

在京津冀协同发展的国家战略中，三个省市被赋予了新的定位，天津的城市功能被定位为"全国先进制造研发基地、北方国际航运核心区、金融创新运营示范区、改革开放先行区"。"一基地三区"的新定位对天津城市创新能力提出了新要求，不仅需要建立高端先进的主导产业集群，以及相应科技创新体系、生产服务体系，同时也需要与先进制造产业、国际航运产业及金融行业发展相适应的规模宏大的紧缺型、高层次人才支撑体系。这要求天津教育面向城市产业结构调整和产业转型升级调整优化教育设施布局，为天津城市产业发展提供人力资源、科技创新方面的有力支撑。

同时，教育协同发展是京津冀协同发展国家战略的内在要求，非首都功能的疏解必然带来产业转移和人口流动，给天津教育带来新的机遇和挑战。在推动三地教育协同发展的同时，也可提高天津教育的质量和效益，增强承载力、辐射力和带动力。

（二）天津教育在京津冀协同发展战略中的作为

赫尔曼·哈肯（Harmann-Haken）的协同发展理论认为，大系统中的子系统必须向同一层次、上下层次的其他区域在时间、空间及组成内容等方面全方位开放，只有开放才能不断地与系统（或子系统）外部进行物质、能

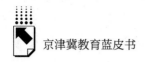

量、信息、科技、人才等的交换，才能走向有序，形成更有利的区域经济结构与功能，为整体系统的协同运动提供最大的"序参量"，使整体与局部效益同步走向最佳。[①] 在京津冀教育协同发展中，三省市作为子系统，必须认识到自己在协同发展分工体系中所扮演的角色和所起的作用，为整个大系统的高效协同做出最大贡献。

因此，天津为推动京津冀教育协同发展应主动作为，首先要加强协同，提供服务支撑。本着协同发展、错位发展的原则，天津教育应以规划为先导，既要为疏解首都功能加强教育配套设施建设、创设良好教育环境、提供人才智力支撑，为产业转移做好教育服务，又要完善协同发展机制，搭建合作交流平台，实施更多协同发展项目。

其次，天津教育应借势深化发展。在京津冀协同发展的历史机遇面前，天津应充分发挥教育优势，培养高素质人才，聚集高层次创新人才，提升教育整体水平，为实现天津城市定位、服务国家发展战略提供高水平的教育服务和人才智力支撑。为了服务天津城市新定位，天津教育应聚焦天津产业结构调整的要求，充分发挥职业教育和高等教育的优势，优化教育资源配置，加快建设高水平的新兴学科和交叉学科，形成与产业结构发展相对接的学科专业战略集群，努力将天津市打造成为具有国际影响力的高等教育中心、高水平职业技术人才培养中心、科技成果转化中心。

二 天津推进京津冀教育协同发展的基础

在京津冀教育协同发展中，天津教育具有明显的优势和特色。近年来，天津市不断深化教育领域综合改革，教育现代化水平显著提升，区域教育能力保持全国前列。目前，天津市共有各级各类学校 3391 所，在校生 196.4 万人，专任教师 13.6 万人。学前教育三年入园率达到 94.2%，义务教育巩固率达到 99%，高中阶段毛入学率达到 96.9%，高等教育毛入学率达到

---

① ［西德］H. 哈肯：《协同学讲座》，陕西科学技术出版社，1987。

60%，新增劳动者平均受教育年限达到 15.4 年。这些指标已达到或超过中等发达国家水平。同时，天津市义务教育学校全面通过现代化达标建设，城乡教育均衡发展；作为国家职业教育改革创新示范区，天津拥有丰富的职业教育资源，并连续多年承办全国职业院校技能大赛；18 所公办本科高校均为研究生培养单位，拥有各类重点实验室 98 个。在京津冀的教育协同发展中，天津不但可以承接北京非首都功能的疏解，同时还可以发挥优质教育资源的辐射作用，支持河北教育发展。

（一）基础教育优质公平发展

天津基础教育一直秉持着"办好每一所学校、教好每一名学生"的理念，坚持公平普惠，目前已完成两轮义务教育学校现代化标准建设，实现了义务教育免试就近入学，并通过教师校长交流轮岗、集团化办学等措施，使全市 16 个区全部通过县域义务教育均衡发展国家评估认定，成为继上海、北京之后通过评估认定的第三个省级单位。通过完成学前教育三年行动计划和提升计划，新建改扩建 1319 所幼儿园。同时，推出 50 所特色高中，新建改扩建 29 所农村高中。特殊教育体系更加完善，并妥善解决了居住证持有人随迁子女教育问题。

（二）职业教育示范引领发展

近年来，在京津冀地区的教育发展中，天津的职业教育发展优势最为明显，行业办学、产教融合等方面特色突出。在成为全国首个职业教育改革创新试验区、唯一一个示范区后，2015 年 5 月升级成为全国唯一的"国家现代职业教育改革创新示范区"。截至 2016 年底，27 所职业院校获国家级示范校、骨干校建设立项，其中 20 所已通过国家验收。目前天津共开设高职专业 730 个，全部覆盖天津市八大优势主导产业、战略新兴产业和现代服务业，天津市职业院校专业结构与集团产业结构对接度已经超过 90%，开发了 50 个国际化专业教学标准和 448 个职业技能"培训包"，推进了"百万技能人才培训福利计划"。职业院校年社会培训量超过 26.5 万人次。多年

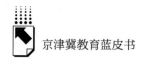

来，天津成功举办了九届全国职业院校技能大赛，成为展示我国职业教育成果的重要平台。2016 年，天津建成了全国第一所职教本科层次的中德应用技术大学，打通了高端技术技能人才上升通道，现代职教体系建设获得重大突破。

（三）高等教育综合实力不断增强

天津市的高等教育近年来实力不断增强，目前天津市普通本科高校专业达到 271 个，专业布点数达到 1046 个。天津市政府自"九五"开始，持续实施高校综合投资规划，旨在加强重点学科、重点实验室、重点人才建设。当前天津高校共拥有 88 个国家重点学科，拥有一级学科博士点 83 个，一级学科硕士点 238 个，国家重点实验室 8 个，国家级协同创新中心 2 个。为了提升科技创新能力，天津高校近年来不断深入实施"2011 计划"，全市建成 2 个国家级、14 个市级、20 个校级协同创新中心，建立了 13 个高校科技创新成果转化中心。"十二五"期间，天津高校 7829 项科技成果成功转化到本市科技型中小企业，高校签订技术合同 19597 项，合同成交金额 104.22 亿元，高校派驻中小企业的科技特派员 1000 多人，建成 51 个高校众创空间，聚集大学生创业团队和企业 2200 多个。同时，天津还建立了 32 个高校智库，为政府科学决策提供高质量智力支持。

高层次教师队伍是教育质量的重要保障。截至 2017 年 9 月，在津高校的两院院士 28 人，长江学者奖励计划获得者 124 人，国家杰出（优秀）青年科学基金获得者 98 人，百千万人才工程国家级人选 76 人，科技部创新人才推进计划 20 人。

（四）终身教育网络不断完善

终身教育对于推进全民终身学习和加快学习型社会建设具有重要意义，天津的终身教育体系也日渐完备。截至 2016 年，5 个区入选"国家级社区教育示范区"，4 个区成为"国家级农村职业教育和成人教育示范县"创建单位，社区教育三级办学网络更加完善。"十二五"期间，天津成人本专科累计毕业 14.3 万人，电大开放教育毕业生超过 7 万人，高等教育自学考试毕业生超过 5 万人，参加非学历教育和培训的人员年均超过 75 万人次。

（五）教育国际化水平不断提高

作为北方最大的沿海开放城市，天津一直注重对外交流与开放，天津教育的国际吸引力也日益增强。为了积极将国际学生"引进来"，天津市设立了外国留学生政府奖学金，不断完善外国留学生服务体系，健全外国留学生勤工助学、法律援助等政策，在这些措施的保障推动下，"十二五"期间，共有 166 个国家和地区的 9.4 万人次外国留学生在津就读。天津市共有中外合作办学机构和项目 45 个，最近取得了新进展：设立了南开大学——格拉斯哥大学联合研究生院；天津财经大学与美国西弗吉尼亚大学合作举办金融学专业本科教育项目获得教育部批准，天津渤海职业技术学院在泰国设立了我国首个海外"鲁班工坊"。天津市设在海外的孔子学院（课堂）已达到 67 个。高职院校国际化专业教学标准试点班达到 131 个。

为了进一步保证教育对外开放的有序进行，天津市不断完善制度，制定了《中国（天津）自由贸易试验区中外合作经营性培训机构管理暂行办法》和《外商独资自费留学中介机构管理办法》，出台了《关于做好新时期教育对外开放工作的实施意见》《推进共建"一带一路"教育行动计划》等专项政策。

三　天津推动京津冀教育协同发展的成就

为了响应京津冀协同发展的重大战略，京津冀教育部门积极落实国家战略的主要部署，并发挥规划引领、资源配置、政策支持等方面的作用，在推进北京非首都功能疏解和区域教育协同发展方面取得了积极的效果。天津政府会同北京、河北多次召开教育协同发展推进会，签署了系列协议，初步构建了协同发展体制机制。天津的各级各类学校积极推动教育协同发展，多角度、多层次、多渠道取得一系列新的进展和成效。

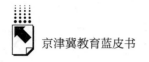

（一）签署合作交流协议

天津市秉持优势互补和合作共赢的理念，积极参与构建协同发展框架，先后与北京、河北签署了10余项教育合作交流协议。具体包括京津冀高校教育教学科研资源共享协议，职业教育实训基地共建协议，基础教育优质数字化资源互通协议，京籍中小学随迁在滨海新区就读有关政策备忘录，教育督导评估监测合作协议，共建河北工业大学协议等。天津市的各个区也主动与京冀开展多层次、多领域的务实合作，共同推动京津冀协同发展从蓝图变为现实。

（二）组建基础教育合作联盟

京津冀教育协同发展的目标之一是缩小区域内教育差距，促进教育公平。为了尽快缩小京津冀基础教育水平的差距，推进优质资源共享，天津市积极引进首都优质教育资源，同时加强与河北的交流合作，组建基础教育合作联盟。2016年，天津市和平区与北京师范大学签署协议，协同推进教师培养、课程改革、教育信息化应用等工作；北辰区与北京大兴区、河北廊坊市联合实施了中小学交流合作工程；宝坻区引进北大青鸟文教集团；天津市南开中学与邯郸市第二中学签署协议，在学校管理、师资队伍建设、学生培养等方面加强交流合作。北大附中的东丽湖学校已建成并投入使用。目前天津市正在制定《天津市教育设施布局规划》，将京津冀教育发展放在重要的位置，进一步突破区域内制约教育发展的障碍。

（三）推进职业教育产教对接

在推动京津冀协同发展中，职业教育与产业的融合最为密切。天津充分发挥职业教育发展的特色优势，结合京津冀三地产业发展重点，按照有所为、有所不为的思路，积极深化职教产教对接。天津先后举办了13次京津冀职业教育产教对接研讨论坛，涉及装备制造业、现代服务业、养老服务业、健康服务业、新能源、石油化工、环保产业和交通运输等多个行业，建立了京津冀产教对接机制，已成为推动三地职业教育协同发展的助推器。由天津轻工职业技术学院牵头，组建了京津冀模具现代职业教育集团，为高端制造业发展培养高技能人才。2016 年，天津市与承德市签订协议，输出中德应用技术大学的办学理念和管理模式，建设中德应用技术大学承德分校，努力打造智力扶贫示范项目。

（四）推动高校开展协同创新

高等教育协同发展，是促进区域创新资源深度融合的重要内容，最易产生聚合效应。京津冀是我国高校最密集的地区之一，拥有 262 所高校，具有坚实的高等教育协同发展基础。近两年，天津各高校积极推进京津冀高等教育协同发展进程，参与组建京津冀高等院校创新发展联盟，成立高校协同创新中心。目前已组建了包括京津冀医科大学心血管疾病精准医学联盟、轻工类高校协同创新联盟、建筑类高校协同创新联盟等 8 个联盟，在联合培养、智库建设、产学研合作等方面，开展深层次交流合作；成立了 7 个高校协同创新中心，包括高端制造共性关键技术协同创新中心、交通协同创新中心、环境污染控制协同创新中心等，聚焦京津冀协同发展中的重点领域、难点问题，开展协同研究和产学研协作。

为了更好地助推区域的协同创新，2016 年，天津市与教育部签署了《共建国家大学创新园区（天津）合作备忘录》，推进国家大学创新园区建设，园区建设定位为首都高等教育资源疏解的集中承载地和产城融合的示范先行区，成为京津冀教育协同发展的标志性成果。

（五）深化师资交流培养

师资交流是教育协同发展的重要保障，通过教师的沟通与流动，加强教研合作，可以缩小差距，共同提升教学水平。在推进师资交流方面，一方面，天津积极选派高校教师到首都一流高校学习进修；另一方面，接收河北省高校中青年干部来津挂职锻炼，特别是发挥基础教育优质资源的辐射作用，接收河北省中小学校长到南开中学等学校跟岗学习。

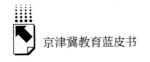

四 天津推动京津冀教育协同纵深发展的阻力分析

从 2015 年 4 月《京津冀协同发展规划纲要》发布以来，京津冀协同发展上升为国家战略已近三年。教育作为服务区域经济社会发展、培养人才、促进创新的重要渠道，为推动京津冀一体化的科学和持续发展提供了重要的保障和支撑。但是，综观这三年的发展，京津冀教育协同的推进，还没有取得标志性成果和根本性突破，总体来看还处于起步阶段。当前，京津冀协同发展进入了纵深推进的关键阶段，京津冀教育协同发展不能停留在简单的区域交流合作上，而应进行整体意义上的资源统筹，但在未来的深入发展中，还有许多阻力需要去攻克。

（一）教育协同顶层设计的缺失

首先，京津冀教育协同发展缺乏统一的高层协调机构与运行机制。在国家层面上没有针对京津冀区域教育协同发展的协调机构，京津冀之间也缺乏协调的体制机制。目前在京津冀高层领导之间只有一种临时性的协商对话方式，囿于行政体系内部还未形成对话机制、协调共商机制，更缺乏行动上的一致性。由于缺乏顶层设计、行政区域的划分和传统的政府管理模式等因素，三地之间相互封闭大于相互开放；加上财政上分灶吃饭、政绩评价机制等方面的原因，京津冀三地政府都从各自利益出发，追求行政区划内的经济绩效，在城市规模、城镇布局、职能定位、产业分工、基础设施建设等方面缺乏必要的协调，并造成不同程度的产业结构趋同、互不相容、重复建设和恶性竞争等问题，影响了京津冀协同发展。

（二）缺乏统筹机构

从三年来京津冀教育协同发展实际工作反馈看，基层学校、组织间的协同比较活跃，数量多，但也造成了无序状态，省级部门之间的协同由于经济体制和行政体制的排他性而缺乏内在的创新动力，进而造成区域内依然各自为政，整体效益不佳，特别需要专门统筹机构的组织、推进。

（三）区域教育合作突破口和发展重点尚需明确

京津冀基础教育区域间差距依然巨大，迫切需要打通地域壁垒，而且当前三省市基础教育协同，在省市一级多停留在协议层面，缺乏实质性举措，区县对接合作更少，校校合作虽比较活跃，但都愿与名校合作，存在合作无序和不均衡现象。职业教育合作帮扶项目停留在点对点、校对校的层面。职业教育学生联合培养中，生均经费的划拨存在跨地域障碍。高等教育协同发展缺乏战略性和有力的抓手，特别是在如何支持区域产业转型升级方面。学科联盟在协议层面后的深入推进中，只有发起者发挥积极性，协办者参与后续活动的积极性不高。为了实现三地基础教育的优质发展、职业教育的融合发展和高等教育的创新发展，尚需找准各级各类教育合作的突破口和发展重点。

五 区域教育协同发展的国内外经验与借鉴

随着全球化和区域一体化发展，国家与地区之间各领域的合作交流也日益频繁。作为公共服务重要组成部分和科学文化水平之重要体现的教育，也日益成为衡量区域合作交流广度与深度的重要指标。区域教育发展的协同既包括国家范围内各区域如日本太平洋沿岸的教育协同，也包括跨国区域教育协同，如欧盟推动的教育一体化。目前，已跻身六大世界级城市群的我国长三角地区的教育协同进程不断加快，欧洲区域的欧盟和长三角地区在教育合作方面的经验值得京津冀地区学习和借鉴。

（一）欧盟推进教育一体化发展的经验

作为一个超国家联合体，欧盟最基本的运行机制就是通过促进成员国间的合作来实现其欧洲治理目标。欧洲教育一体化的进程始于20世纪50年代，此后实施的一系列计划都以实现欧洲教育的一体化为目标，试图在所有层面上强化教育的欧洲维度，并将此作为制定各项教育政策的基本参照。欧洲教育一体化进程在组织体系、计划实施、经费保障等方面的协调解决经验对我国区域教育一体化发展具有借鉴意义。

1. 强化观念认同，提高教育政策的约束力

鉴于欧盟各成员国教育体制和传统存在较大差异，欧盟教育政策的制定首先是强化各成员国的观念认同，在尊重多元化前提下实施渐进式的一体化。只有成员国高度认同欧洲教育一体化目标，制定的教育政策才会对各成员国具有强制性与约束力。在具体实施过程中，欧盟各成员国的教育政策对欧盟超国家层面的行动计划、行动纲领不断做出回应，例如，法国把欧盟基础教育政策中的降低辍学率和提高教育质量的相关政策整合为"教育公平"来回应①，或者各成员国把降低辍学率和增加高等教育毕业生的国家指标列入国家改革计划，并提交给欧盟委员会。与欧盟教育一体化类似，京津冀教育协同需要实现的也是多样性的统一，这就需要三省市在强化观念认同、目标同向的基础上，强化政策性质，把教育政策纲领细化为国家、地方和地区层面的教育政策，或者制定具体的实施方案，来保障其真正落实。

2. 重视规划制定，实施系列行动计划

欧洲的教育一体化进程非常注重强化教育的欧洲维度，并实施一系列系统的、完善的教育规划或者计划和项目来保障目标的达成。单就教育领域的合作与流动来看，无论是普通教育还是职业教育，不同教育阶段与层次的个人和团体都可以进行教育访问和交流。当一个阶段的计划完成时，还会有新的计划跟进、补充。以面向高等教育的"伊拉斯谟计划"为例，早在1983年就已开始实施，为了在2020年前打造教育国际化标杆并实现欧盟高等教育全球战略，2014年欧盟又以147亿欧元预算启动"伊拉斯谟"加强版。系列计划前后共持续了30余年，对计划系统性的强化，极大地保障了教育政策的连续性和实施效果。

---

① 林海亮：《欧盟基础教育政策的实施研究》，《外国中小学教育》2016年第1期。

3. 加大教育经费，有效推进战略实施

教育经费政策直接决定着各项教育政策实施的稳定性与连续性。欧盟的财政收入主要由两大部分组成：各成员国按本国 GDP 的比例上交的份额和统一征收欧盟工商增值税等直接收入，财政经费中教育经费占了很大比重。以"欧盟 2020 战略"为例，欧盟委员会为促进战略的落实，确保教育经费投入，2014～2020 年财政预算建议案中教育经费预算增加最多，从 87.6 亿欧元增至 152 亿欧元，增幅高达 71%。2010 年欧盟的教育经费可以支持年约 40 万欧洲青年从欧盟支持的赴国外研究、培训和志愿服务项目中受益，"欧盟 2020 战略"实施后这一数字会增加至 70 余万人。不仅是欧盟各成员国，非欧盟成员国也可以从一些项目和计划中受益，如与非欧盟国家开展教育交流的"伊拉斯谟世界计划"。正是因为有充裕而稳定的经费支持，才得以最大限度地避免一些国家因为财力不足而无法有效地推进教育一体化进程。

（二）长三角地区教育协同发展的经验

从 2003 年《江浙沪三省市教育合作协议》的签订，到 2014 年教育部《关于进一步推进长江三角洲地区教育改革与合作发展的指导意见》的出台，长三角地区教育协作逐步上升到国家层面。尽管受到各省市的行政区划壁垒、各政府部门的职能界限等因素的制约，长三角区域教育协同的推进仍面临一些问题，但作为一项国家战略，它的实施举措还是值得京津冀教育协同发展借鉴与参考的，主要表现在以下几个方面。

1. 充分发挥教育的示范引领作用

教育对一个国家战略的实施具有重要作用。其一，从教育内部来看，长三角教育协同对于推进长三角地区率先实现教育现代化和增强区域国际竞争力具有积极作用，同时对其他地区教育合作推进具有示范意义。其二，从教育外部来看，通过提供人才支撑和智力支持，助力长三角地区经济社会发展和产业转型升级，实现国家主体功能区战略和新型城镇化规划对长三角地区的战略定位。教育协同也是京津冀协同发展的重要内容，通过人才培养、科学研究和社会服务等助推区域经济社会的发展。

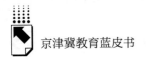

2. 建立和完善教育协作的长效机制

长三角区域教育协同的显著特点就是协作长效机制的建立与完善。至 2016 年，始于 2009 年的长三角教育协作会议已连续召开八届，区域教育合作的共识不断加强，合作区域不断拓展。目前面临"一带一路"和长江经济带建设对长三角教育协作转型升级提出的新的更高要求，省级层面合作、基层校与校之间的合作交流质量也在不断提高，为区域教育教学改革发展注入新活力。京津冀教育协同也需要建立一种长效机制，由政府搭台，并引导不同部门与社会机构积极参与平台搭建，广泛推动基层和学校的协作交流，提高教育的开放共享程度。

3. 分步推进各级各类教育协同发展

区域教育协同的理想状态是区域内各级各类教育齐头并进的协同，不断推动区域教育协作向更高水平、更深层次、更宽领域发展，长三角教育协同也是遵循此路径。从初期表达合作意向到信息、成果交流，再到师资培训交流、教育资源共享，直至 2015 年提出的区域教育现代学校制度建设、办学体制，改革总是在分步推进。2016 年还提出以跨地区、跨部门、跨行业的技术创新项目为载体，探索引导技术创新要素聚集、建立技术创新战略联盟、利用重大产业科技开发项目培养创新人才的新机制。由此可见，区域教育协同越发注重区域、部门和行业的整合，改革从易到难并不断走向纵深。

（三）国内外区域教育协同发展对天津的启示

1. 凝聚共识，助推国家战略实施

教育协同发展在区域一体化发展中发挥着重要作用，是实现国家战略和区域发展战略目标的重要保障。诚如高等教育领域欧盟资助的合作奖学金项目——"伊拉斯谟计划"，其首要目的在于提高欧洲高等教育的质量和在世界范围内的吸引力。为促进京津冀教育协同发展，三省市应凝聚共识，天津应着眼于一体化发展，在做好承接北京优质教育资源的同时，积极援助河北教育发展，进而提高京津冀区域教育的整体竞争力和国际影响力。具体来讲就是发挥自身的特色优势，最大限度地调动政府、社会和市场各自的积极性，通过为经济社会发展和产业转型升级提供人才支撑和智力支持，引领区域经济社会发展，服务区域一体化进程。

2. 加强组织协调，鼓励制度创新

作为一个国家战略，京津冀教育协同发展战略对区域内的教育发展具有一定的约束力和影响力。因此战略实施应在国务院的领导和协调下，建立统筹协商与合作机制，共建共享合作平台。地方政府应打破"一亩三分地"的思维定式，突破行政区划的局限，将教育发展纳入社会经济发展的总体规划，充分发挥区域内各级政府、学校等社会各界力量的积极作用，结合地区教育发展实践，积极把国家战略中的教育政策纲领具体细化为地方和地区层面的教育政策，通过政府引导、政策推动和制度创新等系列举措来保障政策的贯彻落实。

3. 完善经费保障机制，有效推进区域教育协同

京津冀教育协同发展需要有持续稳定的经费支持予以保障，但目前由三省市、国家发展改革委出资以及社会募集拟成立的总规模 500 亿元的京津冀协同发展基金，主要用于交通、生态、产业、科技创新、承接地基础设施建设等，似乎并未涉及教育。借鉴欧盟的经验，中央和三省市应合作设立教育协调发展专项基金，或将京津冀协同发展基金的一定比例明确投向区域教育发展，为京津冀教育协同进程的顺利推进提供充裕而稳定的经费保障。尤其是河北省在京津冀教育协同中处于劣势地位，更应从政策和资金投入上加大对其教育发展的扶持力度，从而保障区域教育协同的顺利、稳步推进。

4. 适应各级各类教育特点，落实合作主体地位

目前，京津冀教育协同工作会议协商机制逐步完善，不同组织和层面签署了一系列协议，合作方也从单一化走向多元化，积极参与区域教育协同。如何推动协议从纸面走向真正落实，天津教育应根据自身的优势与特色，充分调动各级政府、各级各类学校、科研院所以及行业主管部门、行业组织、企业等众多社会力量的积极性，结合各级各类教育特点，有针对性地引导协调，如京津冀三地的高等教育协同应着重探索高校、科研院所与企业跨地区

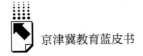

的产学研协同创新，职业教育则应结合各地的产业布局情况，实现职业教育与行业，甚至是跨行业联合培养人才等。

六 天津推动京津冀教育协同发展的策略及实施路径

当前，京津冀协同发展进入纵深推进的关键阶段。面临教育发展的新阶段、新形势，天津应总结前一阶段区域教育协同的经验与教训，适时调整策略，找准各级各类教育协同发展的突破口，制定合理的实施路径，持续深化区域对接合作，全方位拓宽协同的广度和深度，助推区域一体化发展。

（一）总体策略

1. 加强制度顶层设计

良好的顶层设计是打破制约区域教育协同发展的行政壁垒及地方保护主义阻隔的根本，是指导、协调区域教育协同发展的制度性保障。为此，天津应与京冀两地教育部门建立定期协商制度，明晰权责，完善协调沟通机制，就区域教育协同发展重大问题，如教育发展对世界级城市群建设的支撑作用、教育资源布局、教育机制体制改革等，加强协同研究或协商，共同制定相关教育规划、政策和措施，明确区域教育协同发展的时间表和路线图，稳步推进并全面落实各项交流合作协议。同时，鼓励基层部门和学校之间进行积极探索，从教育实践中提炼总结，并将有效经验做法固定下来，形成制度机制加以推广。

2. 创新体制机制

改革创新是推动京津冀教育协同发展的根本动力，而体制机制的创新是教育协同发展得以实现的关键。鉴于当前京津冀三省市以行政区划为基本单位的公共教育体制，要消除区域壁垒，打破教育方式运作和教育资源整合、调度各自为政的状态，必须设立跨区域领导机构，建立协调、激励、约束等运行机制，形成推动三地共同发展的利益目标和共同利益机制。这既需要国家层面的宏观调控、顶层设计和战略部署，又需要天津在深化教育领域综合改革中，努力对接京津冀教育协同发展目标，探索教育协同发展体制机制的新路径，创新性地解决天津教育改革发展中的突出问题。

3. 完善相关配套政策

除了良好的制度设计和完善的体制机制，京津冀教育协同的实施落实还需要相关配套政策予以支撑、保障。具体来讲，京津冀教育协同发展需要在加强顶层设计、制定具体时间表和路线图的基础上，完善相关配套措施，并对实施进展情况进行持续监测，结合天津的功能定位、城市定位和产业特点，适时改进和调整相关政策。

（二）基础教育协同发展突破口及路径

囿于基础教育的属地管理体制，基础教育协同发展的突破口是区域内教育资源的布局调整和跨区域资源共享基础上的质量提升，最终实现教育基本公共服务的均等化发展。

1. 优化资源布局，提升教育公共服务水平

京津冀协同发展战略对天津的城市功能定位、发展方向做出的调整，必然带来产业的迁移、升级，以及一定规模人口的跨区域流动，尤其是义务教育阶段学龄儿童的变化。三地的基础教育布局也必将随之进行相应调整。

随着 2017 年初北京通州、天津武清、河北廊坊签署通武廊战略合作发展框架协议，这一区域将被打造成为京津冀协同发展的"试验田"，在未来的规划中，各区也各有分工，其中滨海新区将主要承接产业转移和技术外溢；武清、宝坻、静海、蓟县、宁河将按照中等城市标准建设京津城市功能拓展区，成为生态宜居城市和高端产业聚集区。围绕各区的功能定位，根据产业转移和人口疏解的规划，天津应加快人口承载地幼儿园、中小学校规划布局与建设，提升承载地教育基础设施和基本公共教育服务能力。积极解决首都转移企事业单位人员子女教育问题。此外，还要加大对"环首都贫困带"河北省各县（区）基础教育特别是义务教育的扶持力度，落实与河北签署的各个项目和协议，提升区域基础教育协同发展水平。

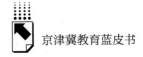
2.加快优质教育资源开发,逐步实现教育公共服务基本均等化

天津应通过提升教师能力素质、承接优质教育资源、引进先进的教育理念等方式来扩大教育资源供给,提高教育质量,尤其力促首都优质民办学前教育集团以及基础教育名校,通过创办分校、民办校,或开展联合办学等形式,扩大基础教育优质资源覆盖面,力争在通武廊区域率先实现基本教育公共服务均等化,随后向其他区域推广。

3.深化校际交流合作,实现优质资源的互通共享

京津冀教育协同关键是广泛调动社会积极性基础之上的资源共享和机制协同,因此必须充分调动基层学校、社会组织及个人(教师和学生)的积极性。为此,天津应依托京津冀教育协同发展平台,巩固京津冀区域基础教育联盟,在教育理念、学校管理、课程开发、教学研究和师资队伍建设等方面实现更广泛、更深入的交流与合作,通过优质教育的共建、互通、共享,满足京津冀一体化背景下学龄人口对优质基础教育的需求。

(三)职业教育协同发展突破口及路径

京津冀职业教育发展目标是建立现代化的职业教育体系,而职业教育协同发展的突破口在于实现专业教学标准与行业、职业标准的对接,通过搭建平台,完善配套措施,联合培养技术技能人才,服务地区经济社会发展。

1.统一行业职业标准,联合培养技术技能人才

专业教学标准是职业教育质量保障体系的重要组成部分,不仅可促进职业教育专业教学科学化、标准化、规范化,还便于区域内和跨地区间的互认。为推动职业教育与产业、行业的深度融合,京津冀三省市应成立专业建设协作组,结合行业产业特点,共同研究制定专业教学标准,进而实现三省市职业教育学习成果的互通互认。在此基础上开展国际化专业教学标准的试点工作,借助"鲁班工坊",打造京津冀职业教育国际品牌,推动中国职教模式走向世界。同时,天津还要落实好"十三五"时期京津冀教育协同发展专项工作计划提出的"京津冀职业教育人才培养合作项目",合作开展现代学徒制培养,探索区域间中高职、本科到专业硕士的技术技能人才培养衔

接机制，打通技术技能人才上升通道，促进技术技能人才的跨区域培养，提升人才培养质量。

2. 搭建职教协作平台，完善相关配套政策

为实现职业技术技能人才的联合培养，天津应致力于一系列多维度协作平台的搭建与完善，如职业教育与产业对接服务平台、实习实训基地建设、全国职业院校技能大赛等资源共享交流平台。完善相关配套政策和体制机制，如集团化办学的推进、人事制度改革和健全与产业发展实时对接的专业调整机制等，结合天津产业发展规划，瞄准装备制造、航空航天等国家重点建设领域的用工需求，培养适应新兴技术发展需求的技术技能人才。同时制定政策，鼓励对技术技能人才的联合培养，如利用京津冀教育协同发展基金，对跨省就读的职业教育学生逐步实行同城同等待遇。

3. 支援薄弱地区和学校，促进区域职教一体化发展

区域职业教育的协同目标是实现包括相对薄弱的河北省在内的职业教育的一体化发展。因此，在三省市共同探索职业教育现代学校制度建设和办学模式改革、注重长远发展的基础上，天津应充分发挥自身职业教育的比较优势和引领示范作用，打造职业教育数字化优质资源平台群，共享海河教育园区优质设施条件，主动输出优质资源。主动推进京津冀教育对口帮扶项目计划和"一十百千万"工程的实施，加快天津中德应用技术大学承德分校建设进度，推进跨省市的中高职衔接。

（四）高等教育协同发展突破口及路径

高等教育协同发展的着力点和突破口应围绕高校职能——人才培养、科学研究和社会服务所需要的资源配置和体制创新而展开。

1. 探索学科建设的有效路径，实现人才协同培养

学科专业建设是人才培养的重要保障。为实现京津冀一体化发展，在学科建设方面，天津应根据自身优势和特色，围绕京津冀产业转型升级需求和创新驱动发展，加强现代服务业、战略新兴产业、现代制造业等学科专业建设，建立学科专业的动态调整、预警机制与淘汰机制，大胆探索京津冀校际

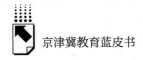
新兴交叉学科建设机制。人才的协同培养方面，在实施紧缺人才培训项目和拔尖创新人才培养项目、卓越人才系列培养计划的同时，深化研究生制度改革，推动产学研联合培养研究生的"双导师制"。探索三省市高校间的学分互认、跨校选课，实现学生的合作培养、交叉培养。

2. 加快高等教育资源共建共享，提升人才培养质量

区域教育协同发展是一个持续的、稳步推进的过程，而教育资源的共建共享既是协同发展的表现，也是实现区域教育一体化发展的重要途径，只有全面推动不同层级的协同才可实现一体化发展。在政府层面，目前旨在打造首都高等教育资源疏解的集中承载地和产城融合示范先行区的京津冀协同发展国家大学创新园区（地处天津武清），就是教育资源共建共享的综合体。在高校层面，则应共建、巩固高校在课程、专业、人才联合培养等方面的联盟，实现三地素质教育基地、实习实践基地、实训基地等教育资源的共建共享，探索师资交流新路径，全面提高人才培养质量。

3. 加强科技协同创新，促进科技成果应用转化

高校是科技创新成果转化的主体，是服务区域创新驱动发展的重要力量。因此，天津应发挥海河教育园、健康产业园、高校科技创新成果转化中心及滨海中关村科技园、宁河京津合作示范区、武清国家大学创新园区、宝坻京津中关村科技新城等聚集区的资源优势，吸引国家重大科技攻关项目、国家重点实验室、工程（技术）中心和人文社科基地落户天津，联合开展科技创新成果推广、应用和转化，吸引三地高校成果落地天津进行产业转化，将科教资源优势转化为发展优势和竞争胜势。同时还应将这些优势向其他地区辐射，如积极推动天津市高水平大学与河北省地方政府合作建设产业发展研究院，提高天津市高校重点实验室和大型仪器设备向京冀的开放力度等。

（五）终身教育协同发展突破口及路径

终身教育协同发展的突破口是适应时代的发展需求，提高信息化、网络化水平，加快数字化资源建设和使用，进一步提高办学水平和质量。

1. 整合各类数字教育资源，提高资源管理和共享水平

目前终身教育没有完全适应时代的发展需求，数字化资源建设和使用不足，为实现终身教育的协同发展，天津应联合京冀两省市整合各类信息化、网络化教育资源，依托终身教育公共服务平台，推广"互联网＋"终身教育模式，探索建立课程认证、学习成果积累、认证与转换、线上线下课程相结合等多种继续教育学习与管理服务制度，拓宽网络化学历教育渠道，不断探索大众数字化学习新路径，扩大终身学习网络覆盖面。

2. 培育各类学习型组织，调动市民的学习热情

鉴于目前终身教育载体学校建设能力欠缺，社区教育发展创新性活动不足，农民教育和培训的力度不够，而且不能满足老年人就近便利的学习需求等诸多问题，天津市民的终身教育学习热情并不高。为此，天津市要积极大力培育各类学习型组织，加强现代化的继续教育体系建设，实现学历继续教育之间、非学历继续教育之间、学历与非学历继续教育之间的有效衔接和沟通，多形式、多途径调动全民学习的主动性与积极性，为国家学习型社会建设做出贡献。

（六）提升区域教育国际竞争力和影响力

在高等教育国际化趋势下，国际教育交流与合作是提升区域国际竞争力的重要衡量指标。为实现国家对京津冀世界级城市群的战略定位，天津应完善教育对外开放体系，扩大国际教育交流合作，建设成为重要的国际教育交流中心城市和最受欢迎留学目的地城市之一。

1. 紧扣"一带一路"倡议，提升教育交流合作水平

在"走出去"方面，天津市应充分发挥其作为中蒙俄经济走廊主要节点的作用，与"一带一路"沿线国家开展多维度、深层次的教育交流。特别是在人才输出方面，可围绕"一带一路"沿线国家的重点产业需求，培养一批产业发展急需的国际化人才，尤其外语非通用语种人才。在"引进来"方面，打造"留学天津"品牌，大力推进留学生服务机构和服务平台建设，完善留学生教育质量评估和认证机制，提升服务保障质量，加快提升

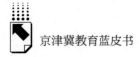

来津留学教育水平，提升天津对留学生的吸引力。

2. 引进世界一流高校优质资源，全面提升中外合作办学质量

为了进一步扩大天津教育国际交流合作，除了服务"一带一路"国家倡议外，天津还应积极引进世界一流高校优质资源，全面提升本市教育国际化水平，师资交流、学生互换、学分互认、学位互授联授和合作办学等都是引进世界优质教育资源的有效方式。为此，天津应支持高等学校与国外大学进行教师互派、学生互换，采取多种方式与国外高校开展高水平人才联合培养和科学联合攻关。在中外合作办学上，既要加快推进天津市高校与世界知名高校的合作办学，又要鼓励职业院校联合企业与外国院校开展合作办学，试点职业院校与外国行业组织联合办学。为保障中外合作办学人才的培养质量，还应制定中外合作办学指导意见和申请指南，实施年度检查、质量评估、办学认证、质量预警和信息公开制度等措施，引导中外合作办学健康有序发展。

B.10
河北省推动京津冀教育协同发展的
基础与策略研究

马振行*

摘 要： 中共中央政治局审议通过《京津冀协同发展规划纲要》标志着京津冀协同发展上升为国家战略。京津冀区域整体定位为以首都为核心的世界级城市群、区域整体协同发展改革引领区、全国创新驱动经济增长新引擎、生态修复环境改善示范区；指明了京津冀协同发展的首要任务是有序疏解非首都功能、优化提升首都核心功能、解决北京"大城市病"问题。

　　河北省作为京津冀地区人口最多、面积最大、资源最丰富、市场潜力最大的地区，承接部分不符合首都功能定位的教育、培训机构等社会公共服务功能，对优化提升首都核心功能、带动河北全面进步、保障京津冀区域整体稳定发展具有重要意义。河北省教育事业发展应从自身实际出发，准确分析现实需求，着眼优化发展要素，通过京津冀教育协同发展，补齐自身短板，全面提高教育质量，推动京津冀教育整体均衡公平发展。

关键词： 京津冀　教育　协同发展　基础　策略

---

* 马振行，河北省教育科学研究所所长。

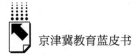

2015 年 4 月 30 日，中共中央政治局审议通过《京津冀协同发展规划纲要》，这标志着京津冀协同发展上升为国家战略。《京津冀协同发展规划纲要》明确了京津冀区域整体定位：以首都为核心的世界级城市群、区域整体协同发展改革引领区、全国创新驱动经济增长新引擎、生态修复环境改善示范区；指明了京津冀协同发展的空间布局，把有序疏解非首都功能、优化提升首都核心功能、解决北京"大城市病"问题作为京津冀协同发展的首要任务。2017 年 10 月 18 日，习近平总书记在党的十九大报告中再次强调以城市群为主体构建大中小城市和小城镇协调发展的城镇格局，加快农业转移人口市民化。以疏解北京非首都功能为"牛鼻子"，推动京津冀协同发展。

北京市作为京津冀城市圈的核心城市，其经济发展水平和公共服务功能都遥遥领先于天津市和河北省，对天津市、河北省乃至全国人民都具有极大的吸引力。2016 年北京市常住人口高达 2172.9 万人，巨大的人口压力导致其环境承载力严重不足，环境质量下降、交通拥堵、房价高涨、入学困难等"大城市病"问题突出。河北省作为京津冀地区人口最多、面积最大、资源最丰富、市场潜力最大的地区，承接部分不符合首都功能定位的教育、培训机构等社会公共服务功能对优化提升首都核心功能、带动河北全面进步、保障京津冀区域整体稳定发展具有重要意义。顺应京津冀协同发展战略需求，河北省教育事业发展应从自身实际出发，准确分析现实需求，着眼优化发展要素，通过京津冀教育协同发展，补齐自身短板，全面提高教育质量，推动京津冀教育整体均衡公平发展。

一　京津冀教育协同发展的战略意义

（一）保证京津冀协同发展顺利进行

1. 培养人才

人才是地区经济发展和社会进步的关键，教育是培养人才的主阵地。因此，地区的教育发展水平和经济发展水平相辅成。北京作为全国的政治文化中心，汇集了大量优质教育资源，无论是在教育领域的投入和改革力度方面，还是在优质教育资源的供给能力、供给效率方面，以及均等化整体水平方面，皆取得了令人瞩目的成就。天津市作为我国北方重要的经济中心之一，伴随着经济快速发展，其教育水平也迅速提高。与北京市和天津市相比，河北省的教育水平和发展速度要远远落后。这在很大程度上与河北省的经济发展水平有关，同时教育的滞后容易造成思想观念的落后，在一定程度上又抑制着区域经济发展与社会进步，影响了京津冀协同发展的进程。

北京市和天津市名校密集、名师汇集、专业能力强、教育理念先进。河北省无论是借助京津冀协同发展的东风与京津地区开展更为深入的教育合作、交流、学习，还是直接承接北京地区疏解的优质教育资源，都会极大地提高教育水平，提高其人才培养能力，进而保证京津冀协同发展的高质量进行。

2. 留住人才

（1）子女教育

京津冀协同发展离不开人才的支撑，人才的流动离不开教育资源的供给，疏解非首都功能的顺利落实和推进不但要确保非首都功能转得出，还要努力保证这些非首都功能稳得住、能发展。因此，承接地高水平的公共服务能力、高水平的配套设施是被疏解人口安心居住和生活的重要前提。产业的疏散和承接应当努力为被疏散职工创造相对便利的生活环境，实现"职宿同城"才是真正意义的疏解。特别是随着全面建成小康社会的逐步推进、我国人民收入水平的不断提高，在各项公共服务能力中，当地的基础教育供给能力成为越来越多人考虑的第一要素。以2005年开始搬迁的首钢集团为例，虽然越来越多的职工选择在当地购置房产，但是仍有4000多名职工过着往返200公里的"两栖"生活。在众多因素当中，子女教育问题是他们难以真正安家的重要原因之一。由此可见，京津冀教育协同发展，努力提高河北地区的优质教育供给能力，对京津冀协同发展的整体布局具有深远意义。

（2）毕业生就业

受中国传统文化的影响，我国大学生选择工作时主要考虑两个方向，一是选择工资福利较高、职业发展前景较好的一线城市；二是选择家乡所在地的城市或者毕业学校所在地的城市。这样的就业选择有利于充分利用其在当地的资源，以保证其就业质量，尤其是选择在家乡工作，还可以同时兼顾家庭因素。因此，重点高校众多的北京成为多数大学生的首选。而且由于地缘因素，许多河北省的毕业生就业时也更多地选择工资待遇和公共服务设施更为完备的北京和天津作为自己的目标城市。但是，近年来随着北京、上海、广州等一线城市就业压力和生活压力日益加重，部分大学生开始选择二、三线城市作为自己的工作所在地。

在新的就业趋势下，京津冀协同发展必然给河北省内各城市，尤其是省会城市石家庄以及邻近北京市和天津市的廊坊市、承德市、唐山市、沧州市等市区带来更多的发展机遇，吸引更多的大学毕业生在当地择业、创业。京津冀教育协同发展同样会给河北省的高等教育提供更多的发展机遇，建设更高标准、更多数量的一流大学，在给河北省内生源提供更多在本省就读名牌大学机会的同时，吸引更多省外的学生到河北省就读大学，从而留下更多、更优秀的人才。

（二）对全国教育均衡发展具有示范作用

党的十九大报告指出经过我们长期努力，中国特色社会主义进入了新时代，我国社会主要矛盾已经转化为人民日益增长的美好生活需要和不平衡不充分的发展之间的矛盾，但是我国仍处于并将长期处于社会主义初级阶段的基本国情没有变。现阶段，我国各地区的教育发展水平仍然十分不均衡，教育发达地区实施的素质教育理念与相对落后地区坚持的应试教育理念差异仍然十分鲜明。与珠江三角洲地区和长江三角洲地区教育发展主要依靠市场和政府的互动不同，北京、天津以及河北三地都具有较为丰富的教育资源，但是三地行政分割较为严重。因此，京津冀教育协同发展最需要做的并不是增加三地区的教育投入、建设更多的学校，而是依靠行政力量，将现有的教育资源进行优化组合，实现另一种意义上的质变。这种组团式的中观层次的存量改革将会是一次重大尝试和创新。这种教育改革模式在京津冀地区取得成功后还可以推广到我国其他存在同样问题的地区，进而实现全国范围内教育均衡发展，推进教育公平，保障我国在这"两个一百年"奋斗目标的历史交汇期，既可以全面建成小康社会、实现第一个百年奋斗目标，又能够乘势而上开启全面建设社会主义现代化国家新征程，向第二个百年奋斗目标进军。

二 京津冀教育协同发展原则

京津冀协同发展是习近平总书记提出的国家发展战略，深刻理解和深入贯彻协同发展的基本内涵是京津冀教育协同发展的基础。京津冀教育协同发展近期要以"疏解非首都功能"为重点，远期则要聚焦在"形成新的增长极"，实现京津冀地区教育的优质化均衡发展。因此，京津冀教育协同发展应把握立足发展、区域协调和促进公平三个原则。

（一）立足发展

用发展新空间培育发展新动力，用发展新动力开拓发展新空间，这是京津冀协同发展战略的根本要义。京津冀教育协同发展既是京津冀协同发展的一部分，又对京津冀协同发展具有极大的推动作用。发展是我党执政兴国的第一要务，解放和发展社会生产力始终是我国社会主义建设的根本任务，党中央的所有战略决策始终把实现好、维护好、发展好最广大人民的根本利益作为一切工作的出发点和落脚点。因此，京津冀教育协同发展的最终目的是解决现阶段发展的不平衡、不充分，以最大限度满足人民日益增长的美好生活需求。

（二）区域协调

"协调发展"是"五大发展理念"的重要组成部分。京津冀协同发展的目的是塑造要素有序流动、主体功能约束有效、基本公共服务均等、资源环境可承载的区域协调发展新格局。京津冀教育协同发展在完成疏解北京市非首都功能这个首要任务的同时，应该着力解决京津冀区域内城乡之间、地区之间教育发展不平衡的问题，争取为我国其他区域甚至全国范围内实现协调发展提供参考样本。

（三）促进公平

《国家教育发展"十三五"规划纲要》明确提出把促进公平作为国家基本教育政策。教育公平是社会公平的重要基础，其关键是机会公平，基本要求是保障公民依法享有受教育的权利，重点是促进义务教育均衡发展和扶持困难群体，根本措施是合理配置教育资源。教育公平的主要责任在政府，促进公平应该成为各级政府在推进京津冀教育协同发展进程中的重要原则。

三　京津冀教育资源情况分析

面对京津冀教育协同发展的重大机遇，河北省应该紧紧围绕实现京津冀协同发展战略确立的目标任务，认清自身优势与不足，积极承接北京向外疏解的"非首都功能"，努力实现与北京、天津两地教育优势互补，优化本省教育资源布局，推动区域公共教育服务均衡化，整体提升京津冀地区的教育现代化水平和影响力，为建设具有较强竞争力的世界级城市群做出贡献。

（一）京津冀教育现状

河北省国土面积为18.88万平方公里，人口为7425万人，与北京市和天津市相比，河北省在国土面积和人口数量上具有绝对优势，但是与两地的社会经济发展水平存在较大的差距。如表1所示，2015年常住人口，河北最多达到了7425万人，北京市和天津市分别为2171万人和1547万人。但是北京市的城市人口占比和天津市的城市人口占比分别为86.5%和82.64%，而河北省的城市人口占比只有51.33%，城市化水平远远落后于京津两地。通过表2~表6我们可以知道，与居住地和户口关系最密切的基础教育以及中等职业学校的学校数量和学生数量，河北省都远远多于北京市和天津市；但是与经济发展水平和科学技术水平关系相对密切的高等学校方面，河北省的高等学校总数和在校生数虽然稍占优势，但北京市拥有世界一流大学建设高校8所，天津市有2所，而河北省没能实现后"985"时代重点高校"0"的突破,在可以体现高等学校科研力量的教职工数方面河北省也远远低于北京市。

表1 京津冀面积、人口的城乡构成和出生率、死亡率、自然增长率（2015）

地区	面积（平方公里）	总人口（万人）	城镇人口		乡村人口		出生率（‰）	死亡率（‰）	自然增长率（‰）
			人口数（万人）	比重（%）	人口数（万人）	比重（%）			
北京	16410	2171	1878	86.5	293	13.5	7.96	4.95	3.01
天津	11946	1547	1278	82.64	269	17.36	5.84	5.61	0.23
河北	188800	7425	3811	51.33	3614	48.67	11.35	5.79	5.56

表2 京津冀普通小学情况（2015）

单位：所，人

地区	学校数	专任教师				在校学生数			
		总数	城区	镇区	乡村	总数	城区	镇区	乡村
北京	996	59267	47178	6237	5852	850321	702205	83581	64535
天津	849	40202	25854	7204	7144	602144	370884	123331	107929
河北	12126	338901	65863	122994	150044	5962361	1264071	2309160	2389130

表3 京津冀初中情况（2015）

单位：所，人

地区	学校数	专任教师				在校学生数			
		总数	城区	镇区	乡村	总数	城区	镇区	乡村
北京	340	32855	25990	4286	2579	283366	232961	33410	16995
天津	329	26345	15924	7467	2954	261474	154432	79156	27886
河北	2378	173824	47745	91476	34603	2361330	644836	1303991	412503

表4 京津冀高中情况（2015）

单位：所，人

地区	学校数	教职工数	在校生数
北京	306	55314	169412
天津	180	29323	165561
河北	578	126718	1157877

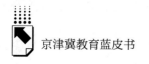

表5 京津冀中等职业学校情况（2015）

单位：所，人

地区	学校数	教职工数	在校生数
北京	93	11230	96277
天津	79	9121	97682
河北	628	56873	612891

表6 京津冀高等学校情况（2015）

单位：所，人

地区	学校数	教职工数	在校生数	
			本科	专科
北京	91	1422440	505674	97883
天津	55	47077	334106	178748
河北	118	102778	682562	496610

注：表1～表6数据来源于《中国统计年鉴（2016）》。

（二）京津冀教育投入基本情况

（1）河北省教育经费总投入在三地中相对较多。如图1所示，2015年和2016年河北省各级各类教育经费总投入分别为1286.16亿元和1420.38亿元，均居京津冀三地首位。2014年河北省各级各类教育经费总投入为1086.17亿元，略低于北京市（1093.74亿元）。京津冀三地，北京市和河北省教育经费投入逐年增加，河北省增加的绝对值最大，而天津市教育经费投入则有所降低。

（2）三地人均教育经费的投入方面，由于经济发展水平相对落后及总人口较多等原因，河北省很难占据优势。如图2所示，2014～2016年连续三年，河北省人均教育经费总投入均低于北京市和天津市，居京津冀三地末位。尤其是2016年，虽然河北省教育经费总投入较2015年大幅增加了134.22亿元，但是人均投入却从2015年的1732.23元降低至1092.60元，与京津地区的差距有所拉大。这在一定程度上说明2015～2016年河北省人口增加较为迅速，这可能与京津冀协同发展战略提出后更多的人口流入河北省以及"全面二孩"政策实施后自然人口增长双重因素有关。

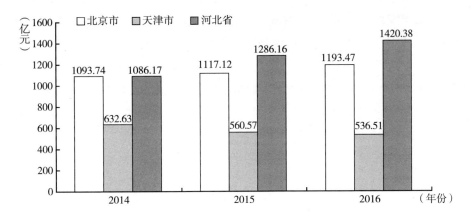

图1 2014~2016年京津冀三地各级各类教育经费总投入情况比较

资料来源：三省市统计局官网。

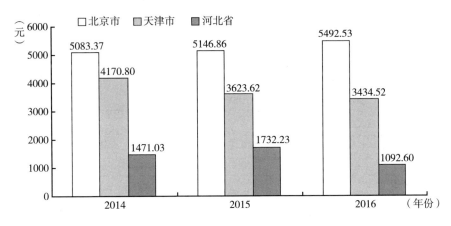

图2 2014~2016年京津冀三地人均教育经费总投入情况比较

资料来源：三省市统计局官网。

（3）河北省各层次教职工人均收入较低。如表7~表12所示，尽管2014~2016年三年间河北省普通小学教职工人均收入、普通初中教职工人均收入、普通高中教职工人均收入、中等职业学校教职工人均收入、普通高等学校教职工人均收入、幼儿园教职工人均收入年均增长都排在京津冀三地首位，但是其教职工人均收入始终位于京津冀三地末位。而且河北省教职工人均收入与京津两地教职工人均收入差距较大，各学段的教职工人均收入约

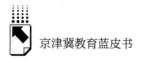

为北京市教职工人均收入的50%，约为天津市教职工人均收入的60%。对
比可知，天津市与北京市两地的教职工人均收入差别并不大。

表7　2014～2016年京津冀三地普通小学教职工人均收入及增长情况比较

单位：元，%

地区	2014年	2015年	2016年	2016年比2014年增长幅度	2014～2016年年均增长幅度
北京市	109261.18	119802.10	130217.25	19.18	9.17
天津市	84593.42	87397.49	104071.35	23.03	10.92
河北省	43524.98	59847.88	63319.51	45.48	20.61

表8　2014～2016年京津冀三地普通初中教职工人均收入及增长情况比较

单位：元，%

地区	2014年	2015年	2016年	2016年比2014年增长幅度	2014～2016年年均增长幅度
北京市	111793.61	123897.07	134784.71	20.57	9.80
天津市	88365.28	91277.84	110827.55	25.42	11.99
河北省	45620.56	62486.22	66396.02	45.54	20.64

表9　2014～2016年京津冀三地普通高中教职工人均收入及增长情况比较

单位：元，%

地区	2014年	2015年	2016年	2016年比2014年增长幅度	2014～2016年年均增长幅度
北京市	115617.17	129680.94	142865.83	23.57	11.16
天津市	91863.27	92843.53	109264.57	18.94	9.06
河北省	48691.42	66593.14	70937.53	45.69	20.70

表10　2014～2016年京津冀三地中等职业学校教职工人均收入及增长情况比较

单位：元，%

地区	2014年	2015年	2016年	2016年比2014年增长幅度	2014～2016年年均增长幅度
北京市	103205.73	115499.62	130345.17	26.30	12.38
天津市	79875.64	90094.63	109106.95	36.60	16.87
河北省	47164.07	66969.60	72785.30	54.32	24.23

表11 2014～2016年京津冀三地普通高等学校教职工人均收入及增长情况比较

单位：元，%

地区	2014年	2015年	2016年	2016年比2014年增长幅度	2014～2016年年均增长幅度
北京市	138834.23	162439.88	172134.44	23.99	11.35
天津市	96902.38	115622.17	125960.65	29.99	14.01
河北省	81276.89	98322.89	112081.04	37.90	17.43

表12 2014～2016年京津冀三地幼儿园教职工人均收入及增长情况比较

单位：元，%

地区	2014年	2015年	2016年	2016年比2014年增长幅度	2014～2016年年均增长幅度
北京市	80168.51	83797.78	91591.94	14.25	6.89
天津市	74564.76	78879.71	90496.27	21.37	10.17
河北省	38393.63	50176.26	55110.70	43.54	19.81

注：表7～表12数据来源于河北省统计局官网，《河北省国民经济和社会发展统计公报》；北京市统计局官网，《北京市国民经济和社会发展统计公报》；天津市统计局官网，《天津市国民经济和社会发展统计公报》。

（三）河北省教育与京津的差距

通过对比我们不难发现，在京津冀教育协同发展的格局中，河北省占据特殊地理位置、拥有丰富的教育资源和充足的生源等优势，但河北省与京津地区相比，仍有非常明显的差距。

首先，巨大的人口数量对于河北省来讲是把"双刃剑"。一方面，较多的人口数量为人才培养提供了充足的保障，充足的生源和庞大的教师队伍为北京市将教育产品研发成果产业化提供了可靠的载体和市场，大量不同层次、不同阶段学校的存在为不同需求的"疏散人口"提供了多样化的选择。另一方面，较大的人口压力，尤其是农村人口占比较大、贫困人口较多，使得河北省财政资金缺口较大，各项人均、生均教育经费投入远远落后于北京市和天津市，教育资源较为紧张，学生升学压力较大。

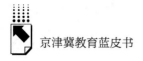
其次，河北省与京津地区教育发展水平在深层次上的差距更大。一是城乡之间、县域内、市域内教育综合发展水平还很不均衡。二是教师短缺。尤其是个别科目教师急缺，造成课程实施还到位，不能开齐开全课程，以学生发展为中心，注重综合素质培养还没有成为教育的共识。三是学校的管理水平、课程领导力、学校的标准化建设、数字化教学手段水平较低。四是教师待遇偏低。河北省各学段的教师工资水平都远远低于京津地区，但是其工作压力和强度相较于京津地区有过之而无不及，即使在省内各行业中也处于劣势地位，极容易造成河北省优秀教师流出教师队伍。五是教师综合素质低。教师整体学历较低，例如，河北省小学、初中教师中，具有本科以上学历的仅占36.5%（京津为77%），并且超过50%的初始学历为中专或中师，教育理念和教育思想更新相对滞后。另外，特岗教师、顶岗实习教师、代课教师还占相当大的比例，使得教师队伍的不稳定性增加。六是优质教育资源相对匮乏。京津优质教育资源对河北的辐射、促进和带动作用没有得到充分发挥，优势互补、合作共赢的局面尚未形成，而且河北省优秀教师向京津流动的趋势有增无减。

四 京津冀教育协同发展中河北省主要任务

（一）优先发展农村教育

河北省城市化水平较低，其总人口中农村人口占到了48.67%，高达3614万人，远远高于北京市的13.5%和天津市的17.36%，无论是从疏解北京非首都功能，还是从河北省自身发展的角度，解决农村教育问题都是京津冀教育协同发展的重中之重。

1. 加强农民教育

农村地区首先要解决的是农民教育，培养新型农民，尤其是失地、失业农民的生产技能培训。改革开放以来，随着河北省农村生产效率的不断提高和农业生产技术的不断改进，农村地区产生大量剩余劳动力，很多剩余劳动力选择到工资水平较高的北京做农民工。农村人口向城市流动，不仅增加了收入，提高了自己家庭的生活水平，还为我国现代化建设做出了巨大贡献。

随着京津冀协同发展的逐步推进，河北省的农业生产技术水平会进一步提升，而且在推进产业转移、城市群布局的进程中，失地农民的数量也有可能进一步增加，农村地区将产生更多的剩余劳动力。同时，随着北京非首都功能的向周边疏解，在北京工作的大量农民工将不得不离开北京回到家乡或者到其他地方工作，这就有可能使得河北省农村地区的剩余劳动力进一步增多。

大多数留在农村地区，或者再次返回农村地区的农民知识水平较低、生存技能单一。在他们失去土地、失去工作后，如果不能及时对其进行生产生活技能培训，在土地征用、城区扩建等过程中引发的冲突会越来越多，社会矛盾可能会较为尖锐。但是，相较于原来农村中留守的老年人，这些人的学习能力、劳动能力较强。尤其是在北京工作过的农民工，已经熟练掌握了较为先进的生产技能，也拥有更强烈的靠自身能力获得美好生活的渴望，是京津冀协同发展进程中，河北省农村、农业现代化建设的生力军和重要支柱。因此，在当地农业、民政等部门的协调配合下，充分发挥高校和职业院校的作用，对这些失业失地农民工的生产生活技能进行培训，帮助其获得稳定而丰厚的收入，是解决农业劳动力老龄化、农业技术创新推广困难等问题的最好途径，也是河北省农村地区稳定发展、京津冀协同发展顺利推进的重要保障。

2. 优化学校教育

学校教育是农村教育的主战场，是预防农村留守儿童心理畸形、提升农村青少年文化素质的主阵地。长期以来河北省农村地区的办学条件较差，但是2014年3月以来，河北省启动实施了全面改善贫困地区义务教育薄弱学校基本办学条件工作（以下简称"全面改薄"），对贫困地区义务教育薄弱学校基本办学条件进行全面改善，以集中连片困难地区、国家和省扶贫开发工作重点县、少数民族自治县、财政困难县的农村（含县镇）义务教育学校为主，适当兼顾其他地区薄弱学校。2014年开始，全省153个县1.39万所学校被纳入项目实施范围，规划总投入205.69亿元，以期经过3~5年努力，使贫困地区农村义务教育学校教室、桌椅、图书、实验仪器、运动场等教学设施满足基本教学需要；留守儿童学习和寄宿需要得到基本满足，村小学和教学点能够正常运转；县镇超大班额现象基本消除，逐步做到小学班额不超过45人、初中班额不超过50人；教师配置趋于合理，数量、素质和结构基本适应教育教学需要；小学辍学率努力控制在0.6%以下，初中辍学率努力控制在1.8%以下。经过一番努力，农村学校基础设施等硬件条件改善较为明显，然而在师资等软件方面仍然存在较大问题。

首先，农村地区教师流失现象较为普遍。如图3所示，农村教师中25岁以下的教师占9.38%，26~30岁的教师占21.61%，31~35岁的教师占16.67%，36~40岁的教师占17.19%，41~45岁的教师占19.27%，46~50岁的教师占7.55%，50岁以上的教师占8.33%。分析数据可以得出，一是大学毕业生想要到农村工作的越来越少，使得25岁以下新入职教师的占比较低；二是一部分年轻教师在农村学校经过一定时间的成长和历练以后通过考试、调动等途径到县城或者市区工作，甚至离开教育教学岗位，使得31~35岁教师的占比相较于26~30岁教师的占比明显下降，而且随着45岁以上的教师退休，未来5~10年河北省农村地区教师队伍"老龄化"问题将逐步凸显。另外，业务能力较强的农村男性教师的流动性要大于女性。现在农村地区男女教师比例大约为1:3，而35岁以下的青年女教师占女教师总人数的一半左右，尤其是在"二孩"政策全面落实后，师资紧缺现象更加突出。

其次，特岗教师作用发挥有限。通过问卷调查发现，"特岗教师计划"主要存在三个方面的问题：一是一些特岗教师虽然有教师资格证，但是不是师范院校的毕业生，不会备课与组织课堂，需要学校花时间成本进行培养；二是一些特岗教师在敬业方面相对于老教师差，缺乏吃苦精神；三是一些特岗教师不满意被分配学校，或者考走，或者辞职，或者任教不到半年就被借调到条件好一点的学校。同时，调查发现，三年期满后大部分特岗教师并没有选择留在农村地区任教。特岗教师流失原因表现在多个方面，有56.45%的教师认为农村教师流失的原因是"工资待遇低"，认为"生活条件差""交通不便利""晋升空间小"的分别占20.21%、15.33%和8.01%。

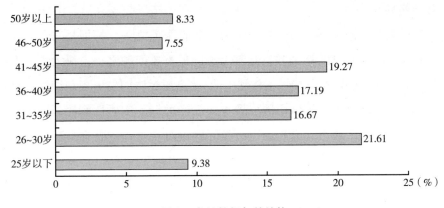

图3 农村教师年龄结构

因此，在京津冀协同发展的大背景下，要做好农村教育除了要提升教师队伍的整体素质外，现阶段最主要的工作是想办法留住教师。因此，河北省应该尽快落实农村教师培养和补充计划，优化"特岗教师计划"。加大对本地户籍在编教师和特岗教师的招聘力度，调整教师招聘性别比例，严格农村教师准入制度和流出制度。逐步探索农村教师与城镇教师在身份确定、准入资格和职称晋升上实现区别管理的新机制。改善农村地区教师待遇，显著提高农村地区教师补贴，提高优秀教师前往农村教学的积极性。省属和市属师范院校要完善农村教师培养机制与模式，加大对农村地区特别是深度贫困县生源师范生的公费定向培养力度，形成适合农村学校发展的地方免费定向师范生培养体系。

（二）大力发展基础教育

1. 建立长效机制

京津冀协同发展的长期目标是把京津冀建成"以首都为核心的世界级城市群、区域整体协同发展改革引领区、全国创新驱动经济增长新引擎、生态修复环境改善示范区"。当前一个时期，首要任务是疏解非首都功能、优化提升首都核心功能、解决北京"大城市病"问题。京津冀教育协同发展要形成"公共教育服务随人走、职业教育随产业转、高等教育随创新变"

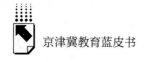

的互动格局。

基础教育是被疏解人群最关心的公共教育服务之一，特别是其子女能否接受和北京同等质量的基础教育是其考虑的最重要问题之一，很大程度上决定了其能不能安心留在承接地工作和生活。《京津冀协同发展规划纲要》颁布之后，三地在基础教育领域协同发展方面已经进行了实质性的探索。既有教育行政部门间的区域教育合作，也有校际的点对点合作；既有共建合作共同体，也有创办分校、结对帮扶的实践。但是这些实践主要以自发性工作探索为主，尚未形成常态化运行机制。因此，想要实现京津冀教育协同发展的远大目标，在引领和支撑全国教育发展中发挥更大作用，让京津冀地区成为具有较强国际竞争力和影响力的重要区域，尝试建设良好的运行机制势在必行。

一是顶层规划机制。鉴于目前协同发展过程中的多维度、自发性特点，整体推进京津冀教育协同发展，亟待建立顶层规划机制，在教育部的指导下，做出基于实施层级的整体规划和制度安排，增强省（市）级统筹功能。河北省要联合京津建立健全以行政体系为主导的京津冀教育沟通机制、重大决策协商机制和教育政务信息互通机制，逐步完善、对接三省市教育协同发展的相关规章制度，以促进、协调、调动和监督区域内各主体的协同合作，形成京津冀地区基础教育合作共赢的局面。

二是交流合作机制。河北省具有深厚的历史文化背景和多样化教育特色的传承，基础教育呈现了形式多元的特征。全国所有的教育形式、教育特点、学校规模、师资水平，在河北几乎都能找到合适的样本。但是与京津地区比较，河北省基础教育呈现总体发展质量低、区域内发展不平衡、城乡差距大、发展潜力大和提升空间广阔等特点。北京和天津两地凭借地缘优势，集中了国内大批高端教育人才，具有深厚的教育底蕴，教育的国际化程度和理论研究水平都很高。河北省与京津两地不同的教育特征为京津冀基础教育合作交流提供了互补空间。要在统一规划的基础上，开展多层次、多维度的交流合作，如主题教育论坛、管理干部互派、教师异地顶岗等，特别要在专项课题研究、教育质量监测、课程资源等方面积极开展合作。

　　三是资源共享机制。三地的文化教育资源既有相对独立性，同时也在布局、结构上成为一个有机整体。建立京津冀革命传统文化和中华优秀文化教育资源共享机制，满足落实立德树人根本任务需求是大势所趋、人心所向。河北省内十大全国爱国主义教育基地，28 个省级、58 个市级爱国主义教育基地可以率先向京津两市中小学生开放。然后促成北京市 9 个全国和 63 个市级爱国主义教育基地，天津市 1 个全国和 62 个市级爱国主义教育基地向京津冀中小学免费开放。最后逐步推进资源共享机制，争取在条件成熟时形成自然资源、文化资源、体育资源、科技资源、国防资源和企事业单位资源的全面共享。

　　四是帮助扶持机制。河北省基础教育发展不均衡，城乡学校办学差距较大，农村地区校舍条件差，学校办公装备不足，学校图书馆、现代技术装备利用率低。教师配备严重不足，教师性别、年龄不合理，教师信息素养不高、评定职称机会少，教育科研现状不佳。部分学生出现心理异常现象，留守儿童在身体素质、心理素质、环境安全方面存在严重问题。所有这些，都需要京津地区以及河北省内较发达地区的帮助和扶持。可以尝试建立京津优质学校与河北薄弱学校结对帮扶机制，积极推进京津冀教育集团化办学，努力促进和实现京津冀全域内的均衡发展。

　　2. 基础教育工作重点

　　首先，河北省应增加对城镇学校的投入。河北省全面改薄以来，农村地区的办学条件有了较大改善，但是城镇学校建设相对滞后。城市和县城部分学校校舍建设年代久远、教学装备更新缓慢、教学用具不能满足当前需求。承接北京市疏解人口的任务更多还是由河北省内的各城市和城镇来承担，因此河北省需要多渠道加强城市、城镇地区基础教育配套设施建设，一方面满足河北省内由于人口流动、城镇人口剧增产生的对基础教育的需求，另一方面满足北京疏解人口的基础教育需求。

　　其次，京津冀要合作开发优质教育资源。北京市是京津冀地区乃至全国的教育高地，要充分发挥北京市优质教育资源的辐射、引领和示范作用，带动京津冀地区基础教育整体提升，促进京津冀区域基础教育均衡发展。河北省，尤其是集中承接北京市疏散人口的地区，要加强与北京市各级学校的合作，采用建设集团校、结对帮扶以及建设融合平台等形式进行师资培训、教育资源建设及培训，努力让被疏散人口获得与北京同质量的基础教育。同时，由于经济发展水平、人均教育投入、教师待遇以及教师综合素质与北京存在较大差异，河北省基础教育阶段各学校还要结合自身实际情况实现优质教育资源本土化，防止简单移植北京市优质教育资源而造成的"水土不服"问题。

此外，京津冀三地应尝试进行各项基础教育标准的统一。标准统一是京津冀教育协同发展的重要基础，也是部分资源实现共享的重要前提。京津冀三地应相互借鉴和学习对方的办学标准、课程教学评价标准、教育教学质量标准、学生学业水平标准、高考录取标准等。尤其是高考录取标准，受传统观念、现行教育体制、毕业后读研或出国深造机会、用人单位招聘政策以及就业后待遇等诸多因素的影响，高考对于整个基础教育的影响巨大。京津冀三地高考录取方式、录取名额等长期以来处于严重不均衡状态，在一定程度上导致了河北地区基础教育、素质教育发展举步维艰，以及京津地区好的教育资源、教育方式和教育理念不敢用、不能用等一系列问题。因此，当前一个时期，三地教育行政部门、教育科研部门、高校招生部门等应该共同研制统一的标准，在反复试验调整后，逐步实现与区域内的标准统一或接近。

（三）积极发展职业教育

京津冀协同发展规划纲要明确了京津冀三省市的功能定位，北京市要打造"全国政治中心、文化中心、国际交往中心、科技创新中心"；天津市要建成"全国先进制造研发基地、北方国际航运核心区、金融创新运营示范区、改革开放先行区"；河北省要发展成为"全国现代商贸物流重要基地、产业转型升级试验区、新型城镇化与城乡统筹示范区、京津冀生态环境支撑区"。由表13～表15我们可以看出，北京市城市化水平和经济结构优化程度已经很高，第三产业增加值占据绝对优势地位，占地区生产总值的将近80％；天津市的第三产业比重也已经超过了第二产业，在地区生产总值中的占比居首位；京津冀三地中只有河北省仍然以第二产业为主，而且农业占整个地区生产总值的比重较大，占到10%以上。

表13　北京市生产总值及三次产业占比

单位：亿元，%

指标	2015 年	2014 年	2013 年	2012 年	2011 年
地区生产总值	23014.59	21330.83	19800.81	17879.4	16251.93
第一产业增加值占比	0.61	0.75	0.81	0.84	0.84
第二产业增加值占比	19.74	21.31	21.68	22.70	23.09
第三产业增加值占比	79.65	77.95	77.52	76.46	76.07

表14　天津市生产总值及三次产业占比

单位：亿元，%

指标	2015 年	2014 年	2013 年	2012 年	2011 年
地区生产总值	16538.19	15726.93	14442.01	12893.88	11307.28
第一产业增加值占比	1.26	1.27	1.29	1.33	1.41
第二产业增加值占比	46.58	49.16	50.38	51.68	52.43
第三产业增加值占比	52.15	49.57	48.33	46.99	46.16

表15　河北省生产总值及三次产业占比

单位：亿元，%

指标	2015 年	2014 年	2013 年	2012 年	2011 年
地区生产总值	29806.11	29421.15	28442.95	26575.01	24515.76
第一产业增加值占比	11.54	11.72	11.89	11.99	11.85
第二产业增加值占比	48.27	51.03	51.97	52.69	53.54
第三产业增加值占比	40.19	37.25	36.14	35.31	34.60

注：表13～表15数据来源于《中国统计年鉴（2016）》。

各省市的职业教育发展方向主要和当地的产业结构有关，由于河北省经济发展水平相对较低，第一、第二产业占地区生产总值比重较大，所以河北省职业教育主要以农业和工业为主。但是通过表13我们可以明显发现，北京市第一产业增加值占比不足1%，第二产业占比也相对较少，由此我们可以断定北京市现存的第一产业为与城市生活密切相关的产业部门，可向周边转移的不多，在"疏解非首都功能"过程中，北京可向周边转移的产业仍然以第二、第三产业为主，尤其是以第三产业为主。因此，坚持职业教育随产业转，河北省的职业教育应该大力培养第三产业的急需人才，尤其是积极转向和"全国现代商贸物流重要基地、产业转型升级试验区、新型城镇化与城乡统筹示范区、京津冀生态环境支撑区"这一定位相匹配的职业教育；同时，河北省应该发挥自己生源充足的优势，打破"一亩三分地"的传统观念，不断完善职业教育和培训体系，积极为京津地区乃至全国输出符合当地用工标准的优秀产业工人。

在此后的职业教育发展中，应该严格深化产教融合、校企合作。河北省的职业教育院校，应该借助京津冀协同发展的东风，积极开展同京津地区精英企业的合作，发挥各自比较优势探索跨地区集团化办学，实现职业教育教学模块与实习环节的无缝对接。实施人才培养和用人单位的分离，这样一来，京津企业降低了自己的培训成本，河北省的职业教育获得了先进的行业理念和产业技术，提升了自身的人才培养能力，河北省的相关产业也拥有了获取更优秀职工的可能，真正形成了多赢局面。为此，河北省职业院校要尽快完成自身专业的优化调整，建成与京津冀产业发展相适应的现代职业教育体系。河北省教育行政部门应当结合区域产业发展规划，调整职业院校和专业的整体布局，避免本省职业院校盲目上专业，形成无序竞争；加强对职业教育的宣传力度，让更多学生了解和选择职业教育；丰富职业院校录取形式，为职业院校的招生提供便利条件和生源保障；加强对职业院校的指导、监管、考核，提升职业院校人才培养质量。

（四）努力发展高等教育

我国于1995年11月正式启动"211工程"，即面向21世纪、重点建设100所左右的高等学校和一批重点学科的建设工程，河北省只有因历史原因而坐落于天津市的河北工业大学入选。1999年，国务院批转教育部《面向21世纪教育振兴行动计划》，"为了实现现代化，我国要有若干所具有世界先进水平的一流大学"的"985工程"正式启动建设，河北省没有一所高校入选。2017年9月20日，教育部、财政部、国家发展改革委公布世界一流大学和一流学科建设高校及建设学科名单，河北省只有河北工业大学电气工程专业被评定为根据"双一流"建设专家委员会建议由高校自主确定的一流学科。从"211""985"到今天的"双一流"建设，20 年左右的时间，河北省的高等教育一直在努力，但"双一流"院校名单的公布再次告诉我们，河北省的高等教育仍然相对落后，跟国内其他省市相比，河北省并没有取得突破性的进展。

北京市和天津市在高等教育方面的成就要远远领先于河北省。北京市拥有一流大学建设高校 8 所，而且全部是 A 类，分别是北京大学、中国人民大学、清华大学、北京航空航天大学、北京理工大学、中国农业大学、北京师范大学、中央民族大学。天津市拥有 A 类一流大学建设高校 2 所，分别是南开大学和天津大学。在京津冀协同发展过程中，为缓解北京市巨大的人口压力、"疏解非首都功能"，向外迁出部分本科教育势在必行。为此，河北省应积极通过提供校址、共建分校、联合办学等多种形式承接北京市外迁高校，促进京津冀三地高等教育协同发展。

在京津冀高等教育协同发展中，各级政府和教育行政部门要积极促成"高等教育协同发展"机制，制定科学的实施策略。第一，由于高等教育的特殊性，大部分优质高等院校为部属或省属高校，因此由国务院或教育部牵头组织高规格的京津冀高等教育协同发展领导机构，可以有效推动京津冀三地的高等教育资源在区域内有规划、有目标的流动。第二，京津冀三地应协调制定"京津冀高等教育协同发展"商讨机制，定期召开不同类型、不同层级、不同领域的校长会议、学校联盟会议、教育论坛、学生与政府对话等，从经济发展、文化融合、人才培养、科技创新、就业创业等多个维度展开协同发展专题研讨，逐步形成相对稳定的京津冀高等教育协同发展政策。第三，京津冀三地政府要在政策上予以支持。河北省政府要对标京津地区，有针对性地出台更加宽松和有效的政策，鼓励京津重点高等院校到河北合作办学或独立办学。京津冀三地政府要着力进行工资、户籍、社保制度等关系高校教师切身利益的制度变革，减少北京市"被疏解"高校教师进入河北省的后顾之忧。

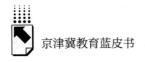
京津冀高等教育协同发展，三地重点高校之间应当积极开展务实合作，然后"以点带面"逐步推进，最终形成整个区域的高等教育协同发展。一是试行联合培养和协同育人。京津冀可尝试共享学校教育教学资源，合作开设专业，利用互联网开展远程课堂等多种形式探索联合培养模式。二是建立学校人才互通机制。鼓励京津地区高端人才到河北本科高校授课或兼职硕士生、博士生导师，以京津地区优质人才带动河北省高校学科建设和人才培养。三是发挥京津冀三地高校的比较优势，整合三地人才资源，打破区域限制，新组建高水平研究机构，建设联合智库，开展重大课题和创新项目联合攻关。四是办好继续教育。在京津冀协同发展的大趋势下，新生事物层出不穷，新问题不断产生，从业人员依靠原有知识可能无法解决新发问题，因此有必要给其提供再次深造的机会；同时这样做也有利于培养终身学习的习惯、建设学习型社会、提高国民素质。

高等教育除了培养人才的基本功能外，还与当地经济发展及产业转型具有密切关系。因此，在京津冀协同发展的大环境下，河北省高等教育应该随经济发展方式转变，因产业结构升级而调整，积极联合京津高校、优质企业开展产学研协同创新。京津冀高校间需要打破行政区域限制、改变权力结构、建立新的关系机制，重视和加强将项目成果转化为现实生产力，围绕区域发展的共同利益，努力探索京津冀区域高校、科研院所与企业跨地区的协同创新模式；着眼于三省市自身定位和京津冀世界级城市群的定位，三地高等教育的科研方向应该朝着高技术、低能耗、低污染产业发展。

五 结语

京津冀协同发展的长远目标是建成世界最大、功能最全、经济最发达、文化最先进的城市群，最终实现一体化发展目标。要实现这一伟大目标，京津冀教育的协同、均衡发展必不可少。但是在近期，疏解北京市非首都功能、完成北京市的"瘦身"、解决"大城市病"是京津冀三地的共同使命。

同时承接北京市部分教育、培训等非首都功能也是河北省教育在短期内取得快速发展的重要途径。虽然由于历史原因河北省社会发展相对落后，存在教师收入水平较低、优质教育资源不足等问题，在承接非首都功能的竞争中处于不利地位，但是河北省在京津冀地区拥有最广阔的面积、最充足的生源保障、最多样的特色教育资源、最大的教育产品市场等优势，因此，河北省应该坚持立足发展、区域协调、促进公平的原则，继续加大对教育的投入力度，优先发展农村教育，大力发展基础教育，积极发展职业教育，努力发展高等教育，全面贯彻党的教育方针，落实立德树人根本任务，形成"公共教育服务随人走、职业教育随产业转、高等教育随创新变"的互动格局，推动区域教育一体化发展。

建设教育强国是中华民族伟大复兴的基础工程，京津冀教育协同发展是"控增量、调存量"的创新型发展，其顺利推进可以为我国教育先进地区和教育落后地区协同发展提供学习样本，为党和国家帮助教育落后地区发展素质教育、推进教育公平提供参考。我国教育领域的均衡发展，可以帮助我国扶贫工作实现扶贫与扶志、扶智相结合，彻底打赢脱贫攻坚战，把我国建设成为富强、民主、文明、和谐、美丽的社会主义现代化强国，真正实现中华民族的伟大复兴。

参考文献

［1］王寰安、蔡春：《创新区域教育治理结构，促进京津冀教育协同发展》，《首都师范大学学报》（社会科学版）2016 年第 1 期。
［2］曹浩文、李政：《京津冀基础教育协同发展：定位、现状与对策》，《上海教育科研》2017 年 5 月。
［3］桑锦龙：《京津冀教育协同发展的推进思路》，《北京日报》2017 年 7 月 13 日。
［4］教育部：《教育部　财政部　国家发展改革委　关于公布世界一流大学和一流学科建设高校及建设学科名单的通知》，教育部官网，2017 年 9 月 21 日。
［5］傅志华：《"十三五"推动京津冀协同发展的主要任务》，《经济研究参考》2015 年第 62 期。

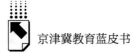

［6］ 施剑松：《京津冀教育协同难在哪里?》，《中国教育报》2017 年 3 月 13 日。

［7］ 张力：《重视教育在区域协同发展中的作用》，《经济日报》2017 年 3 月 24 日。

［8］ 杨桂青：《教育，"协同发展"京津冀》，《中国教育报》2014 年 7 月 4 日。

［9］《中共中央办公厅　国务院办公厅印发〈关于深化教育体制机制改革的意见〉》，教育部官网，2017 年 9 月 25 日。

［10］ 中共中央政治局：《京津冀协同发展规划纲要》，秦皇岛市国土资源局官网，2015 年 11 月 25 日。

专题篇

Special Topics

B.11

京津冀可持续发展学校的
质量框架与现状分析

王巧玲*

摘　要：　党的十九大报告强调生态文明建设，推进绿色发展，提出构建人类命运共同体的理念。北京城市规划的"四个中心"的新定位以及京津冀协同发展战略，都对可持续发展学校（含绿色学校）建设提出了新要求。本报告着重在可持续发展教育实验学校调查的基础上，为可持续发展学校的再出发提供基础数据支持。调查结果显示，可持续发展学校建设取得的良好效果体现为：第一，学生正在从"学会应试"走向"学会做责任公民"；第二，教育促进可持续发展已经成为不少学

---

* 王巧玲，北京教育科学研究院终身学习与可持续发展教育研究所副所长，副研究员，主要研究领域为可持续发展教育。

校发展规划的重要导向；第三，可持续发展教育对课改的推
动作用得到高度认同；第四，可持续学习创新正在成为一批学
校教育教学常态。同时，调查结果也显示了京津冀地区可持续
发展学校建设中存在的问题：第一，学生文化认同素养比较低；
第二，学生参与可持续校园环境建设的空间较少；第三，教师对
学校经费资助与社会机构的专业支持充满期待。未来生态文明与
可持续发展观将引领京津冀地区学校发展迈向新境界。

关键词： 可持续发展教育　绿色学校　可持续发展学校

落实联合国《2030 可持续发展议程》是当前各国政府共同的政治宣示。党
的十九大报告强调生态文明建设，推进绿色发展，提出构建人类命运共同体的
理念。同时，北京城市规划"四个中心"的新定位以及京津冀协同发展战略，
都要求教育系统对《北京教育与改革发展规划纲要（2010～2020）》中明确提出
的"建设可持续发展学校"的部署，做出更具前瞻性与系统性的设计。本报告
在对可持续发展学校内涵、国际标准与中国研究结论进行概要阐释的基础上，重
点对京津冀地区部分已有可持续发展教育实验学校的现状进行调查分析，力求回答
的重要问题是：可持续发展学校如何为京津冀协同发展战略提供创新人才？

一　可持续发展学校的国际标准与中国结论

可持续发展学校是指以生态文明和可持续发展理念为指导，引导师生关
注社会、经济、环境与文化可持续发展问题，参与绿色社会建设；以培养具
有可持续发展价值观念、科学知识、学习能力、思维方式与生活方式的学习
者为内核；以促进社会、经济、环境与文化可持续发展为宗旨，形成教育可
持续运行机制和发展态势的学校。

当前，全球面向可持续发展目标的学校实践形态主要包括生态学校、绿色

学校、可持续发展学校。欧洲地区主推生态学校，英国和澳大利亚等国主推可持续发展学校。而在世界其他地区兴起的是绿色学校项目，其中影响力比较大的有欧洲环境教育基金会（FEE）的生态学校计划、美国绿丝带计划、中国的绿色学校项目等。无论使用哪种名称，各国政策框架的评估重点是，为学校提供其能够使用的策略，确保正规和非正规课程均为学生提供可持续发展教育。

（一）可持续发展学校的国际标准

联合国教科文组织提出了可持续发展学校的"全系统法"建议，重点审查学校五个领域的规划活动：①正规课程中提供的课程是否体现可持续发展教育的目的和原则；②支持文化可持续性的政策和程序；③支持社会可持续性的政策和程序；④支持经济可持续性政策和程序；⑤支持环境可持续性的政策和程序。这成为国际社会关于可持续发展学校的一个重要结论。具体内容见表1。

表1　UNESCO 可持续发展学校的审查标准

可持续发展学校审查				
正规课程	社会可持续	环境可持续	经济可持续	文化可持续
1. 有书面政策明确规定学校可持续发展教育目标。 2. 对作为跨课程主题的可持续发展教育进行有效协调。 3. 抓住每个机会将可持续发展问题引入所有科目。 4. 对有关可持续发展问题的教学材料供应充分。 5. 定期评估有关可持续发展教学的有效性	6. 学校的普遍风气和课程对性别问题很敏感。 7. 学生有机会和技能建设性地参与解决地方社区问题。 8. 学校的普遍风气和课程充分帮助学生为成为全球社区公民做好准备。 9. 关心所有学生的特殊需要，尤其是有身体残疾或学习障碍的学生。 10. 所有工作人员都精通积极行为支持的冲突解决战略	11. 学校无论何时均使用再生材料，并且拥有积极、全面的回收政策。 12. 学校积极推动和实施能源效率措施。 13. 学校购买和使用有利于最大限度地减少对地球伤害的资源。 14. 学校建筑和环境为居住和学习提供美观、舒适的氛围。 15. 学校积极鼓励关心自然和对自然负责的态度	16. 合作与共享的精神——无竞争——成为学校资源分配的模式。 17. 学生通过学校和社区项目学习企业管理技能。 18. 学生有机会参与有关学校配置资源的决定。 19. 一种维护性文化，确保所有学校建筑和设备保持良好的修缮状态并维护良好。 20. 学校的筹资活动反映了伦理原则	21. 学校风气培养自尊、相互尊重和人道的社会关系。 22. 学校的普遍风气和课程充分帮助学生为多元文化社会生活做好准备。 23. 学校在加强社区对文化多样性的支持中发挥积极的作用。 24. 学校在社区中发挥积极的作用。 25. 学校的普遍风气表明，每个人均可为可持续发展做出贡献

资料来源：UNESCO《可持续发展教育透视：政策与实践审查工具》，2010。

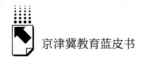

如上可见，联合国教科文组织对可持续学校的评估是基于可持续发展内涵，从社会可持续、环境可持续、经济可持续、文化可持续四个维度来精细评估学校的积极作用与贡献的，并着重关注将这些主题融入正规课程。

（二）可持续发展学校的价值导向

综观联合国教科文组织可持续发展学校质量标准以及典型国别案例，可以看出国际可持续学校质量评估的共同特征是，都注重可持续发展内涵及社会、经济、环境、文化可持续发展的四个维度，并将这些主题融入学校教育教学及校园环境建设。如英国可持续学校建设凸显了可持续发展的饮食、能源、交通、废弃物、建筑设计等可选择性主题，并同时关注包容参与、国际视野等指标，国家本土特色浓厚。

而在此共性基础上可持续发展学校又存在不同的三类价值导向。第一，政策导向。如联合国教科文组织注重从学校政策和支持程序方面审查学校在促进可持续发展方面的积极努力。第二，系统思维导向。如澳大利亚的可持续学校建设从可持续发展的人、可持续发展的社会、可持续发展的生态环境的视角，对学校精神、学校管理、课程教学、资源管理等进行系统评估。第三，绩效导向。如美国绿丝带计划将生态效益、教育环境效益、环境教育质量作为学校质量评估的一级指标，致力于减少学校对周围环境的影响和损耗，努力提高在校学生和教师的健康卫生水平，树立可持续发展和符合环境要求的教育理念。这些都能为我国可持续发展学校的顶层设计带来启示和借鉴。

（三）可持续发展学校的中国结论

在中国可持续发展学校建设方面，全国影响力比较大的是由中国教科文全委会牵头、北京教育科学研究院为主体推动的中国可持续发展教育项目，以及由国家环保部和教育部牵头推动的绿色学校项目，分别提出了可持续发展教育学校和绿色学校的标准，其共同点是均从全系统法出发，从学校办学理念、课程与教学、专题教育与综合学习、校园环境等方面进行考量（见表2）。

表2 中国可持续发展教育学校评估体系

一级指标	二级指标	评价内容
1. 办学理念	1.1 将教育为可持续发展服务理念融入学校办学思想与学校建设规划	1.1.1 将可持续发展教育写入学校中长期规划与计划
		1.1.2 校长对将可持续发展教育纳入学校办学思想有较为明确的论述
	1.2. 校长直接负责实施可持续发展教育的指导与组织工作	1.2.1 建有可持续发展教育领导小组等组织机构
		1.2.2 建有可持续发展教育项目完整档案
	1.3 运用可持续发展教育理念促进教师实现专业发展	1.3.1 有计划地进行可持续发展教育专题教师培训
		1.3.2 至少十名以上可持续发展教育优秀教师代表
2. 课程与教学	2.1 可持续学习课堂成为常态化课堂模式	2.1.1 在国家课程的各学科实施可持续教学模式实验(近2年可持续学习课堂案例10个以上)
	2.2 有效实施可持续发展教育地方课程	2.2.1 在地方课程实施可持续教学模式实验(近2年地方课程实施可持续发展教育案例10个以上)
	2.3 有效开发与实施可持续发展教育校本课程	2.3.1 开设指导学生开展体现可持续发展价值观教育的校本课程以及编写相关校本教材(近2年校本课程实施可持续发展教育案例10个以上)
3. 专题教育与综合学习	3.1 社会可持续 (健康与幸福、性别平等) 3.2 经济可持续 (可持续生产与消费、可持续城市与社区) 3.3 环境可持续 (气候变化、水净化与水安全、清洁能源、环境保护、生物多样性) 3.4 文化可持续 (中国优秀传统文化、文化多样性、世界遗产与非物质文化遗产)	3.1.1 择取社会、经济、环境与文化可持续发展的一个或若干主题进行持续性的专题教育与综合学习实践(近2年若干可持续发展教育专题的跨学科、PBL、研学等案例10个) 3.1.2 主动关注身边(学校、家庭、社区)生活与社会可持续发展实际问题,能够运用所学知识开展探究性—研究性学习,创造性地提出解决方案,产生良好社会效益
4. 校园环境	4.1 校园内建筑、设施、设备等体现可持续发展教育理念,产生良好育人效果	4.1.1 安装节约水、电、新能源等设施,节约水电效果好,有明显育人效果
		4.1.2 减少纸质材料的使用,推广使用再生纸等环保文具教具、教科书循环使用、减少废旧办公用品及厨余的数量,重视校内垃圾分类回收与资源化处理,强化物品的循环使用
		4.1.3 传承中国优秀传统文化与文化多样性的相关设施

251

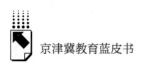

续表

一级指标	二级指标	评价内容
5. 学生SD素养	5.1 注重以可持续发展价值观约束自身行为	5.1.1 以保护环境、节约资源为准则的行为习惯与生活方式正在形成
	5.2 基础—可持续学习能力明显提升,具有关心、参与解决可持续发展实际问题的意识和能力,取得良好科技创新成绩	5.2.1 以主体探究、合作活动、知行并进等原则为指导,基础学习能力与可持续学习能力明显提升,取得了稳步提高学习成绩及其他素质的效果
		5.2.2 学校组织学生参加实践基地活动的活动名称、次数和内容
	5.3 参与绿色社会建设	5.3.1 主动关注身边(学校、家庭、社区)生活与社会可持续发展实际问题,能够运用所学知识开展探究性—研究性学习,创造性地提出解决方案,产生良好社会效益(典型案例10个)
6. 学校与社会合作	6.1. 学校与利益相关者及国际机构建立合作关系	6.1.1 学校与利益相关者合作,建立学生活动实践基地;学校同国内、国际相关机构建立合作交流关系
	6.2 学校可持续发展教育经验产生良好社会影响	6.2.1 学校可持续发展教育经验受到上级机关与国内外社会舆论的良好评价

资料来源:史根东主编《中国可持续发展教育实验工作手册》,北京外文出版社,2012。

　　本报告在对中国可持续发展教育学校建设以及绿色学校的质量标准进行认真解读与分析基础上,结合生态文明与绿色发展的新精神与新要求,就可持续发展学校的内涵与质量标准进行了专家访谈,提出了可持续发展学校的新内涵,并完善了可持续发展学校的质量框架(见表3)。

表3　可持续发展学校质量评估体系

基本理念	一级指标	二级指标	评估工具与方法
促进学生可持续成长的学校	1. 可持续发展价值观	尊重生命与健康	学生可持续发展素养调查问卷
		尊重环境与资源	
		尊重传统文化与文化多样性	
		尊重当代人与后代人	
	2. 可持续发展知识	社会可持续	
		经济可持续	
		环境可持续	
		文化可持续	

续表

基本理念	一级指标	二级指标	评估工具与方法
促进学生可持续成长的学校	3. 可持续发展能力	自我管理与规划	学生可持续发展素养调查问卷
		可持续学习能力	
		协作能力	
		参与绿色社会建设	
		跨文化理解力	
		面向未来思考的能力	
	4. 可持续发展思维	系统思维	
		地方思维	
		未来思维	
	5. 可持续生活方式	健康生活（健康起居、健康饮食、健康运动、健康情志）	
		低碳生活（衣食住行）	
		绿色消费	
以促进可持续发展为宗旨的学校	1. 健康与幸福 2. 关注所有学生的特殊需要 3. 可持续交通 4. 废物回收利用 5. 资源与能源 6. 绿色建筑 7. 生物多样性 8. 学校与可持续社区 9. 传统文化与可持续发展	1. 可持续发展教育理念融入办学理念 2. 可持续发展教育特色课程体系 3. 可持续学习课堂是常态化的课堂教学模式 4. 可持续发展专题教育与综合学习 5. 可持续校园建设可成当地可持续发展示范 6. 学校与社区（社会）合作	1. 学校在促进可持续发展方面的整体贡献（运用全系统法，将可持续发展教育融入学校教育） 2. 选取可持续发展任意一个或几个主题，将其融入学校教育中，形成学校特色
	10. 促进可持续发展绩效	健康绩效	近视率、肥胖率下降，零校园欺凌
		资源消耗下降率	电费、水费单
		资源回收率	资源回收数据
		环境绩效	环境建设与教育功能的实证数据
学校教育可持续发展的学校	办学理念持续性	办学理念的阐释	不同时期办学理念的衔接性
	入学生稳定性	学生变化率	转学、辍学情况
	学业成绩稳定性	历年学业成绩变化率	历年学业成绩
	终身贯通性	学校纵向间的关联性	纵向关联实践案例
	国际视野开放性	国际交流与合作	国际交流与合作

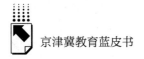

由此可见，可持续发展学校内涵包括以下几个方面。

第一，可持续发展学校更关注学生可持续成长的生命意义。学校教育要强化树立教育促进人的可持续发展和社会、经济、环境与文化可持续发展的理念，从可持续成长的视角顶层规划设计学校的发展，关注学生的实际获得与生命意义，培育具有可持续发展未来所需要的价值观、知识、能力、思维与行为习惯的人。

第二，可持续发展学校更关注促进可持续发展的贡献与绩效。生态文明时代学校教育应在与联合国2030可持续发展议程其他16个目标的协同与连接方面，社会与生态贡献方面，关注当地、国家、全球社会、经济、环境与文化可持续发展之现实与未来问题等方面做出时代贡献。

第三，可持续发展学校更是充满生机的绿色学校，是摒弃工业文明思维，尊重儿童教育的自然规律，最大限度地利用自然资源，教学环境自然

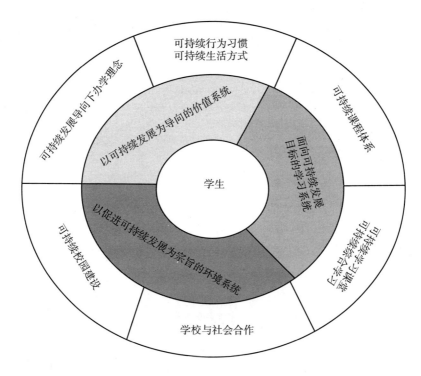

图1 可持续发展学校的质量框架

化、充满绿色的学校。

第四，可持续发展学校更是关注学校可持续运行机制的学校，坚持办学理念的稳定性与持续性，关注学生的稳定性、学校间的纵向链接以及国际视野的开放性等。

二　京津冀可持续发展学校的问卷调查与结论分析

从国家和区域发展的目标和要求看，京津冀协同发展，其本质是可持续发展问题。可持续发展是京津冀地区各利益攸关方的最大公约数。

面对京津冀区域可持续发展的挑战，学校教育不能无动于衷、置身度外。思考可持续发展的需要，以可持续发展学校建设为载体，培养具有可持续发展素养的新一代公民，是时代赋予学校教育的历史使命。

为了了解京津冀地区可持续发展学校的现状，2015～2016年特对北京市东城区、石景山区、通州区三地49所可持续发展教育学校的797名教师进行调查。表4列出了调查样本在性别、学历、任教年级和参与可持续发展教育时间四个方面的分布情况。

调查数据录入与清理之后，用 SPSS 软件对调查数据进行统计分析。为了控制类型 I 误差，设置 $p < 0.05$ 的显著性水平。调查结果显示，可持续发展学校建设取得了良好的成果。

表4　教师样本分布情况

单位：人，%

指标		N	有效百分比
性别	男	171	21.5
	女	626	78.5
学历	中专	2	0.3
	大专（含在读）	12	1.5
	本科（含在读）	632	79.3
	硕士（含在读）	138	17.3
	博士（含在读）	13	1.6

续表

指标		N	有效百分比
任教年级	小学 1~3 年级	94	11.8
	小学 4~6 年级	184	23.1
	初中	231	29.0
	高中	288	36.1
参与 ESD 时间	1 年内	229	28.7
	1~3 年	183	23.0
	4~6 年	184	23.1
	7 年及以上	201	25.2
总体		797	100

（一）学生正在从"学会应试"走向"学会做责任公民"

中国可持续发展教育实验学校长达十余年坚持推行"主体探究—合作体验"教育模式，关注团队协作和解决本土可持续发展实际问题。调查结果显示，从学生可持续发展素养的核心要素来看，团队协作能力得分最高，为 4.12，其次是参与绿色社会建设的能力，为 3.97。中国可持续发展教育实验学校的学生正在从"学会应试"向"学会改变世界"转变，做有责任公民的意识和实践能力逐步提升（见图 2）。

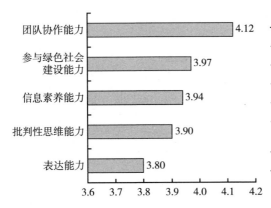

指标	N	均值	标准差
信息素养能力	4170	3.94	0.99
表达能力	4170	3.80	0.94
批判性思维能力	4170	3.90	0.93
团队协作能力	4170	4.12	0.88
参与绿色社会建设能力	4170	3.97	0.91
总体	4170	3.95	0.80

图 2　学生可持续发展素养指数维度得分

　　同时，使用顺向进入回归法，对影响学生可持续发展素养能力指数的措施进行分析，结果如下：课程与教学、专题教育活动情况能够正向显著预测学生能力指数（t＝3.41，p＝0.001）（见图3）。

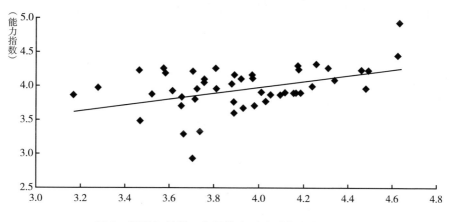

图3　课程与教学、专题教育活动对能力指数影响

　　使用顺向进入回归法①，对影响学生价值认同和习惯养成的措施进行分析，结果如下：学校的支持与保障措施能够正向显著预测学生的价值观和习惯养成（t＝3.11，p＝0.003）（见图4、图5）。

　　其中，调查问卷设计中关于学校支持与保障的主要包括：社会机构合作支持（博物馆、高校、文化遗产、NGO、企业等）、专业支持（培训、专家指导、政策支持、资金支持）等。可见，跨界合作和专家专业指导在学生可持续发展素养培育中发挥着巨大作用。此外，学校管理、课程与教学、专题教育活动、校园环境，支持与保障对学生全球公民素养均有正向显著作用。这表明"学校全系统法"的实施，对学生可持续发展素养培育产生了积极影响。

---

① 预测变量的选用顺序，以具有最大预测力且达到统计显著水平的自变量首先被选用，然后依序纳入方程式中，直到所有达显著的预测变量均被纳入回归方程式。

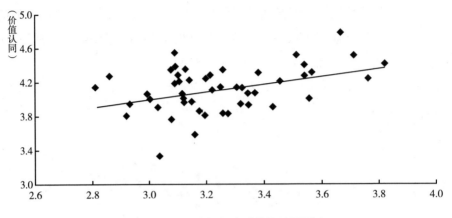

图4　学校支持与保障对价值认同影响

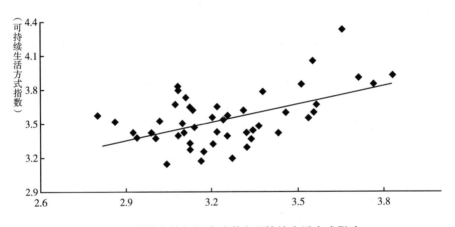

图5　学校支持与保障对学生可持续生活方式影响

（二）教育促进可持续发展已经成为不少学校发展规划的重要导向

在可持续发展教育融入学校管理方面，受访教师认为符合（比较符合＋完全符合）比例最高的是：我所看到的学校三至五年的发展规划中有可持续发展教育的相关内容（76.5%）；受访教师认为不符合（完全不符合＋不太符合）的比例最高的为：学校设置了专项经费用于教师开展 ESD 的研究与实践（11.0%）。具体内容见表5。

表 5　可持续发展教育融入学校管理统计

单位：%

项目	完全不符合	不太符合	不确定	比较符合	完全符合
A. 我知道校长有将 ESD 纳入学校办学思想的明确论述	4.4	3.6	17.6	37.8	36.6
B. 我所看到的学校三至五年的发展规划中有 ESD 的相关内容	3.9	2.9	16.7	39.5	37.0
C. 学校制订的 ESD 实验学校/示范学校/国家实验学校的方案与年度计划在学校常规工作中得到了切实执行	3.6	3.9	18.1	42.8	31.6
D. 学校成立了以校长为组长的 ESD 领导小组，并定期布置 ESD 的相关工作	3.8	5.4	19.8	36.3	34.8
E. 学校设置了专项经费用于教师开展 ESD 的研究与实践	3.8	7.2	25.5	34.1	29.5
F. 我知道学校有专人负责 ESD 档案资料的收集、管理与存放	4.0	5.1	24.8	31.4	34.6

可见，部分可持续发展教育实验学校的校长们常年坚守可持续发展教育的信念，将生态文明和可持续发展理念融入学校办学理念与规划，系统阐述可持续发展教育对学校发展与内涵的充实，并将其作为学校发展的重要导向。

案例 1　首部地方法规《天津环境教育条例》

2016 年 11 月 1 日是《天津环境教育条例》颁布 4 周年的日子。依法推动环境教育、提升公民环境意识、促进生态文明建设，成为天津可持续发展教育的特色。

作为首部环境教育地方法规，《天津环境教育条例》对学校实施环境教育课时，学时有了量化规定：1 学年不少于 4 课时；每年进行培训，建设环境教育示范基地。

制度化确保了环境与可持续发展教育的常态化。

（资料来源：武婷、刘金鹏《从〈天津市环境教育条例〉的实施看环境教育立法》，《环境教育》2016 年第 10 期。）

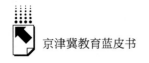

（三）可持续发展教育对课改的推动作用得到高度认同

在对可持续发展教育的认识方面，受访教师赞同（比较赞同＋完全赞同）的比例最高的前两项为：可持续发展教育既包括教育促进社会、经济、环境与文化可持续发展，又包含教育促进人的可持续发展（89.0%）和可持续发展教育所倡导的教育理念与方法有利于促进新课程改革（87.3%）。具体内容见图6。

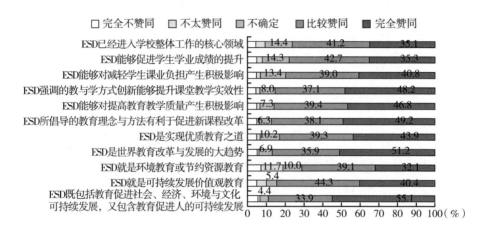

图6　对可持续发展教育认识统计

可见，通过十余年可持续发展教育实践，可持续发展教育实验校教师能清晰理解可持续发展教育的促进人的可持续发展与促进社会、经济、环境与文化可持续发展的双重内涵。更重要的是，教师对可持续发展教育对课程改革的促进作用的强烈认知，进一步验证了可持续学习课堂实践与面向可持续发展目标的学习创新成为教与学的创新源泉。

（四）可持续学习创新正在成为一批学校教育教学常态

在工作中采用ESD倡导的教育教学方式方面，受访教师表示采用（较多采用＋经常采用）的比例最高的为：我在教学中采用问答启发式教学的方式（88.1%）；学科和跨学科实施可持续发展教育的教学要点与方式已经为大多数教师所熟知。受访教师表示较少采用（极少采用＋从未采用）比例最高的为：我在教学中为学生编写与指导使用《学习探究作业本》（或活页）（17.9%）。具体内容见图7。

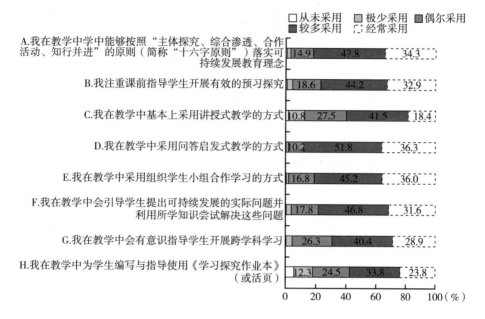

图7　受访教师在工作中对 ESD 倡导的教育教学方式的采用情况

在利用专题教育活动实施可持续发展教育方面，受访教师表示采用形式（较多采用＋经常采用）比例最高的为：学校利用世界环境日、世界遗产日等节日组织可持续发展教育"环境—资源""社会—文化"专题的主题队日、团日活动（73.1%）；受访教师表示较少采用形式（极少采用＋从未采用）比例最高的为：我指导学生进行 ESD"环境—资源""社会—文化"专题的科技创新活动（11.2%）。具体内容见图8。

案例2　京津冀青少年新农村环保调研

为深入了解农村环保问题，北京景山学校远洋分校和河北邢台第七中学

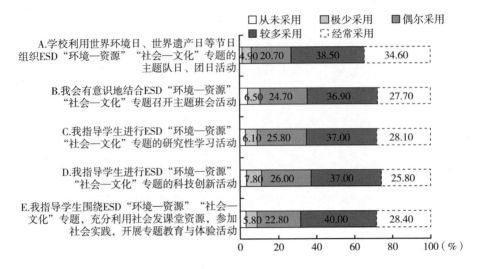

图8　学校利用专题教育活动的形式实施 ESD 的情况

的学生们共同对河北省沙河市冀庄村、塔子峪村和栾卸村三个乡村进行了走访调查。

　　经过老师的指导，学生们对入户访谈有了一个初步的规划，之后进入村民家进行入户调查，根据村民家中的实际情况，提出了一系列的问题：①您家的废电池怎样处理呢？②之前您家用的是"地火"，后来为什么不再继续使用了呢？③您知道节约用水吗？平常您家又是怎样做的呢？④村里的庄稼秸秆怎样处理？⑤树木砍伐是否影响环境？下大雨会对水土保持有什么影响？⑥生活垃圾是否及时处理？是否有专人负责清理？

　　我们在冀庄村调查时，在街道上发现了许多的垃圾。据我们分析，其原因并不是村民环保意识差，而是环卫基础设施欠缺。建议合理布局，广泛有效地安置环卫基础设施，使村民得到便利。而在农田中认识作物时，我们在草丛中发现了用过农药的有害包装，这对环境有很大的危害。我们建议及时有效处理有毒有害垃圾。

　　当学生们来到塔子峪村时，发现那里的经济较为落后。经过研究，得出其主要原因是交通不便利、产业形式较为单一。对此，学生们建议开发林业和旅游业，伴随着旅游业的开发，开创本村手工织布等独具特色产业的新思路。在村民家中，学生们发现了砍伐下来的木材，究其原因，是因为生活条件的制约，塔子峪村民不得不"靠山吃山"，伐木砍树成为另一个经济来源。建议种植生态林、储备林、经济作物林等，既能保护环境，又能发展经济。

栾卸村新农村经济已经达到一定规模，也已经具有自己独特的生态型发展模式，我们建议继续探索适合本村的特色产业，如旅游业及其他附带设施等，使其形成一体化协作产业。

（资料来源：本案例由北京教育科学研究院终身学习与可持续发展教育研究所张婧老师提供。）

可见，可持续学习课堂实践是学校中最有生命力的实践探索，正在成为京津冀教与学创新的源泉。同时，利用地球日、环境日、世界遗产日等重要节日开展可持续发展教育专题活动较为普遍。面向可持续发展目标的学习创新正在凝聚成教育教学变革的巨大推动力量。

同时，值得注意的是，调查结果也显示出可持续发展学校建设面临着诸多问题。

1. 学生文化认同素养比较薄弱

从整体上看，学生可持续发展素养的"尊重自我和他人、尊重环境与资源、尊重中国优秀传统文化与文化多样性、尊重法治、尊重人类命运共同体"（此次问卷未涵盖尊重法治）的价值诉求中，尊重资源得分最高，为4.18分，其次是尊重环境，为4.12分，尊重中国优秀传统文化及文化多样性的得分最低，为4.04分。可见，在十余年可持续发展教育的坚持下，生态与环境教育方面较为成功，价值认同最高；而在文化认同方面比较薄弱，传统文化教育促进可持续发展依旧任重道远（见图9）。

2. 学生参与可持续校园环境建设的空间较少

校园环境建设方面，受访教师表示符合（比较符合＋完全符合）情况比例最高的为：学校注重充分发挥校园环境设施的隐形育人价值（90.1%）；受访教师表示不太符合（不太符合＋完全不符合）比例最高的为：学生有机会

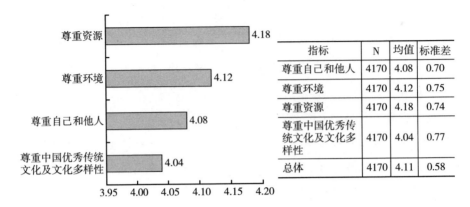

图9　全球公民素养的价值认同各维度得分

参与校园建设（如绿化、给树木贴上名字、收集雨水等）（4.4%）。具体内容见表6。

表6　校园环境建设

单位：%

指标	完全不符合	不太符合	不确定	比较符合	完全符合
A. 将 ESD 四个尊重的价值观融入学校校园环境建设的整体设计中	1.0	3.1	15.3	44.0	36.5
B. 学校校园内注重利用采用节水、节能、节地、节材、节粮、环境保护等节能环保新技术与新设备	0.5	1.5	9.2	42.0	46.8
C. 学校注重充分发挥校园环境设施的隐形育人价值	0.4	1.1	8.4	42.3	47.8
D. 学生有机会参与校园建设(如绿化、给树木贴上名字、收集雨水等)	0.6	3.8	12.2	40.8	42.7
E. 学生有机会作为班级或学校团队代表,参与学校节能减排(水、垃圾)方面的活动或管理	0.6	2.1	10.7	45.0	41.5

可见，学校注重校园环境建设的隐形育人价值，但学生参与可持续校园建设的空间很少。如何将校园环境建设作为重要的课程资源，为学生设计更

多思考的问题与探究体验活动，是未来校园环境课程功能开发的重点。

3. 教师对学校资助与社会机构的专业支持充满期待

对于开展可持续发展教育工作的重要性，受访教师认为重要比例最高的前两项为：提供奖励和支持（资金、课题、各类奖项等）（89.8%）和相关机构的配合与支持（如社区、环保组织等）（88.8%）；受访教师认为不重要比例最高的前三项为：政府领导对 ESD 的指示和讲话（12.5%）、专题培训（包括讲座、座谈会、交流会等）（5.2%）和上级对 ESD 实施的监测和评估（5.2%）。

在与组织合作开展可持续发展教育方面，受访教师合作比例最高的两个类型为：文化遗址、博物馆、公园、动物园、植物园等自然或文化机构（38.5%）和学生家长（28.9%）；受访教师合作比例最低的两个类型为：其他非政府组织（NGO）（2.9%）和企业（5%）。具体内容见图 10。

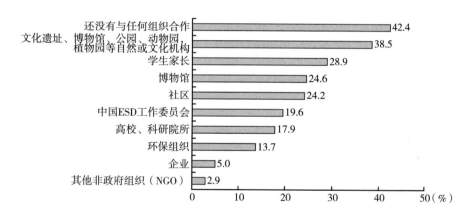

图10 学校与组织合作开展可持续发展教育情况

可见，学校管理者们应重视设置专项经费用于教师开展可持续发展教育的微研究与实践；同时，在可持续发展 2030 议程的最新学习目标下，与相应专业机构建立联系，关注本土可持续发展问题，构建问题解决驱动型的学习创新实践。

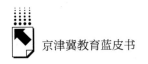

三 京津冀可持续发展学校的未来愿景与实施建议

（一）生态文明与可持续发展价值观引领学校发展的更高境界

党的十九大报告对生态文明进行了系统阐述，如"像对待生命一样对待生态环境"的生态环境观，"绿水青山就是金山银山"的生态经济观，"保护生态就是保护民生"的生态民生观，绿色消费、绿色产业、绿色金融、生态补偿制度等生态制度观，"把美丽中国、生态文明放在构建人类命运共同体的格局中思考"的生态全球观，等等。新时代要认真学习其中蕴含的深刻哲理与价值观，以充实学校办学理念。

可持续发展教育主张的价值观强调"四个尊重"：尊重当代人与后代人、尊重传统文化与文化多样性、尊重环境、尊重资源。强调每一个公民应当对国家、人民、社会、文化、自然、他人与自身持尊重的态度。由此看来，生态文明与可持续发展教育倡导的价值观是对社会主义核心价值观的深度解读和扩展补充。可以预见，当前在大力弘扬人文精神、广泛推进立德树人教育的形势下，以生态文明和可持续发展价值观引领学校发展，是学校发展的最高境界。

（二）构建面向可持续发展2030的京津冀主题整体框架

可持续发展教育是顺应全球化时代特征及人类发展需要的教育理念，是主导未来社会发展的教育。它对当前教育的育人思想、教育功能、教学模式的变革以及学校发展方向提出的新思路，成为人类应对各种危机和挑战的有效工具之一。当前落实联合国2030可持续发展议程，促进包容性发展，是当前中国政府强劲的政治宣示。认真研读联合国可持续发展2030文件精神以及中国方案与相关政策文件，结合京津冀可持续发展的重要问题，梳理京津冀可持续发展主题，将其整体纳入教育内容，确立学习目标，开展可持续学习创新与实践，是新时期京津冀"深综改"的时代命题。

（三）可持续发展学校新型育人模式成为京津冀教育变革的创新动力

先进的教育理念需要通过先行实践的实验性学校加以有效验证与示范体现。正是在15年分步骤培养建设一批又一批实验学校与示范学校过程中，可持续发展教育才得以连续而稳健地向前推进。

2001～2016年，北京、上海、广东、江苏、内蒙古、香港等13多个省市自治区（特区）的1000余所中小学校、幼儿园及其他类型实验学校参与了可持续发展教育实验研究，形成了特色鲜明的可持续发展教育实验优质品牌学校群体。这些为实践所验证的可持续发展教育育人模式可以在京津冀教育协调发展中发挥辐射效应，成为推动优质教育的巨大力量。

（四）构建京津冀可持续发展教育联盟的大格局

可持续发展是个社会问题，实施可持续发展教育也需要社会广泛参与。也只有充分动员与利用多方面社会教育资源，才能保证学校可持续发展教育具有良好的外部环境与资源支持。正是出于这样的认识，联合国发布的可持续发展教育十年计划明确要求：可持续发展教育成果要体现在成千上万社区和千百万个人生活上，要促进可持续发展教育各利益相关者的联系、沟通与互动，动员公众广泛认识可持续发展的内容与实施原则，要组织媒体和社区动员公众接受可持续发展教育与学习。

北京等部分省市试验区的成功经验表明，凡是注重动员当地高校、科研机构、企业、博物馆、生态保护区、媒体、非政府组织等各种社会教育资源，积极参与学校可持续发展教育的地区，都会产生良好的育人效果。与此同步，学校师生参与社区可持续发展教育，又对提升广大居民环境保护、资源节约意识，形成继承优秀传统文化，净化社区道德环境，产生了良好的促进作用。为此，在京津冀教育中广泛开发与利用地区社会教育资源，逐步建立可持续发展教育学校—社会合作网络，是建立三省市社会协同的大教育格局的重要载体。

B.12
京津冀区域教育基础数据库建设研究

朱庆环*

摘　要： 大数据背景下，数据库建设对于政府科学决策、区域治理、促进基本公共服务均等化具有重要作用。研究通过对 15 个典型数据的定量分析试图探究数据建设的实践经验和一般规律，为教育数据库建设提供借鉴。国家层面上，出台了数据库建设的相关政策，为数据库建设做好了顶层设计；实践层面上，国家和以广东为代表的发达地区进行了实践探索，积累了一定经验。但是数据库建设还存在以下短板：教育领域数据库建设相对滞后、教育数据库建设呈现碎片化、教育数据管理呈现分散化、数据库资源的开放利用程度不高。为此，建议从加强省级教育基础数据库建设、统筹省际教育基础数据库和对接国家教育基础数据等方面确定数据库建设的目标，合理划分国家、省级、区县和学校层面的责任，同时从体制机制上为数据库建设提供保障。

关键词： 京津冀教育　教育协同发展　基础数据库　数据库建设

　　人类正从信息技术时代走向数据技术时代，数据成为国家基础性战略资源。从国际上来看，实施大数据发展战略，运用大数据推动经济发展、完善

---

* 朱庆环，北京教育科学研究院教育发展研究中心助理研究员，主要研究领域为教育现代化、教育治理。

社会治理、提升政府服务和监管能力成为各国共同的选择。毫无疑问，大数据在教育领域中的运用将对教育发展具有重要作用。在京津冀教育协同发展的背景下，大数据的应用对教育发展和区域协同提出了相应的要求，区域层面的数据库建设亟待加强。实践中三省市虽然有一定的数据库基础，但存在数据库建设不规范、使用率低、数据开放共享不足的等问题，亟待构建跨区域、跨部门、跨层级的京津冀教育基础数据库。

一　区域教育基础数据库建设的背景和意义

（一）区域教育基础数据库建设的背景

长期以来，党和国家非常重视信息化和数据库建设工作。党的十八大以来相继制定实施了一系列相关政策文件，以信息技术和数据库建设推动经济发展、完善社会治理、提升政府服务和监管能力。

2015 年，党的十八届五中全会提出实施"国家大数据战略"，将大数据战略提升到国家战略层次。随后，国务院又专门印发《促进大数据发展行动纲要》，全面推进大数据在政治、经济、文化、社会各领域的应用，其中在"公共服务大数据工程"中明确提出建立"教育文化大数据，完善教育管理公共服务平台，推动教育基础数据的伴随式收集和全国互通共享"。[①]

2016 年 7 月，中共中央办公厅、国务院办公厅印发《国家信息化发展战略纲要》，该文件是规范和指导未来信息化发展的纲领性文件，也是信息化规划和政策制定的依据。[②] 为贯彻落实该文件精神，同年 12 月，国务院印发《"十三五"国家信息化规划》，将《国家信息化发展战略纲要》的要求细化为信息化工作的行动指南，其中明确提出"建立统一开放的大数据体系"，提出国家大数据发展工程和国家互联网大数据平台建设工程，并从

---

① 国务院：《促进大数据发展行动纲要》，人民出版社，2015。
② 国务院：《国家信息化发展战略纲要》，人民出版社，2016。

数据资源的建设、应用、管理和安全保护等方面提出了相应的要求。①

2016 年 9 月，国务院印发《政务信息资源共享管理暂行办法》，指明了政务信息资源共享原则、政务信息资源目录、分类与共享要求以及提供与使用、共享监督保障，是政府信息资源共享的纲领性文件。② 2017 年 5 月，国务院办公厅印发的《政务信息系统整合共享实施方案》将《政务信息资源共享管理暂行办法》进一步细化、深化、可操作化，并从部门内部信息系统的整合共享和内外网数据共享交换平台两个角度提出了加强信息系统整合的路径。③ 2017 年国务院印发的《新一代人工智能发展规划》也提出"建设政府治理、公共服务、产业发展、技术研发等领域大数据基础信息数据库"。

（二）区域教育基础数据库建设的意义

区域教育基础数据库建设对于政府科学决策、教育布局调整、创新区域教育治理、推动教育研究科学化、促进区域基本公共教育服务均等化具有重要的作用。

第一，京津冀教育基础数据库建设有利于政府科学规划决策。在传统决策模式中，较多采用经验式决策，容易造成决策失误。在大数据背景下，建立"用数据说话、用数据决策、用数据管理、用数据创新"的管理机制，实现基于数据的科学决策，将推动政府管理理念和社会治理模式进步。京津冀教育基础数据库通过对教育、人口、经济、社会、统计、科技等教育及相关数据收集、整理、汇总，从教育外部来分析教育对经济社会发展的贡献，为区域教育规划的制定和政府宏观教育决策提供支撑。

第二，京津冀教育基础数据库建设有利于区域教育合理布局。在大数据

---

① 国务院：《"十三五"国家信息化规划》，http：//www.gov.cn/zhengce/content/2016 - 12/27/content_ 5153411.htm。

② 国务院：《政务信息资源共享管理暂行办法》，http：//www.gov.cn/zhengce/content/2016 - 09/19/content_ 5109486.htm。

③ 国务院：《政务信息系统整合共享实施方案》，http：//www.gov.cn/zhengce/content/2017 - 05/18/content_ 5194971.htm。

背景下，经济社会各领域积累了大量数据，充分利用区域的数据规模优势，实现数据规模、质量和应用水平同步提升，发掘和释放数据资源的潜在价值，有利于更好地发挥数据资源的战略作用，提升区域竞争力。京津冀教育基础数据库对教育、人口、产业等数据进行汇总，有利于分析京津冀三地的人口布局、产业布局、空间布局及对各级各类教育布局的要求，便于教育资源的统筹配置。

第三，京津冀教育基础数据库建设有利于创新区域教育治理方式。大数据应用能够揭示传统技术方式难以展现的关联关系，推动政府数据开放共享，促进教育事业数据融合和资源整合，将极大提升政府整体数据分析能力，为有效处理复杂社会问题提供新的手段。京津冀教育基础数据库建设通过教育、人口、统计、经费、科技等领域数据的共享，逐步实现跨部门、跨地区数据信息共享和应用，有利于提高区域教育管理服务工作网络化、智能化、精细化和精准化。

第四，京津冀数据库建设有利于促进教育科学研究实证化。长期以来，教育研究主要是思辨研究、历史研究和比较研究，缺乏数据支撑，缺乏有质量的实证研究，造成教育研究大多是"自说自话"，无法与其他行业对话，从这个意义上说教育研究大多是教育哲学研究、教育历史研究。随着信息技术和大数据的发展，"基于实证的研究""数据驱动的研究"成为教育科研人员和教育行政干部的共识，领导干部的决策也偏好有数据决策的咨询报告。

第五，京津冀教育基础数据库建设有利于促进区域公共教育服务均等化。京津冀教育基础数据库建设有利于从数据上分析三地教育差距，为缩小区域教育差距、促进区域教育公平、提高教育质量提供数据支撑。

二　数据库建设的普遍经验与实践探索

本部分主要探究数据库建设的一般经验，总结国家和发达地区层面教育数据库建设的实践探索，为京津冀教育基础数据库的建设提供借鉴。

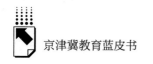
（一）若干典型微观数据库建设分析及启示

笔者选取中国综合社会调查、中国家庭追踪调查、中国家庭金融调查、中国家庭收入调查、中国健康与养老追踪调查、中国城乡流动数据库、中国城镇住户调查数据、农村经济研究中心农村固定观察点、中国老年健康影响因素跟踪调查、世界银行中国企业数据库、中国工业企业数据库、海关数据库、中国私营企业数据库、中国专利数据库等教育系统外的 15 个常用典型数据库，对其执行机构、数据库类型、数据类型、调查方式、是否采用计算机辅助调查、数据范围、开放程度进行了定量分析，试图探究数据建设的实践经验和一般规律，为教育数据库建设提供借鉴。主要结论及启示如下。

其一，数据库的建设以高校和政府机构为主。总体而言，数据库建设主要由国际组织、政府机构、高校和科研机构四类机构承担。在选取的 15 个数据库样本中，由高校组织建设的有 8 个，占 53%，换言之，有半数以上的数据库是由高校建设的。其次是政府机构，共有 5 个，占 1/3。科研机构和国际组织负责的各有 1 个（见图 1）。概言之，半数的数据库由高校建设，1/3 的数据库由政府建设。在教育数据库的建设过程中，要构建政府主导、多元参与的数据库建设主体机制。数据库的建设不是政府一家的事，要发挥高校、科研机构和国际组织在数据库建设中的作用，尤其是要发挥高校在数据库建设中的研究优势。在具体分工中，政府机构以统计数据为基础，负责基础数据库的建设，高校发挥调查研究的优势，负责调查数据库的建设。

其二，从数据库类型来看，既有综合数据库，又有专题或行业数据库。具体而言，以专题或行业数据库为主，以综合数据库为辅。企业数据库共 5 个，占总数据库的 1/3，健康养老数据库和城乡数据库各 3 个，各占 20%，这与当前城镇化和健康养老问题等社会热点问题是密切相关的，同时也反映了数据库建设的问题导向和实践导向（见图 2）。在教育数据库的建设中，要以专题数据库为主，综合数据库为辅，同时专题数据库的建设要向教育热点问题相关指标倾斜。具体而言，要建立包括教师、学生、经费的基础数据库，同时还要在基础数据库的基础上建立包括教育相关的经济社会发展数据

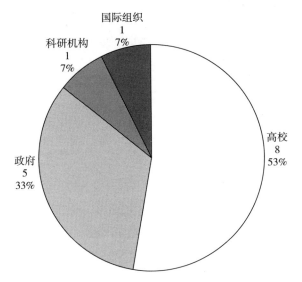

图1 数据库建设主体分布

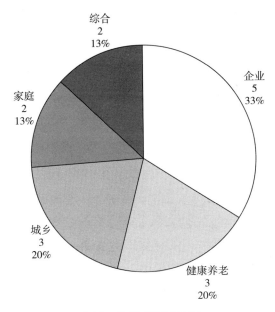

图2 数据库类型分布

的综合数据库。此外，还要根据教育发展改革的热点、难点问题构建数据库，比如义务教育均衡发展数据库、基础教育质量监测数据库、大学生就业数据库等。

其三，加强数据的跟踪更新。就数据类型而言，时间序列数据的数据库共8个，占53%，截面数据的数据库4个，面板数据的数据库3个（见图3）。可见，数据库的数据以时间序列数据为主，截面数据和面板数据为辅，这反映了面板数据的不易获取性，同时也表明了追踪调查的重要性。为此，要建立数据库的建设和数据定期动态更新机制。对于教育数据库而言，在建立基础数据库、综合数据库的同时，还要逐年更新数据。

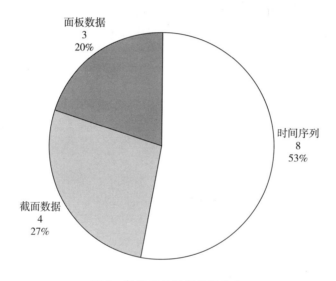

图3　数据库的数据类型分布

其四，数据收集多采用面对面的调查方式。从调查方式而言，面对面调查共9个，占2/3，其次是下级单位申报的共3个，占20%，抽样调查和电话调查的相对较少，或者说电话调查是一种辅助调查方式（见图4）。此外，从数据获取的真实性来看，面对面调查也可以保证数据获取的准确性和真实性。虽然样本数据库中面对面调查的占多数，但是教育基础数据库的数据还是以申报为主、以统计数据为主，这是从数据收集的便利性和可获得性而言的。同时，要加强对申报数据的核实和抽检核验，以保证数据的准确性和真实性。此外，加强面对面调查和电话调查，以保证教育综合数据库的建设。

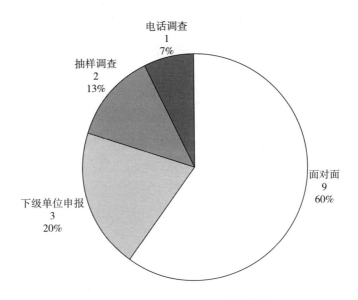

图4 数据库建设的数据收集方式

其五，数据收集大多采用计算机辅助调查。在抽取的 15 个样本中，采用计算机辅助调查的占 7 个，可见近半数的数据库在数据收集中都会借助计算机辅助调查（见图 5）。在教育数据库的数据收集过程中，可考虑采用计算机辅助调查来提高数据收集的效率。

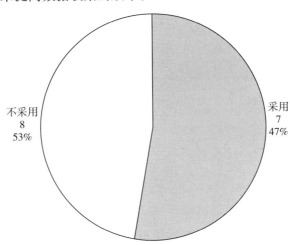

图5 数据库建设中是否采用计算机辅助调查

其六，数据覆盖范围以尽可能大范围为好。就数据库覆盖的省份而言，有7个数据库是全国范围的调查，即近半数数据库采用全国范围的普查（见图6）。为此，首都教育数据库的建设应覆盖到4个功能区的16个区县，以全面掌握北京教育的整体情况和分布差异。京津冀区域数据库的建设要照顾到北京、天津、河北三省市不同发展阶段的区县，同时照顾到各级各类教育。

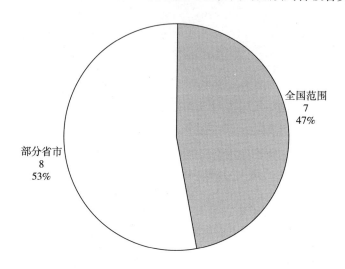

图6 数据库建设中的数据覆盖范围

其七，逐步扩大数据库的开放程度。就数据库的开放而言，在15个样本数据库中，有6个数据库完全开放，7个数据库部分开放，1个数据库需申请开放，还有1个数据库不开放（见图7）。绝大多数数据库是完全开放或部分开放的，这与信息公开的改革趋势是一致的。但是，考虑到数据的保密性和社会的稳定性等因素，应谨慎对待数据的完全开放。在教育数据库的数据开放上，对不涉及国家安全和保密协议的数据，尽量采取完全开放或部分开放，但是也要谨慎采取完全开放的做法；对涉及国家机密和安全稳定的数据，短期内依法不予开放。

（二）国家和发达地区教育数据库建设的经验

国家教育科学决策服务系统，是教育部"教育服务与监管体系信息化

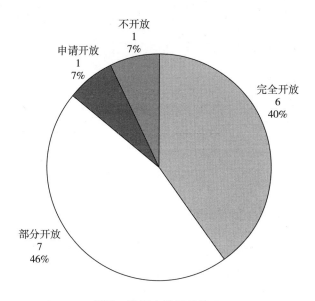

图 7　数据库的开放情况

建设"的重点项目之一，是教育科学决策的核心支撑体系，是推动教育理论和政策研究深刻变革的公共服务平台。该系统自 2012 年正式立项，于 2015 年 5 月正式启动。该决策服务系统深度融合教育与信息技术，建立教育与经济、科技、人口、产业以及国际化的系统框架，以"问题和任务"为导向，深度挖掘数据资源，发挥监测评价、预测预警功能，立体反映各级各类教育进展、问题与未来，圆满实现了搭建综合数据平台、创新服务机制、支持国家教育科学决策、监测教育现代化进程的预期目标。

在省级层面，广东省率先开放了省级教育科学决策服务系统。2016 年，广东省教育厅与华东师范大学国家宏观政策研究院开展了省级教育科学决策模型研制工作，并于 2017 年 10 月通过验收，系统计划于年内上线。广东教育科学决策服务系统主要有以下几个特点：一是与国家教育科学决策服务系统对接，生动直观、多视角、多维度监测和评价省内各地教育现代化发展水平及省内各地教育在世界中所处的位置；二是直接产生供领导决策使用的文章、报告；三是根据实际需要产生特定报告，比如年度教育发展报告、人口与学位预测等；四是教育信息系统的实时更新；五是对特定问题的联动分析。

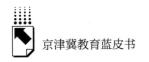

三　京津冀区域教育基础数据库建设的现状与问题

就教育数据库的建设现状而言，国家和广东等发达地区建立了教育决策服务系统，对教育数据库的建设进行了一些积极探索。就京津冀教育数据库的建设基础而言，国家和省级层面在教育数据库建设方面积累了一些统计数据，为区域和省级的教育决策服务系统奠定了数据基础。

（一）京津冀教育数据库建设的现状

国家层面的数据库由综合数据库和专题数据库组成。其中，综合数据库主要是指国家统计局负责的《中国统计年鉴》，专题数据库主要包括教育领域内由教育部发展规划司负责的《中国教育统计年鉴》和教育部财务司及国家统计局社会与科技统计司负责的《中国教育经费统计年鉴》（见表1）。

表1　国家层面的京津冀教育数据分布

负责机构	数据来源	类型
国家统计局	《中国统计年鉴》	综合
教育部发展规划司	《中国教育统计年鉴》	教育
教育部财务司及国家统计局社会与科技统计司	《中国教育经费统计年鉴》	教育

《中国统计年鉴》的教育数据主要包括省级层面各级各类教育的教师数、学生数、学校数等基本情况的宏观数据（见表2）。《中国教育统计年鉴》主要包括省级层面各级各类教育的学校数、班级数、教师基本情况、学生基本情况、办学条件基本情况等更为详细的宏观和中观层面数据（见表3）。《中国教育经费统计年鉴》主要包括省级层面的各级各类教育机构教育经费收入情况、各级各类教育机构教育经费支出情况、各级各类教育机构公共财政预算教育事业费和基本建设支出明细、教育和其他部门各级各类学校生均教育经费支出（见表4）。

表2 《中国统计年鉴》中的省级教育数据

各级各类教育	指标
普通小学情况	学校数、专任教师总数、城市专任教师数、镇区专任教师数、乡村专任教师数、在校学生数、城市学生数、镇区学生数、乡村学生数
初中情况	学校数、专任教师总数、城市专任教师数、镇区专任教师数、乡村专任教师数、在校学生数、城市学生数、镇区学生数、乡村学生数
中等职业学校情况	学校数、教职工数、专任教师数、毕业生数、获得职业资格证书、招生数、在校学生数、预计毕业生数
普通高中情况	学校数、教职工数、专任教师数、毕业生数、招生数、在校学生数
普通高校情况	学校数、教职工数、校本部教职工数、专任教师数(按正高、副高、中级、初级、无级)、行政人员数、教辅人员数、工勤人员数
普通本专科学生情况	招生总数、本科招生数、专科招生数、在校学生总数、本科在校生数、专科在校生数、毕业生数、本科毕业生数、专科毕业生数、授予学位数、预计毕业生数、预计本科毕业生数、预计专科毕业生数
特殊教育情况	学校数、专任教师数、毕业生数、招生数、在校学生数、在校女生数
各级学校生师比	普通小学生师比、初中生师比、普通高中生师比、中等职业学校生师比、普通高校生师比
按性别、受教育程度分的6岁及以上人口	6岁及以上人口、未上学、小学、初中、普通高中、中职、专科、本科、研究生的总数、男性数、女性数
按性别分的15岁及以上文盲人口	15岁及以上人口(总数、男性数、女性数)、文盲人口(总数、男性数、女性数)、文盲人口占15岁以上人口的比重(总体比例、男性比例、女性比例)
教育支出	一般公共预算支出、一般公共预算支出中的教育支出数

表3 《中国教育统计年鉴》中教育数据

各级各类教育	指标
高 校	高等教育学校(机构)数、高等学校(机构)研究生数、普通高校研究生数、科研机构研究生数、高等教育普通本专科学生数、高等教育成人本专科学生数、高等教育网络本科专科生学生数、在职人员攻读硕士学位学生数、高等教育学校(机构)教职工情况(总计)、高等教育学校(机构)教职工情况(普通高校)、高等教育学校(机构)教职工情况(成人高校)、专任教师学历、专业技术职务情况(总计)、专任教师学历、专业技术职务情况(普通高校)、专任教师学历、专业技术职务情况(成人高校)、资产情况(学校产权)(总计)、资产情况(非学校产权中独立使用)、校舍情况(总计)
高 中	普通高中校数班数(总计)、普通高中学生数(总计)、普通中学教职工数(总计)、普通高中专任教师学历、专业技术职务情况(总计)、普通高中办学条件(一)(总计)、普通高中办学条件(二)(总计)

279

续表

各级各类教育	指标
中　职	学校数、学生数、教职工数、专任教师专业技术职务学历情况、资产情况(学校产权)、资产情况(非学校产权中独立使用)、校舍情况
初　中	初中校数班数、初中学生数、初中专任教师学历、专业技术职务情况(总计)、初中办学条件(一)(总计)、初中办学条件(二)(总计)
小　学	小学校数、教学点数及班数、小学学生数(总计)、小学教职工数(总计)、小学专任教师学历、专业技术职务情况(总计)、小学办学条件(一)(总计)、小学办学条件(二)(总计)、工读学校基本情况
特殊教育	特殊教育基本情况、特殊教育学校教职工数(总计)、特殊教育学校专任教师学历、专业技术职务情况、特殊教育学校办学条件(一)、特殊教育学校办学条件(二)
学前教育	学前教育基本情况(总计)、幼儿园教职工数(总计)、幼儿园园长、专任教师学历、专业技术职务情况(总计)、幼儿园校舍及其他情况(总计)(一)、幼儿园办学条件(总计)(二)
其　他	小学净入学率、各级学校生师比、每十万人口各级学校平均在校生数

表4　《中国教育经费统计年鉴》中数据基础

维度	指标
各级各类教育机构教育经费收入情况	经费收入总数、国家财政性教育经费、公共财政预算教育经费、教育事业费拨款、基本建设拨款、科研拨款、其他拨款、各级政府征收用于教育的税费、教育费附加、地方教育附加、地方基金、企业办学中的企业拨款、校办产业和社会服务收入用于教育的经费、其他属于国家财政性教育经费、民办学校中举办者投入、社会捐赠经费、农村社会捐赠经费、事业收入、学杂费、其他收入
各级各类教育机构教育经费支出明细	经费支出总数、事业性经费支出、个人部分、工作福利支出、对个人和家庭的补助支出、助学金、公用部分、商品和服务支出、其他资本性支出、专项公用支出、专项项目支出、基本建设支出
各级各类教育机构公共财政预算教育事业费和基本建设支出明细	经费支出总数、事业性经费支出、个人部分、工作福利支出、对个人和家庭的补助支出、助学金、公用部分、商品和服务支出、其他资本性支出、专项公用支出、专项项目支出、基本建设支出
教育和其他部门各级各类学校生均教育经费支出	教育经费支出、事业性教育经费支出、个人部分、公用部分、基本建设支出

　　省级层面的数据库主要由省级统计年鉴、省级区域统计年鉴、省级教育年鉴和省级教育事业统计资料为主。鉴于篇幅,本研究仅以北京为例介绍相

关教育数据。就北京的教育数据基础来说，主要包括《北京统计年鉴》《北京区域统计年鉴》《北京教育年鉴》《北京市教育事业统计资料》。需要说明的是，《北京市教育事业统计资料》是《北京教育年鉴》的一个组成部分（见表5）。

表5　北京教育的教育数据基础

负责机构	数据来源	类型
北京市统计局	《北京统计年鉴》	综合
北京市统计局	《北京区域统计年鉴》	综合
北京市教委	《北京教育年鉴》	教育
北京市教委发展规划处	《北京市教育事业统计资料》	教育

《北京统计年鉴》中的教育统计资料包括高等教育（研究生教育、普通本专科教育、成人本专科教育、其他各类高等学历教育）、中等教育（高中阶段、初中阶段）、小学教育、学前教育、特殊教育（盲聋哑和弱智儿童学校等）、工读学校等资料。主要指标包括学校数、在校生数、招生数、毕业生数、教职工数、专任教师数等内容。

表6　《北京统计年鉴》中教育数据情况

维度	指标
常住人口受教育程度	6岁以上常住人口受教育程度
教育基本情况	学校数、在校生数、招生数、毕业生数、学龄儿童入学率、专任教师、生师比
幼儿园基本情况	园数、班数、离园人数、入园人数、在园人数、教职工数、专任教师
各类学校基本情况	学校数、教职工数、专任教师数、毕业生数、招生数、在校生数
全市高等教育学生情况	分类别的学校数、毕业生数、招生数、在校生数、教职工数、专任教师数
分学科研究生情况	分学科的研究生的毕业生数、招生数、在校生数
高等教育外国留学生情况	毕业生数、授予学位人数、招生数、在校生数
普通中专分科情况	按类别分的毕业生数、招生数、在校生数
职业高中分科情况	分类别分的毕业生数、招生数、在校生数

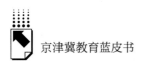
续表

维度	指标
校外教育情况	单位数、活动小组数、参加小组学生数、教职工人数、专职辅导员数、兼职辅导员数
幼儿园基本情况	园数、班数、在园幼儿数、教职工数、园长、专任教师、保健医的总数、女性数、城区数、镇区数、乡村数
高等教育自学考试情况	报考人次、报考科次、专业毕业证书数、本科毕业证书数、开考专业数
特殊教育情况	总数、女性、小学附设特教班、小班岁半随读、普通初中随班就读的毕业生数、招生数、在校生数
职业技术培训机构基本情况	按培训机构、培训时间、培训形式分的学校数、教学班数、结业生数、女结业生数、注册学生数,注册女生数、教职工数、专任教师数、聘请校外教师数
民办教育基本情况	民办高等教育、民办中等教育、民办小学、民办幼儿园的学校数、毕业生数、招生数、在校生数、教职工数、专任教师数、聘请校外教师数
高校办学条件	央属和市属市管的普通高校和成人高校的校舍建筑面积、占地面积、图书、电子图书藏量、拥有教学用计算书
基础教育办学条件	普通中学、小学的学校占地面积、校舍建筑面积、教学及辅助用房、行政办公用房、生活用房、计算机、图书藏量、电子图书藏量
非本市户籍、外国籍学生情况	分学段、分民办的普通中学、初中、高中、中职、小学、特殊教育、幼儿的学生数

《北京区域统计年鉴》的教育数据主要包括区县级层面的小学、普通中学、幼儿园的在校生数,普通中学学校基本情况、小学教育基本情况和幼儿教育情况等。

表7　《北京区域统计年鉴》中教育数据情况

维度	指标
分区县的历史数据	小学在校学生数、普通中学在校生数、幼儿园在园幼儿数
普通中学学校基本情况	学校数、招生数、毕业生数、在校生数、教职工数、专任教师数
小学教育基本情况	学校数、招生数、毕业生数、在校生数、教职工数、专任教师数
幼儿教育情况	幼儿园数、在园幼儿数、专任教师数、

《北京教育年鉴》由北京市教委主编,主要记述上一年内北京教育事业各方面发生的新情况,为领导决策提供依据,为教育规划发展提供资料,为

国内外各方面人士了解、研究北京教育事业提供最新的信息。年鉴按教育管理、教育教学、教育服务支撑三大系统布局结构，采用分类编纂法，设北京教育总述、大事记、综合管理、教育督导、学前教育、基础教育、普通高等教育、职业与成人教育、民办教育、德育体育美育、科学研究、师资建设、学生管理、招生与考试、交流与合作、京津冀教育协同发展、区县教育、社会团体、市教委直属单位、文献、专文与纪实、调研与报告、统计表、附录24个类目，其中，从2016年卷始，新增京津冀教育协同发展类目。就教育数据库来说主要是统计表部分，其实质就是《北京市教育事业统计资料》，因此将二者一起介绍。

《北京市教育事业统计资料》是一本反映全市教育事业发展简况的资料性年刊，由北京市教委发展规划处根据全市各级各类学校学年初教育事业统计报表数据整理汇编而成。教育数据主要包括全市高、中、初等普通学校，幼儿园，民办学校以及成人学校教育事业统计指标数据（见表8）。

表8　《北京市教育事业统计资料》的数据基础

维度	指标
综合	各级各类学校校数、教职工、专任教师情况;各级各类学历教育学生情况;各级各类非学历教育学生情况;各级民办教育基本情况
高等教育	高等教育学生情况、普通高等学校学生情况、市属普通高等学校学生情况、普通本专科学生数(分类型、性质类别)、普通专科分学科分招生形式学生数、普通本科分学科分招生形式学生数、分举办者成人本专科学生数、网络专科分学科学生数、网络本科分学科学生数、分部门分招生形式研究生数、普通高校分学科研究生数、在校生年龄情况、普通高校招生在校生来源情况、学生变动情况、普通高校在校生中其他情况、在职人员攻读硕士学位分学科学生数、其他学生情况、高等教育外国留学生情况、普通高校外国留学生情况、高等学校教职工情况、教职工情况中另有其他人员、普通高校专任教师聘请校外教师岗位分类情况、专任教师聘请校外教师学历情况、专任教师年龄情况、分学科专任教师数、研究生指导教师情况、专任教师变动情况、专任教师分专业技术职务培训情况、教职工中其他情况、校舍情况、资产情况、信息化建设情况
中职教育	学校数、各类学生数、女生数、分办学类型及举办者的中职学生及教职工情况、学生分科类情况、在校生分年龄情况、女在校生分年龄情况、培训学生情况、外国留学生情况、教职工情况、专任教师聘请校外教师岗位分类情况、专任教师聘请校外教师学历情况、专任教师分年龄情况、分科专任教师数、资产情况、校舍建筑面积、职业高中分区基本情况

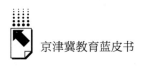

维度	指标
普通中学	学校数、班额情况、普通初中分班别分城乡学生情况、普通初中分班别分城乡学生情况（本市户籍）、普通初中分班别分城乡学生情况（非本市户籍）、普通高中分班别分城乡学生情况、普通高中分班别分城乡学生情况（本市户籍）、普通高中分班别分城乡学生情况（非本市户籍）、普通中学教职工数、普通中学专任教师专业技术职务年龄结构情况、普通中学分课程专任教师学历情况、普通中学办学条件、普通中学分区基本情况、普通中学在校生分区情况（本市户籍）、普通中学在校生补充资料
小学	学校数、班额情况、分班别分城乡学生情况、分班别分城乡学生情况（本市户籍）、分班别分城乡学生情况（非本市户籍）、教职工数、专任教师
工读学校	工读学校基本情况
特殊教育	学校数、教职工数、班数、学生数、专任教师学历专业技术职务情况、校舍情况、分区基本情况、在校生补充资料
幼儿园	幼儿园数、班数、分年龄幼儿数、教职工数、园长专任教师学历专业技术职务情况、幼儿补充资料、分区基本情况
职业技术培训机构	学校数、教职工数、专任教师情况、学生情况
校外教育	校外教育基本情况

需要说明的是，基础数据库对教育数据及教育相关度比较大的数据进行统计，前期主要以统计数据和教育数据为主，暂不考虑调查数据和教育系统外部数据。教育基础数据库仅对国家层面的《中国教育统计年鉴》《中国教育经费统计年鉴》和省级层面的《教育事业统计资料》等教育类统计年鉴和《中国统计年鉴》《北京统计年鉴》等常用的综合统计年鉴进行统计。对城市统计年鉴、农村统计年鉴、信息化统计年鉴等专题统计年鉴中的数据暂不涉及。

（二）京津冀教育基础数据库建设存在的问题

虽然国家和省级层面在数据库建设上进行了一些探索，积累了大量数据，但数据库建设仍然存在一些短板。

其一，教育领域数据库建设相对滞后。就数据库的建设现状而言，高校建立了综合数据库，其他行业比如企业、工业、海关、健康、城市、农村、家庭等行业和领域都建立了专门的数据库，教育数据库建设迫在眉睫。

其二，教育数据库建设呈现碎片化。虽然国家和省级层面都在加强数据库建设，但是数据库建设存在交叉重复的现象，缺乏系统的顶层设计。数据库建设是一个系统工程，不能一家独大，也不能一哄而上，而应该进行全面、系统的顶层设计，厘清政府、学校、社会在建设中的边界，明确国家、省级和区县等层面在数据库建设中的职责和权限。

其三，教育数据管理呈现分散化。就教育数据的分布而言，教育数据不只分布在教育部门，也存在于统计部门、科技部门，不同部门的数据呈现不协调的问题。

其四，数据库资源的开放利用程度不高。对现有的教育数据的利用不够，很多数据沉睡在数据库中，数据资源的开发利用不够，无法满足教育治理现代化的需求。

四 京津冀区域教育基础数据库建设的策略

教育数据库建设需要解决"建什么、谁来建、怎么建"等问题，对教育数据库建设的内容、主体和机制等做出规定，需要明确教育数据库建设的时间表和路线图。

（一）建什么：教育数据库建设的目标任务

教育基础数据库是指政府部门及法律法规授权具有行政职能的事业单位和社会组织在履行职责过程中制作或获取的，以一定形式记录、保存的文件、资料、图表和数据等各类信息资源，包括政府部门直接或通过第三方依法采集的、依法授权管理的和因履行职责需要依托政务信息系统形成的信息资源等，以教育数据为主，同时覆盖教育相关的人口、地理空间、宏观经济、统计、科技等信息数据。其中，政府部门教育基础数据主要包括学生基础信息数据库、教师基础信息数据库、学校基础信息数据库、经费基础信息数据库。

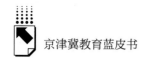

近期目标（2017～2020年）：建立省级教育基础数据库，有效整合政府教育数据。北京、天津、河北三省市教育行政部门的统计职能处室负责数据的采集、整理工作。其一，负责本省内的政务数据的统筹，具体教育部门和其他部门的数据的统筹。其二，建立各阶段适龄入学人口基础数据库、学生基础数据库和终身电子学籍档案，实现学生学籍档案在不同教育阶段的纵向贯通。其三，完善教育管理公共服务平台，推动教育基础数据的伴随式收集和互通共享。就北京而言，建立首都教育数据库，主要整合教师、学生、教育投入等教育基础数据，实现信息化收集更新。

中期目标（2021～2025年）：协调好省际教育基础数据库。整合京津冀三地的基础数据库，实现省际教育基础数据库共享。其一，建立区域教育基础数据库建设和应用统筹协调机制，推动形成职责明晰、协同推进的工作格局。加强京津冀教育基础数据库建设的顶层设计和统筹规划，明确各部门数据共享的范围边界和使用方式，厘清各部门数据关联及共享的义务和权利，推动教育基础数据跨部门、跨地区共享。其二，成立京津冀教育基础数据库建设领导小组，负责数据库建设的顶层设计和统筹协调工作。其三，整合分散的数据中心资源。充分利用现有政府和社会数据中心资源，运用云计算技术，整合规模小、效率低、能耗高的分散数据中心，构建形成布局合理、规模适度、保障有力、绿色集约的政务数据中心体系。

远期目标（2026～2030年）：对接好国家教育基础数据库。实现教育统计数据与经济社会发展统计数据的整合。其一，统筹教育基础数据资源建设。从数据来源来说，统筹政府统计数据、社会调查数据和互联网数据。制定数据资源共享管理办法，制定教育基础数据资源共享目录体系。其二，加强数据的采集、整合、利用。确保高效采集、有效整合、安全利用。其三，建立区域教育基础数据目录体系。统筹布局区域数据、教育行业数据。

（二）谁来建：数据库建设的责任分工

区域教育基础数据库的建设不是一个地区的独角戏，其涉及"三地四方"的责权利关系。总体而言，京津冀教育基础数据库的建设秉持"共建共享"的原则。首先，国家层面上，需要制定《教育大数据应用发展指导意见》，依据教育整体发展战略和发展需求规划布局教育大数据及发展。制定大数据建设标准，建立教育数据的合理开放机制。制定《教育大数据安全管理办法》，切实保障教育数据安全。其次，区域层面上，在数据共享方面，制定教育数据共享标准、共享分级目录、共享管理办法，以及教育数据应用指南。消除数据孤岛，促成教育数据共享融合。再次，省级层面上，编制"北京市教育大数据应用工程建设方案"，制定出台"北京市教育数据管理办法"。明确教育数据资源的管理权限，建设跨部门、跨层级的教育资源数据共享平台。开展教育大数据研究，建立教育大数据产业基地。集中优势力量破解教育大数据应用推广过程中存在的热点、难点问题，建立教育大数据发展的智库。最后，区县层面上，加快智慧校园建设，开展教育大数据试点。加速开展和完善学校信息设施建设，推动校内信息系统的升级改造。

（三）怎么建：数据库建设的保障措施

从数据库建设的保障来说，要从机制建设、数据收集和数据质量来考虑。一是建立数据库建设的统筹协调机制。针对教育数据分布不协调的问题，加强教育数据的协调管理，促进教育系统内部及内外部数据的共享，打通信息壁垒。二是建立教育数据目录更新机制。积极建设国家统一的数据标准，统一数据口径和计算方式，加强数据的规范性和统一性，防止人为篡改数据。三是建立教育数据质量追溯和问责机制。深化教育统计管理体制改革，提高教育统计数据的真实性，建立教育数据质量追溯和问责机制。加大对数据收集工作中违法违纪行为的查处和通报曝光力度，杜绝人为干扰普查工作的现象，确保普查数据的真实可信。

B.13
后　记

　　京津冀教育协同发展是一项长期的历史进程和系统工程，有利于有序疏解北京非首都功能，有利于优化区域发展布局和探索新型城镇化，有利于形成新的增长极，服务国家和首都实施创新驱动发展战略。要实现京津冀教育协同发展的各期目标，不仅需要发挥北京在京津冀教育协同发展中的核心和引领作用，更需要科学规划三地教育协同发展的实现方案及策略，将政策初衷切实落地，因此，深入探究京津冀教育协同发展的实现路径具有重要的理论及实践意义。

　　"十三五"中期是京津冀协同发展战略稳步推进的关键时期。为进一步突出教育科学研究对中央和地方决策服务、为京津冀区域教育协同发展服务、为三省市教育发展服务的功能，北京教育科学研究院策划出版了《京津冀教育发展研究报告（2017～2018）：疏解与承接》，以期研究和回应京津冀区域教育发展的重大问题，扩大教育科研领域在京津冀协同发展中的影响力。该研究报告作为皮书丛书来设计，此书是丛书中的第二本。

　　在编写过程中，编者组织了来自北京、天津、河北三地的教育科研人员参与，希望三地教育科研部门能够进一步深化合作，围绕京津冀教育协同发展面临的基本问题和重大问题开展相关的战略、规范、政策和实践研究，为努力形成京津冀目标同向、措施一体、优势互补、互利共赢的教育发展新格局贡献力量。在此，我们对所有积极参与和支持本研究报告撰写的领导、研究人员表示衷心的感谢！期待三地教育科研人员携手并进，紧紧抓住京津冀协同发展新契机，为促进区域教育向更高水平迈进贡献真知灼见。

　　由于时间仓促和水平有限，作为一项集体研究成果，本书阐发的观点和资料的可靠性由相关研究人员负责，并不代表北京教育科学研究院的立场。

同时，需要说明的是，虽然本项目的研究人员努力工作，希望本书为关心京津冀教育协同发展的机构和人士提供有益参考，但囿于时间和能力，我们的观点未必完全准确，相关的政策建议不一定切合实际，撰写过程中各章的风格体例也不尽相同，敬请相关专家和广大读者批评指正。

联系地址：北京市西城区南礼士路头条 3 号北京教育科学研究院教育发展研究中心

邮编：100045

电话/传真：010 – 68012277 – 434

E – mail：fzzxlps@163.com

编　者
2018 年 2 月

权威报告·一手数据·特色资源

皮书数据库
ANNUAL REPORT(YEARBOOK)
DATABASE

当代中国经济与社会发展高端智库平台

所获荣誉

- 2016年，入选"'十三五'国家重点电子出版物出版规划骨干工程"
- 2015年，荣获"搜索中国正能量 点赞2015""创新中国科技创新奖"
- 2013年，荣获"中国出版政府奖·网络出版物奖"提名奖
- 连续多年荣获中国数字出版博览会"数字出版·优秀品牌"奖

成为会员

通过网址www.pishu.com.cn访问皮书数据库网站或下载皮书数据库APP，进行手机号码验证或邮箱验证即可成为皮书数据库会员。

会员福利

- 使用手机号码首次注册的会员，账号自动充值100元体验金，可直接购买和查看数据库内容（仅限PC端）。
- 已注册用户购书后可免费获赠100元皮书数据库充值卡。刮开充值卡涂层获取充值密码，登录并进入"会员中心"—"在线充值"—"充值卡充值"，充值成功后即可购买和查看数据库内容（仅限PC端）。
- 会员福利最终解释权归社会科学文献出版社所有。

社会科学文献出版社 皮书系列
SOCIAL SCIENCES ACADEMIC PRESS (CHINA)
卡号：989933967465
密码：

数据库服务热线：400-008-6695
数据库服务QQ：2475522410
数据库服务邮箱：database@ssap.cn
图书销售热线：010-59367070/7028
图书服务QQ：1265056568
图书服务邮箱：duzhe@ssap.cn

基本子库
SUB DATABASE

中国社会发展数据库（下设 12 个子库）

全面整合国内外中国社会发展研究成果，汇聚独家统计数据、深度分析报告，涉及社会、人口、政治、教育、法律等 12 个领域，为了解中国社会发展动态、跟踪社会核心热点、分析社会发展趋势提供一站式资源搜索和数据分析与挖掘服务。

中国经济发展数据库（下设 12 个子库）

基于"皮书系列"中涉及中国经济发展的研究资料构建，内容涵盖宏观经济、农业经济、工业经济、产业经济等 12 个重点经济领域，为实时掌控经济运行态势、把握经济发展规律、洞察经济形势、进行经济决策提供参考和依据。

中国行业发展数据库（下设 17 个子库）

以中国国民经济行业分类为依据，覆盖金融业、旅游、医疗卫生、交通运输、能源矿产等 100 多个行业，跟踪分析国民经济相关行业市场运行状况和政策导向，汇集行业发展前沿资讯，为投资、从业及各种经济决策提供理论基础和实践指导。

中国区域发展数据库（下设 6 个子库）

对中国特定区域内的经济、社会、文化等领域现状与发展情况进行深度分析和预测，研究层级至县及县以下行政区，涉及地区、区域经济体、城市、农村等不同维度。为地方经济社会宏观态势研究、发展经验研究、案例分析提供数据服务。

中国文化传媒数据库（下设 18 个子库）

汇聚文化传媒领域专家观点、热点资讯，梳理国内外中国文化发展相关学术研究成果、一手统计数据，涵盖文化产业、新闻传播、电影娱乐、文学艺术、群众文化等 18 个重点研究领域。为文化传媒研究提供相关数据、研究报告和综合分析服务。

世界经济与国际关系数据库（下设 6 个子库）

立足"皮书系列"世界经济、国际关系相关学术资源，整合世界经济、国际政治、世界文化与科技、全球性问题、国际组织与国际法、区域研究 6 大领域研究成果，为世界经济与国际关系研究提供全方位数据分析，为决策和形势研判提供参考。

法律声明